Population

French–English Glossary
Glossaire anglais–français

Service de l'édition et de la documentation
Conseil de l'Europe
F-67075 Strasbourg Cedex

ISBN 92-871-2506-6
© Conseil de l'Europe, 1994
Imprimé aux Pays-Bas

Table des matières - Contents

Introduction

Le présent glossaire est une compilation, sinon exhaustive, du moins la plus complète possible, de la terminologie en matière de démographie. Vaste sujet s'il en est, qu'il nous a tout d'abord fallu délimiter. A la réflexion, il nous a semblé que cet ouvrage devait aborder, outre la démographie pure, certains aspects de la statistique, des migrations, voire des nouvelles techniques médicales. En revanche, nous avons choisi de ne pas nous intéresser aux incidences strictement sociales de la démographie, qui nous auraient par trop écarté de notre propos.

Les deux éditions du "Dictionnaire démographique multilingue" (Nations Unies - 1974, Union internationale pour l'étude scientifique de la population - 1981), ainsi que l'ouvrage de R. Pressat (1979), nous ont fourni les éléments de base. Nous avons ensuite consulté diverses autres sources (CEE et OCDE notamment), sans oublier notre propre organisation, le Conseil de l'Europe, dont nous avons dépouillé les multiples "Etudes démographiques" et les lexiques où le sujet avait été abordé, fût-ce de manière très secondaire. Le matériel ainsi recensé représente environ 3.000 entrées uniques ou 7.000 entrées décroisées par combinaison linguistique.

Sur le plan de la présentation, nous avons privilégié le côté pratique: traducteurs et experts devaient pouvoir trouver sans difficulté l'équivalent dans l'autre langue du terme recherché. Nous espérons que le résultat correspondra à leur attente. Par ailleurs, nous avons cru utile d'inclure en annexe les principaux textes adoptés en matière de démographie, les organisations s'occupant de ces questions et les conférences, colloques et autres séminaires qui leur ont été consacrés.

Enfin et surtout, nous tenons à remercier tous ceux qui ont contribué et collaboré à l'établissement de ce glossaire, en particulier les services de terminologie de l'ONU et de l'OCDE, dont l'aide nous a été fort précieuse.

Bureau de la Terminologie

Preface

This glossary is, if not an exhaustive list, at least as comprehensive as possible a compilation of demographic terminology. As demography is as vast a subject as any, we had to begin by deciding what exactly to include. On reflection, we felt that the glossary should cover not only demography in the strict sense of the term but also certain aspects of statistics, migration and even new medical techniques. On the other hand, we chose to ignore the strictly social implications of demography, for to include them would have caused us to stray too far from our original purpose.

We obtained the bulk of our information from the two editions of the "Multilingual Demographic Dictionary" (United Nations, 1974; International Union for the Scientific Study of Population, 1981) and from R Pressat's dictionary (1979). We then consulted various other sources (including the EEC and OECD). Not forgetting our own organisation, we sifted through the numerous Council of Europe "Population Studies" and the glossaries which deal with demography, if only as an ancillary subject. The result is some 3,000 entries (7,000 including cross-entries) for each language combination.

We opted for a layout that would ensure that the glossary was as convenient to use as possible, the idea being to make it easy for translators and experts to find the equivalent of the term they were looking for in the other language. We hope that they will be satisfied with the result. We thought it worth appending the main demographic texts adopted and a list of organisations dealing with demography and conferences, colloquies and seminars on the subject.

Last but not least, we should like to thank all those who contributed and who helped us to compile the glossary, in particular the terminology services of the UN and OECD, whose assistance was most valuable.

Terminology Office

I. FRENCH - ENGLISH

ABANDON
desertion

ABANDONNER
épouse abandonnée
deserted wife
mère abandonnée
deserted mother
(les) mères abandonnées
lone-motherhood

ABORIGÈNE (adj. / noun)
aboriginal

ABORTIF
abortive; (abortion)

ABRÉGER
table abrégée
abridged table
table de mortalité abrégée
abridged life table

ABRI
(personne) sans abri
homeless (person)
les personnes seules et sans abri
the single homeless
les sans-abri
the homeless

ABSENCE
absence
absence d'enfants voulue
voluntary childlessness
durée d'absence
length of absence

ABSENT (adj. / noun)
absentee; absent
absent temporaire
temporary absentee

ABSOLU (adj.)
absolute, total
écart absolu moyen
mean / average deviation

fréquence absolue
absolute / class frequency
nombre absolu
absolute number

ACCEPTATION
taux d'acceptation (de la contra-ception)
proportion of new acceptors, acceptance rate

ACCIDENT
accident
décès dû à un accident du travail ou à une maladie professionnelle
death from employment injury

ACCIDENTEL
variation accidentelle
irregular fluctuation

ACCLIMATATION (migr.)
absorption

ACCOMMODATION (migr.)
absorption
accommodation des immigrants
absorption of immigrants

ACCOMPLI
année accomplie
complete year
durée de scolarité accomplie
years of school completed; grade attainment

ACCOUCHÉE
soins (donnés) aux accouchées
postpartum care

ACCOUCHEMENT
confinement, delivery; childbearing; childbirth
accouchement à domicile
home confinement
accouchement double
plural / multiple birth / delivery

accouchement gémellaire
plural / multiple birth / delivery
accouchement multiple
plural / multiple birth / delivery
accouchement prématuré
premature delivery / confinement /
birth
accouchement simple
single birth / delivery
accouchement à terme
full-term delivery
accouchement avant terme
premature delivery / confinement /
birth
accouchement triple
plural / multiple birth / delivery
accouchements répétés
constant childbearing
centre d'accouchement
lying-in clinic, maternity home /
hospital
certificat d'accouchement
certificate of confinement
clinique d'accouchement
lying-in clinic, maternity home /
hospital
date d'accouchement
(actual) date of confinement
date présumée de l'accouchement
expected date of confinement
naissances par accouchement
births per maternity
rang d'accouchement
confinement order / rank
semaine présumée d'accouchement
expected week of confinement
soins pendant l'accouchement
confinement care

ACCOUCHER
deliver (to)

ACCOUCHEUSE
birth attendant, midwife
    accoucheuse empirique
    birth attendant, traditional midwife

accoucheuse traditionnelle
birth attendant, traditional midwife

ACCROISSEMENT
accroissement brut d'une population
total growth of a population
accroissement démographique nul
zero population growth
accroissement instantané (d'une population)
instantaneous growth
accroissement par migration
balance of migration, net migration
accroissement migratoire
migratory growth
accroissement naturel
natural increase; excess of births over deaths
accroissement négatif
negative growth
accroissement optimal
optimum rate of growth
accroissement de la population
population growth
accroissement total de la population
population growth
accroissement transitoire
transitional growth
déclaration sur l'accroissement de la population
statement on population growth
manifeste sur l'accroissement de la population
statement on population growth
potentiel d'accroissement
growth potential
rythme optimal d'accroissement
optimum rate of growth
taux d'accroissement
growth rate
taux d'accroissement naturel
rate of natural increase
taux d'accroissement optimal
optimum growth rate

taux annuel moyen d'accroisse-ment
mean annual rate of growth
taux instantané d'accroissement
instantaneous rate of growth

ACCUEIL
d'accueil
host
enfant en famille d'accueil
foster child
famille d'accueil
foster home
home d'accueil (pour personnes âgées)
residential home
pays d'accueil
host / receiving country, country of reception
zone d'accueil
in-migration area

ACCULTURATION
acculturation

ACHEVER
jeunes ayant achevé leur scolarité
school-leavers

ACQUIS
caractère acquis
acquired characteristic

ACQUISITION
acquisition de nationalité
naturalisation

ACTE
acte de décès
death record / certificate
acte de l'état civil
vital / registration record
acte de mariage
marriage record / certificate
acte de naissance
birth record / certificate

dresser un acte de naissance
register / notify a birth (to)
extrait d'acte de décès
death certificate
extrait d'acte de mariage
marriage certificate
extrait d'acte de naissance
birth certificate / record
fiche d'acte
form, slip
sujet de l'acte
subject of record

ACTIF (adj. / noun)
actif primaire
primary worker
actif secondaire
secondary worker
les actifs
active workers, economically active persons / population, gainfully occupied / working population, labour force (participants)
les actives
female participants
âge actif
working age
âge d'entrée dans la vie active
age at accession to the labour force / at entry into employment
charge supportée par la population active
dependency ratio
durée moyenne de la vie active
mean duration of working life
durée de la vie active
working life
effectif de la population active
size of economically active population
enquête sur la population active
labour force survey
entrer dans la vie active
enter into economic life (to)
espérance brute de vie active
gross expectation of working life

espérance nette de vie active
net expectation of working life
espérance de vie active
expectation of working life
non actif
inactive, unoccupied
(en) période active
(of) working age
personnes actives
economically active persons
population active
gainfully occupied / economically
active / employed / working population, labour force
population active agricole
agricultural workers
population active ayant un emploi
gainfully occupied population
population active industrielle
industrial population
population active non agricole
non-agricultural workers, non-farm
population
population active potentielle
potential labour force
population d'âge actif
working age population
population économiquement active
gainfully occupied / economically
active / working population, labour
force
population non active
economically inactive / unoccupied
population
proportion d'actifs
activity ratio, labour force participation
rapport inactifs/actifs
dependency ratio
se retirer de la vie active
retire (from work) (to)
statistiques de la population active
labour force statistics
table de vie active
working life table
travailleurs d'âge très actif
prime age workers

vie active
working life

ACTIVITÉ
activity, work, occupation
activité économique
economic activity, gainful occupation
activité individuelle
occupation
activité lucrative
economic activity, gainful occupation
âge d'activité
working age
âge de (la) cessation d'activité
age at separation from the labour
force / at withdrawal
âge d'entrée en activité
age at accession to the labour
force / at entry into employment
âge moyen de cessation d'activité
mean age at separation from the
labour force
âge moyen d'entrée en activité
mean age at accession to the labour force
branche d'activité économique
industry, branch of economic activity
cessation d'activité
separation from the labour force
cessation de l'activité (professionnelle)
retirement
début d'activité
entry into the labour force
entrée en activité
accession to the labour force
mère exerçant une activité profes-
sionnelle/rémunérée
working mother
période d'activité
working life / age

personnes ayant une activité lucra-
tive
gainfully occupied / economically
active / working population, labour
force
population en âge d'activité
working age population
première entrée en activité
first accession to / entry into the
labour force
probabilité de cessation d'activité
probability of separation from the
labour force
probabilité d'entrée en activité
probability of accession to the
labour force
reprendre une activité
return to work (to)
reprise d'activité
re-entry into the labour force
secteur d'activité économique
industry, branch of economic activity
table d'activité
table of working life
taux d'activité
activity ratio, labour force participation ratio / rate
taux d'activité des femmes
female participation rate
taux d'activité masculine
male participation rate
taux de cessation d'activité
rate of separation from the labour
force
taux d'entrée en activité
rate of accession to the labour
force
travailleurs appartenant aux clas-
ses d'âge de forte activité
prime age workers

ACTUALISATION
 taux d'actualisation
 updating rate

ACTUALISER
update (to)

ACTUARIEL
 table de mortalité actuarielle
 life table for selected heads

ACTUEL
 descendance actuelle
 fertility to date
 descendance actuelle d'une co-
 horte
 cumulative fertility of a cohort
 enfant né du mariage actuel
 child born out of the present marriage
 mariage actuel
 current / present marriage
 résidence actuelle
 place of current residence

ADJUVANT (noun)
 méthode à adjuvant
 appliance method
 méthode sans adjuvant
 non-appliance method

ADMINISTRATIF
 division administrative
 administrative area / unit / district,
 legal / political division
 unité administrative
 administrative unit

ADMISSION
 âge d'admission à pension
 pensionable age

ADOLESCENCE
adolescence; youth

ADOLESCENT(E) (noun)
adolescent
 sous-fécondité des adolescentes
 adolescent sub-fecundity
 stérilité des adolescentes
 adolescent sterility

ADOPTANT
adopter

ADOPTÉ (adj.)
enfant adopté
foster child, adopted child

ADOPTÉ (noun)
adoptee

ADOPTIF
enfant adoptif
foster / adopted child
parents adoptifs
adoptive parents

ADOPTION
adoption
foyer d'adoption
foster home
parents d'adoption
adoptive parents

ADULTE
adult
adulte à charge
adult dependant, dependent adult
âge adulte
adult age
mortalité adulte
adult mortality
passage à l'âge adulte
transition to adult life
rapport de la population non adulte à la population adulte
age dependency ratio

AFFECTION
illness, sickness, ill-health, disease
affection congénitale
congenital disease / disorder
affection dégénérative
degenerative disease

ÂGÉ
old
aide sociale aux personnes âgées
provision for old age
assistance aux personnes âgées
relief of old people; provision for old age
foyer pour personnes âgées
geriatric home
personne(s) âgée(s)
senior citizen; old people, the aged, the elderly
personnes âgées à charge
aged dependants
les personnes âgées et les vieillards
the aged and the elderly
rapport de dépendance économique des personnes âgées
old age dependency ratio

ÂGE
age
âge actif
working age
âge d'activité
working age
âge d'admission à pension
pensionable age
âge adulte
adult age
âge en années révolues
age in complete years
âge atteint dans l'année
age reached during the year
en âge d'avoir des enfants
of childbearing age
âge de (la) cessation d'activité
age at separation from the labour force / at withdrawal
âge chronologique
age
âge déclaré
stated / reported age
âge au dernier anniversaire
age at last birthday

- 8 -

âge à la dernière maternité
age at the birth of the last child
âge du droit à pension
pensionable age
âge d'entrée en activité
age at accession to the labour force / at entry into employment
âge d'entrée au travail
age at accession to the labour force / at entry into employment
âge d'entrée dans la vie active
age at accession to the labour force / at entry into employment
âge exact
exact age
âge fertile
reproductive / childbearing period
âge en fin d'études
age at leaving school
âge en fin de scolarité
age at leaving school
âge de fin de scolarité obligatoire
school-leaving age
âge légal de la retraite
prescribed pensionable age
âge au mariage
age at marriage
âge de la maternité
childbearing age
âge médian
median age
âge médian au premier mariage
median age at first marriage
âge mental
mental age
âge minimum au mariage
minimum age at marriage
âge de la mise à la retraite
pensionable age
âge modal au décès
modal / normal age at death
âge modal au premier mariage
modal / normal age at first marriage
âge moyen
mean age

âge moyen de cessation d'activité
mean age at separation from the labour force
âge moyen d'entrée en activité
mean age at accession to the labour force
âge moyen des mariés
mean / average age at marriage
âge moyen à la maternité
mean age at childbirth
âge moyen des mères
mean age of mothers
âge moyen net à la maternité
net mean age at childbirth
âge moyen des pères
mean age of fathers
âge moyen au premier mariage
mean age at first marriage
âge à la naissance du premier enfant
age at first birth
âge normal au décès
modal / normal age at death
âge normal de la retraite
normal retirement age
âge nubile
marriageable age
âge de nubilité
minimum age at marriage
âge obligatoire de la retraite
automatic retirement age, mandatory retirement age
âge ouvrant droit à pension
pensionable age
âge de pension
pensionable age
âge physiologique
physiological age
âge des premières relations sexuelles
(initial) age at first intercourse
d'âge préscolaire
under school age
âge au prochain anniversaire
age at next birthday
âge de procréation
reproductive / childbearing period

en âge de procréer
at / of reproductive age

âge de reproduction
reproductive / childbearing period

âge de la retraite
pensionable age

âge scolaire
(compulsory) school age

âge de scolarité obligatoire
(compulsory) school age

âge de sortie de l'école
school-leaving age

en âge de travailler
of working age

âge de la vie
stage of life, age period

âges combinés
combined ages

année d'âge
individual year of age

attraction des âges ronds
round age preference

bas âge
infancy

classe d'âge
bracket

classes d'âges pléthoriques
generational crowding

dans les derniers âges de la vie
in late years

dernières années de l'âge mûr
late middle age

différence d'âge entre époux
age difference between spouses

dispersion des âges
dispersion of ages

effectif d'âge scolaire
school age population

effectif d'âge scolaire obligatoire
school age population

effet d'âge
age effect

enfant d'âge préscolaire
pre-school child

enfant d'âge scolaire
school age child

enfant en bas âge
infant, baby

enfant du premier âge
infant, baby

femmes mariées en âge de pro-création
married women of reproductive age

femmes mariées en âge de pro-créer
married women of reproductive age

fille d'âge à se marier
girl of marriageable age

groupe d'âge(s)
age group

groupe d'âge quinquennal
five-year / quinquennial age group

groupe de cinq années d'âge
five-year age group, quinquennial age group

infirmière s'occupant d'enfants en bas âge
infant nurse

limite d'âge
age limit

mortalité par âge
age-specific mortality

mortalité par sexe et par groupe d'âges
sex-age-specific death rate

passage à l'âge adulte
transition to adult life

personnes du quatrième âge
(frail / old) elderly

population d'âge actif
working age population

population en âge d'activité
working age population

population d'âge scolaire
school age population

(dans les) premiers âges de la vie
(in) early life

pyramide des âges
age structure, population pyramid

quatrième âge
(frail / old) elderly

répartition (par âge) ajustée
smoothed age distribution

répartition par âges
age structure / distribution
répartition par âges initiale
initial age distribution
répartition par âges stable
stable age distribution
retraite par limite d'âge
retirement on account of age
structure par âges
age structure
taux par âge
age-specific rate
taux de divortialité par âge
age-specific divorce rate
taux de fécondité par âge
age-specific fertility / birth rate
taux de fécondité tous âges
general fertility rate
taux de fécondité générale par âge
age-specific overall fertility rate
taux de fécondité légitime par âge
age-specific marital fertility rate
taux de mortalité par âge
age-specific mortality / death rate
taux de mortalité par sexe et par (groupe d') âge
sex-age-specific death / mortality rate
taux de nuptialité par âge
age-specific marriage rate
travailleurs d'âge très actif
prime age workers
travailleurs appartenant aux classes d'âge de forte activité
prime age workers
troisième âge
old age, old people, the aged

AGENT

agent d'exécution
manual worker
agent de maîtrise
supervisor, foreman
agent de protection de l'enfance
child welfare officer

agent recenseur
interviewer, field worker, enumerator

AGGLOMÉRATION
settlement; conglomeration, aggregation

agglomération (multicommunale)
agglomeration
agglomération de population
population conglomeration
agglomération rurale
village
agglomération secondaire
secondary conglomeration
agglomération urbaine
town, city

AGGLOMÉRER

population agglomérée
conglomeration, agglomeration

AGRAIRE

densité agraire
density of the agricultural population per unit of cultivable area

AGRANDISSEMENT

probabilité d'agrandissement des familles
parity progression ratio

AGRICOLE

exploitant agricole
farmer, farm operator
journalier agricole
day labourer
ménage agricole
agricultural household
non-salariés des professions agricoles
self-employed agricultural workers
ouvrier agricole
agricultural labourer
population active agricole
agricultural workers

population active non agricole
non-agricultural workers, non-farm population
population agricole
agricultural / farm population, population dependent on agriculture
population non agricole
non-farm / non-agricultural population
saisonnier agricole
seasonal agricultural labourer
salarié agricole
agricultural labourer
salarié agricole permanent
full-time agricultural labourer

AGRICULTEUR
farmer, farm operator
agriculteur exploitant
farmer, farm operator

AGRICULTURE
population vivant de l'agriculture
agricultural / farm population, population dependent on agriculture

AIDE
aide à l'enfance
child care
aide familiale
family / family helper; housewife; home-maker; mother's help
aide prénatale
aid to expectant mothers
aide sociale aux personnes âgées
provision for old age
service d'aide familiale
home-maker service
service d'aide maternelle
child care service
service d'aide aux mères
home-maker service

AIGU
maladie aiguë
acute disease

ÂINÉ(S) (noun)
old people, the aged, the elderly, senior citizen

AIRE
aire naturelle
natural area

AJOURNEMENT
ajournement des naissances
postponement of births
ajournement de la prise de retraite
deferred retirement

AJOURNER
ajourner le départ à la retraite
defer retirement (to)
ajourner la prise de retraite
defer retirement (to)
départ à la retraite ajourné
deferred retirement

AJUSTEMENT
ajustement (de données statistiques)
graduation, smoothing
ajustement analytique
curve fitting
ajustement graphique
graphic graduation

AJUSTER
répartition (par âge) ajustée
smoothed age distribution

ALÉATOIRE
random
fluctuation aléatoire
chance / random fluctuation
sondage aléatoire
random / probability sampling
sondage aléatoire simple
simple random sampling

variation aléatoire
chance / random fluctuation

ALIMENT
 aliment de sevrage
 weaning food
 aliments pour nourrissons
 baby food

ALIMENTATION
 espacement des naissances - alimentation complémentaire - alphabétisation des femmes
 family spacing - food supplements - female literacy (FFF)

ALLAITEMENT
breastfeeding, nursing, suckling
 salle d'allaitement
 nursing room

ALLAITER
 mère allaitant son enfant
 nursing mother
 mère allaitante
 nursing mother

ALLÈLE
allele

ALLÉLISME
 classe d'allélisme
 allele

ALLEMANDS (migr.)
 Allemands des pays de l'Est immigrés en Allemagne
 resettlers

ALLIANCE
affinal relationship, relationship by marriage

ALLIÉ (noun)
relative by marriage, inlaw

ALLOCATION
allowance, benefit
 allocation familiale
 family / children's allowance
 allocation prénatale
 prenatal allowance

ALLONGEMENT
 allongement de la vie humaine
 increased longevity

ALPHA
 coefficient alpha de Bernstein
 coefficient of inbreeding

ALPHABÈTE
literate

ALPHABÉTISATION
 espacement des naissances - alimentation complémentaire - alphabétisation des femmes
 family spacing - food supplements - female literacy (FFF)

ALTERNER
 migrant alternant
 commuter
 migration alternante
 commuting, journey to work

AMBIANCE
 ambiance familiale
 family environment

ÂME
individual, person

AMÉNAGEMENT
 aménagement du peuplement
 resettlement, redistribution of population

AMÉNORRHÉE
amenorrhea
aménorrhée gravidique
pregnancy amenorrhea
aménorrhée postgravidique
postpartum amenorrhea
aménorrhée postpartum
postpartum amenorrhea

AMPLITUDE
amplitude de mouvement
range of movement

AN
décès de moins d'un an
death under one year of age, infant
death
**table de mortalité des enfants de
moins d'un an**
mortality table of children under
one year of age

ANALPHABÈTE
illiterate

ANALPHABÉTISME
illiteracy
analphabétisme fonctionnel
functional illiteracy

ANALYSE
analysis
analyse de / par cohorte
cohort / generational analysis
analyse démographique
population / demographic analysis
analyse des données
data analysis
analyse par génération
cohort / generational analysis
analyse longitudinale
cohort / generational analysis
**analyse longitudinale des migra-
tions**
longitudinal migration analysis
analyse du moment
period / cross-section(al) analysis

analyse par période
period / cross-section(al) analysis
analyse transversale
period / cross-section(al) analysis

ANALYTIQUE
ajustement analytique
curve fitting

ANCIEN (adj.)
régime démographique ancien
pre-transitional stage

ANCIEN(S) (noun)
old people, the aged, the elderly, senior
citizen

ANIMARUM
status animarum
status animarum

ANNÉE
year; class, form
âge en années révolues
age in complete years
âge atteint dans l'année
age reached during the year
année accomplie
complete year
année d'âge
individual year of age
année civile
calendar year
année de naissance
year of birth
année pleine
full year
année révolue
complete year
dernières années de l'âge mûr
late middle age
femme-année
woman-year
groupe de cinq années d'âge
five-year / quinquennial age group
nombre moyen d'années d'étude
mean length of education

personne-année
person-year
ramener à l'année
convert to an annual basis (to)
taux ramené à l'année
rate converted to an annual basis
taux de reproduction des années vécues
life years reproduction rate

ANNIVERSAIRE (noun)
birthday
âge au dernier anniversaire
age at last birthday
âge au prochain anniversaire
age at next birthday

ANNUEL
moyenne annuelle
annual average
quotient annuel de mortalité
annual death probability
taux annuel
annual rate
taux annuel de migration
annual migration rate
taux annuel de migration nette
annual rate of net migration
taux annuel de migration totale
annual rate of total migration
taux annuel moyen
mean / average annual rate
taux annuel moyen d'accroissement
mean annual rate of growth
taux brut annuel de divortialité
crude divorce rate
taux brut annuel de mortalité générale
crude death rate
taux brut annuel de natalité effective
crude birth rate
taux brut annuel de nuptialité générale
crude marriage rate

ANNULATION
annulation de mariage
decree of nullity, annulment of marriage

ANOMALIE
anomaly, defect
anomalie congénitale
congenital anomaly, birth defect

ANOVULAIRE
cycle anovulaire
anovulatory cycle

ANTÉCÉDENT (adj.)
cause antécédente du décès
underlying cause of death

ANTÉCÉDENT (noun)
antécédents familiaux
family history
antécédents médicaux
medical history
antécédents en termes de nuptialité
marriage history

ANTENUPTIAL
conception antenuptiale
premarital / prenuptial conception

ANTÉRIEUR
mouvements migratoires antérieurs
migration history
résidence antérieure
place of last previous residence
résidence à une date antérieure
place of residence at a fixed past date

ANTICIPATION
anticipation de la prise de retraite
early retirement

ANTICIPER
départ à la retraite anticipé
early retirement

mise à la retraite anticipée
advanced retirement
retraite anticipée
early retirement

ANTICONCEPTIONNEL
contraceptive
médicament anticonceptionnel
fertility controlling drug
méthode anticonceptionnelle
birth control method, contraceptive
skill / technology / method
moyen anticonceptionnel
contraceptive
procédés anticonceptionnels
conception control

ANTIMALTHUSIEN
antimalthusian

ANTINATAL
antinatal, (birth control)
méthode antinatale
birth control method, contraceptive
skill/ technology / method

ANTINATALISTE
antinatalist

APATRIDE
stateless person

APATRIDIE
statelessness

APPARENTÉ
kin
apparentés
blood relatives

APPORTEUR
deuxième apporteur de revenu
secondary family worker

APPRENTI
apprentice

APPROCHE
approche modulaire
building block approach

APURER (fichier)
clean (to)

ARÉOLAIRE
sondage aréolaire
area sampling

ARITHMÉTIQUE
densité arithmétique
density index
moyenne arithmétique
arithmetic average / mean, simple
average

ARRÊT
contraception d'arrêt
contraception designed to prevent
further childbearing

ARRIVANT (noun)
nouvel arrivant
entrant

ARRIVÉE(S) (migr.)
arrivals
lieu d'arrivée
place of arrival / of destination
pays d'arrivée
country of arrival
zone d'arrivée
in-migration area

ARRONDIR
arrondi (chiffre)
round (number)

ARRONDISSEMENT
district, quarter

ARTIFICIEL
fécondation artificielle
artificial fertilisation

fécondation artificielle intracorporelle
in vivo artificial insemination
fécondation artificielle in vitro
in vitro artificial insemination
insémination artificielle (IA)
artificial insemination (AI)
insémination artificielle à partir d'un donneur (IAD)
artificial insemination by a donor
insémination artificielle avec un donneur (IAD)
artificial insemination by a donor
insémination artificielle par donneur étranger
heterologous / donor insemination
procréation artificielle
artificial procreation
technique de procréation artificielle
technique for assisted procreation

ARTIFICIELLEMENT
ovule artificiellement fécondé in vitro
in vitro artificially fertilised egg

ASCENDANCE
parentage

ASCENDANT (adj.)
mouvement ascendant
upward trend
tendance ascendante
upward trend

ASCENDANT (noun)
ascendant (en ligne directe)
relative in the ascending line, progenitor, ancestor
ascendants directs ou autres parents
parents or other relatives

ASCENSION
ascension sociale
upward mobility (in the social hierarchy)

ASILE
demandeur d'asile
asylum-seeker

ASPIRATION
avortement par aspiration
abortion by vacuum aspiration / by suction

ASSIMILATION (migr.)
assimilation

ASSISTANCE
assistance aux mères et aux enfants
mother and child care
assistance aux personnes âgées
relief of old people; provision for old age
assistance aux vieillards
relief of old people

ASSISTANT(E)
assistante maternelle (France)
child-minder
assistante sociale de garderie
child-minder

ASSISTÉ (adj.)
technique de fécondation assistée
technique of assisted fertilisation

ASSISTÉ (noun)
person receiving public assistance, public welfare recipient

ASSOCIÉ (adj.)
cause associée du décès
associated / contributory cause of death

ATHÉE
atheist

ATTEINDRE
    âge atteint dans l'année
    age reached during the year
    descendance atteinte
    completed / lifetime fertility
    qui a atteint l'âge de pension
    of pensionable age

ATTENDRE
    fertilité attendue
    expected fecundity

ATTRACTION
attraction, pull (factor) (migr.)
    attraction des âges ronds
    round age preference
    attraction des nombres ronds
    heaping, digit preference
    facteur d'attraction (migr.)
    pull factor
    indice d'attraction
    index of age preference
    zone d'attraction (migr.)
    attraction area

AUGMENTATION
    augmentation moyenne
    average increase

AUTOCHTONE (adj.)
autochtonous
    population autochtone
    indigenous population

AUTOCHTONE (noun)
national

AUTODENOMBREMENT
self-interview, self-enumeration, householder method
    méthode de l'autodénombrement
    household method

AUTORECENSEMENT
self-interview, self-enumeration, householder method

AUTORISATION
    autorisation de mariage
    marriage license
    autorisation de séjour
    residence permit
    autorisation de travail
    labour permit

AUTORISER
    immigrant autorisé
    legal migrant
    immigration autorisée
    legal migration
    migrant autorisé
    legal migrant
    migration autorisée
    legal migration

AUXILIAIRE (noun)
    auxiliaire familiale
    family worker / helper; mother's
    help; housewife; home-maker

AVANCEMENT
    chances d'avancement (dans la
    carrière)
    promotion opportunities

AVORTEMENT
abortion
    avortement par aspiration
    abortion by vacuum aspiration / by
    suction
    avortement clandestin
    illegal / criminal abortion
    avortement criminel
    illegal / criminal abortion
    avortement par curetage
    abortion by (dilatation and) curet-
    tage
    avortement illégal
    illegal / criminal abortion

avortement illicite
illegal / criminal abortion
avortement intermédiaire
late abortion
avortement légal
legal abortion
avortement licite
legal abortion
avortement précoce
early abortion
avortement provoqué
induced / intentional abortion
avortement spontané
spontaneous / unintentional abortion, miscarriage
avortement thérapeutique
therapeutic abortion
nombre d'avortements par naissance
abortion ratio
taux d'avortement
abortion rate
taux général d'avortements
total abortion rate

AVORTER
abort (to)

AVORTEUR, AVORTEUSE
abortionist

AVORTON
abortus

Notes

BALANCE
balance migratoire
migration balance, balance of migration, net migration
balance des naissances et des décès
balance of births and deaths, excess of births over deaths

BANS
publication des bans
publication of banns, intent to marry

BANLIEUE
suburb

BAPTÊME
baptism
fiche de baptême
baptism slip

BAS (adj.)
bas âge
infancy
enfant en bas âge
infant, baby
infirmière s'occupant d'enfants en bas âge
infant nurse

BASE
base; benchmark
base cent
base
base de référence
base; benchmark
base de sondage
sampling frame
données de base
basic / baseline data, base figure
population de base
standardised population
situation de base
basic / baseline data
statistiques de base
benchmark statistics

BASSIN
bassin migratoire (zone de migration traditionnelle)
migratory basin

BÂTON
diagramme en bâtons
bar chart

BÉBÉ
infant

BÉNÉFICIAIRE (adj.)
pays bénéficiaire
host / receiving country, country of reception

BERNSTEIN
coefficient alpha de Bernstein
coefficient of inbreeding

BESOINS
besoins nutritionnels
nutritional requirements
évaluation des besoins essentiels
basic needs assessment (BNA)

BI-ACTIF
ménage bi-actif
two-earner / two income family
ménage bi-actif sans enfants
DINK (dual income with no kids)

BIAIS
biais de l'enquêteur
interviewer bias

BIEN (noun)
séparation de corps et de biens
legal / judicial separation
transmission d'un bien par héritage
filial relation; descent

BIEN-ÊTRE
  espérance de vie corrigée en fonc-
  tion du bien-être
  quality-adjusted life-year (QUALY)

BILAN
  bilan migratoire
  migration balance, balance of
  migration, net migration

BILINGUE
bilingual

BIOGRAPHIE
biography

BIOLOGIQUE
  famille biologique
  biological / nuclear family
  mortalité biologique
  endogenous mortality
  table de mortalité biologique limite
  endogenous mortality table

BIOMÉTRICIEN
biometrician

BIOMÉTRIE
biometry, biometrics

BIOMÉTRIQUE
biometric

BIPARENTAL
two-parent
  famille biparentale
  two-parent family

BISEXUÉ
two-sex

BIVITELLIN
  jumeaux bivitellins
  dizygotic / biovular twins

BLANC (noun)
white person

BLESSURE
injury
  blessure par fait de guerre
  injury due to operations of war,
  war injury

BOECK
  taux de Boeck(-Kuczynski)
  net reproduction rate

BON (adj.)
  espérance de vie en bonne santé
  healthy life expectancy

BOND
  migration par bonds successifs
  step by step migration

BORDEREAU
(census) schedule
  bordereau de maison
  household schedule

BOURG
village

BRANCHE
  branche d'activité économique
  industry, branch of economic activity
  branche professionnelle
  industry, branch of economic activity

BREVETÉ
  sage-femme brevetée
  certified midwife

BRUT
raw, crude, basic, primary
  accroissement brut d'une popula-
  tion
  total growth of a population
  descendance brute
  descent; cumulative fertility

données brutes
raw / crude / basic / baseline data, base figure

espérance brute de vie active
gross expectation of working life

quotient brut
crude probability

reproduction brute
gross reproduction / replacement

table brute
crude table

taux brut
crude rate

taux brut annuel de divortialité
crude divorce rate

taux brut annuel de mortalité générale
crude death rate

taux brut annuel de natalité effective
crude birth rate

taux brut annuel de nuptialité générale
crude marriage rate

taux brut de divortialité
crude divorce rate

taux brut instantané de mortalité
crude instantaneous mortality rate

taux brut instantané de natalité
crude instantaneous birth rate

taux brut de mortalité
crude mortality / death rate

taux brut de natalité
crude birth rate

taux brut de nuptialité
crude marriage / nuptiality rate

taux brut de reproduction
gross reproduction rate

taux brut de reproduction du moment
current gross reproduction rate

taux de reproduction brute
gross reproduction rate

BULLETIN
(census) schedule; statistical record, transcript (from the register)

bulletin de contrôle local de dénombrement
post enumeration field checks schedule

bulletin de décès
death certificate

bulletin individuel
individual schedule

bulletin de naissance
birth certificate / record

bulletin de rencensement
census schedule

bulletin de transcription
transcript (from the register)

BUREAU
bureau de l'état civil
registry (office)

bureau de statistique
statistical department

Notes

CADRE
> *cadres moyens*
> executive staff
> *cadres subalternes*
> executive staff
> *cadres supérieurs*
> managerial staff

CALCUL
calculation, computation
> *calcul des différences finies*
> calculus of finite differences

CALCULER
calculate (to)
> *décès calculé*
> expected death
> *fertilité calculée*
> expected fecundity

CALENDRIER
timing, tempo, calendar
> *calendrier historique*
> historical calendar
> *calendrier des naissances*
> birth timing
> *calendrier des opérations (de recensement)*
> census calendar
> *calendrier type*
> model calendar
> *méthode du calendrier type*
> model calendar method

CAMP
> *camp de réinstallation*
> resettlement camp

CAMPAGNE
> *mouvement campagne-ville*
> rural-urban migration

CANDIDAT
> *candidat au mariage*
> candidate to marriage

CANTON
county, district, quarter

CAPE
cervical cap, pessary

CAPILLARITÉ
> *capillarité sociale*
> inter-generational social mobility

CAPITALE
capital

CARACTÈRE
> *caractère acquis*
> acquired characteristic
> *caractère héréditaire*
> hereditary characteristic
> *caractère létal*
> lethal characteristic
> *caractère qualitatif*
> attribute, characteristic

CARACTÉRISTIQUE (adj.)
> *échantillonnage caractéristique de la population*
> cross-section of the population

CARACTÉRISTIQUE (noun)
> *caractéristique de dispersion*
> measure of dispersion

CARRÉ (noun)
> *méthode des moindres carrés*
> method of least squares

CARRIÈRE
career, working life
> *durée de carrière*
> working life

CARTE
map
> *carte statistique*
> map

CAS

    cas de maladie
    case of disease
    durée moyenne des cas de maladie
    average duration per case (of disease)

CASTE
caste

CATÉGORIE
category, group
    catégorie de personnes à faibles revenus
    low-income (population) group
    catégorie professionnelle
    occupation group
    catégorie sociale
    social status / socioeconomic group
    catégorie socio-professionnelle
    social status / socioeconomic group, social and economic category
    taux de deuxième catégorie
    second category rate
    taux de première catégorie
    first category rate

CAUSE
cause
    cause antécédente du décès
    underlying cause of death
    cause associée du décès
    associated / contributory cause of death
    cause concomitante du décès
    underlying cause of death
    cause contributive du décès
    associated / contributory cause of death
    cause de/du décès
    cause of death
    cause directe du décès
    immediate cause of death
    cause immédiate du décès
    immediate cause of death

cause initiale du décès
primary / principal cause of death
cause secondaire du décès
secondary cause of death
cause simple de décès
single cause of death
cause terminale du décès
immediate cause of death
causes complexes du décès
multiple / joint causes of death
causes multiples de décès
multiple / joint causes of death
décès dû à quelque cause que ce soit
death from any cause
mortalité par cause
cause-specific mortality
proportion des décès par cause
cause-specific death ratio, proportionate mortality
table de mortalité en l'absence d'une cause
mortality table setting aside one cause of death
taux de mortalité par cause
cause-specific death rate

CÉLIBAT
celibacy
    espérance de vie en état de célibat
    expectation of unmarried life
    fonction célibat
    celibacy function
    fréquence du célibat
    proportion remaining single
    fréquence du célibat définitif
    proportion never married
    nombre de survivants en état de célibat
    single survivors
    probabilité de survie en état de célibat
    probability of single survival
    prolongation du célibat
    postponement of marriage
    survivant en état de célibat
    single survivor

survivant en état de non-célibat
ever-married survivor
table de célibat
numbers remaining single
table de survie en état de célibat
net nuptiality table
taux de célibat
celibacy rate

CEÉLIBATAIRE (adj. / noun)
single (person), celibate, never-married
célibataire du sexe féminin
spinster
célibataire du sexe masculin
bachelor
mère célibataire
unmarried mother
mères célibataires
unmarried motherhood
non célibataire
ever-married; ever-married person
parent non célibataire
non-single parent
proportion des célibataires
proportion single
table nette de nuptialité des célibataires
net nuptiality table
table de nuptialité nette des célibataires
net nuptiality table
table type de nuptialité des célibataires
model net nuptiality table
taux de nuptialité des célibataires
total first marriage rate

CELLULE
cellule familiale
family unit

CENT
base cent
base

CENTILE
percentile, centile

CENTRE
centre d'accouchement
lying-in clinic
centre de consultations psycho-médico-pédagogiques
child guidance centre / clinic
centre de guidance infantile
child guidance centre / clinic
centre d'insémination
(artificial) insemination centre
centre médico-pédagogique
child guidance centre / clinic
centre de population
population centre
centre de protection maternelle et infantile
maternity child welfare centre

CERTIFICAT
certificat d'accouchement
certificate of confinement
certificat de décès
medical certificate of death
certificat de mariage (délivré à l'issue de la cérémonie)
marriage certificate
certificat prénuptial
premarital examination
certificat de vie
life certificate

CESSATION
âge de (la) cessation d'activité
age at separation from the labour force / at withdrawal
âge moyen de cessation d'activité
mean age at separation from the labour force
cessation d'activité
separation from the labour force
cessation de l'activité (professionnelle)
retirement
cessation de l'emploi
retirement
cessation du travail
retirement

probabilité de cessation d'activité
probability of separation from the labour force
probabilité de cessation des études
dropout rate
taux de cessation d'activité
rate of separation from the labour force

CHAÎNE
chaîne migratoire
migratory chain
migration en chaîne
chain migration

CHAMBRE
locataire d'une chambre meublée
lodger, roomer

CHAMP
champ migratoire
migration field

CHANCE
chances d'avancement (dans la carrière)
promotion opportunities

CHANGEMENT
changement d'orientation
change of track
changement de profession
change of occupation
changement de résidence
change of residence
dernier changement de résidence
latest migration / change of residence

CHARGÉ (noun)
chargé de famille
person with family responsibilities

CHARGE (noun)
adulte à charge
adult dependant, dependent adult

charge (à la)
dependent
charge supportée par la population active
dependency ratio
conjoint à charge
dependent spouse
enfant à charge
dependent child
parents reconnus (légalement comme parents) à charge
prescribed relatives
personne à charge
dependent
personnes âgées à charge
aged dependants
personnes ayant des charges familiales
persons with family responsibilities

CHEF
chef d'établissement
employer; manager (sometimes)
chef de famille
head of (the) family, family head
chef de ménage
householder, head of the household
femme seule chef de famille
single woman family head
taux de chef de ménage
head of household rate

CHEF-LIEU
county town, county seat

CHEVAL (à)
intervalle à cheval
straddling interval

CHIFFREMENT
coding

CHIFFRER
code (to)
résultats chiffrés
records

CHOISIR
table de mortalité de têtes choisies
life table for selected heads
table de têtes choisies
table for selected heads
têtes choisies
selected heads

CHOIX
choix du conjoint
mate selection
choix de vie
life style option

CHÔMAGE
unemployment
chômage partiel
partial unemployment, underemployment

CHÔMEUR
unemployed

CHROMOSOME
chromosome

CHRONIQUE (adj.)
maladie chronique
chronic disease

CHRONIQUE (noun)
time series

CHRONOLOGIQUE
âge chronologique
age
série chronologique
time series

CIBLE
population-cible
target population

CIRCULAIRE (adj.)
migration circulaire
circular migration

CITADIN (noun)
les citadins
urban dwellers

CITOYEN
citizen, subject, national

CITOYENNETÉ
citizenship, nationality

CIVIL
acte de l'état civil
vital / registration record
année civile
calendar year
bureau de l'état civil
registry (office)
données d'état civil
registration data
état civil
civil status
événements relatifs à l'état civil
vital events
fait d'état civil
vital event
mariage civil
civil marriage
officier d'état civil
registrar
registre de l'état civil
vital / civil registration
statistiques de l'état civil
vital / registration statistics

CLAIRSEMÉ
sparse

CLANDESTIN (adj.)
avortement clandestin
illegal / criminal abortion
immigrant clandestin
irregular status / undocumented migrant
immigration clandestine
irregular / illegal / unauthorised / undeclared / undocumented migration

migrant clandestin
irregular status / undocumented migrant
migration clandestine
irregular / illegal / unauthorised / undeclared / undocumented migration
travailleurs immigrés clandestins
illegal migrant labour

CLASSE
cohort; class; bracket
classe d'âge
bracket
classe d'allélisme
allele
classe sociale
social class
classes d'âges pléthoriques
generational crowding
classes creuses
depleted generation / class / age group
effectif de classe
class frequency
salle de classe
class-room
travailleurs appartenant aux classes d'âge de forte activité
prime age workers

CLASSEMENT
classement de la population
allocation of population
double classement
double classification
erreur de classement
classification error

CLINIQUE (adj.)
efficacité clinique
physiological effectiveness
taux de mortalité clinique
(case) fatality rate

CLINIQUE (noun)
hospital, clinic (sometimes)
clinique d'accouchement
maternity home / hospital

CODAGE
coding scheme

CODE (noun)
code

CODER
code (to)

CODIFICATION
codification des constats de décès
coding of death certificates

CODIFIER
code (to)

COEFFICIENT
ratio, index number, coefficient, factor
coefficient alpha de Bernstein
coefficient of inbreeding
coefficient moyen de consanguinité
coefficient of inbreeding
coefficient moyen de parenté
coefficient of kinship
coefficient de pondération
weight; weighting factor
coefficient de pondération constant
fixed weight
coefficient de répartition
separation factor
coefficient de survie
survival ratio, ageing factor
méthode des coefficients de survie (migr.)
survival ratio method

COEXISTENCE
coexistence

COEXISTER
coexist (to)

COHABITANT(E)
cohabitant, companion

COHABITATION
cohabitation

COHABITER
cohabit (to)

COHÉRENCE
controle de cohérence
consistency / validity check

COHORTE
cohort
analyse de / par cohorte
cohort / generational analysis
cohorte fictive
hypothetical / synthetic cohort
cohorte hypothétique
hypothetical / synthetic cohort
cohorte de mariages
marriage cohort
cohorte de naissances
birth cohort
descendance actuelle d'une cohorte
cumulative fertility of a cohort
effet de cohorte
cohort effect
fécondité d'une cohorte
cohort fertility
fécondité par période et par cohorte
period and cohort fertility
indice de cohorte
cohort measure
table de cohorte
cohort / generation table
taux de cohorte
cohort / generation rate

COÏT
sexual intercourse, coitus
coït interrompu
coitus interruptus, withdrawal

COLLATIONNER
match (to)

COLLECTE
collection, gathering
collecte de données
data collection / gathering
double collecte
double count

COLLECTER
collect (to)

COLLECTIF (adj.)
immeuble d'habitation collective
block of flats, tenement house
ménage collectif
non-family / collective household
migration collective
collective / group migration
population des ménages collectifs
institutional population
profession collective
industry, branch of economic activity

COLLECTIVITÉ
population des collectivités
institutional population
service sanitaire destiné à la collectivité
community health service

COLON
colonist

COLONIE
settlement; colony

COLONISATION
settlement

COLONISER
colonise (to)

COMBINÉ
âges combinés
combined ages
taux de reproduction sexes combinés
joint reproduction rate

COMMUNAUTÉ
communauté d'habitation
cohabitation

COMMUNE
township; area; (parish)
commune rurale
rural area
commune urbaine
urban area

COMMUNIANT
liste de communiants
list of communicants

COMPARATIF
comparative; standardised, adjusted
indice comparatif
comparative index
indice comparatif de densité
comparative density index
indice comparatif de mortalité
comparative mortality index
taux comparatif
standardised / adjusted rate
taux comparatif de mortalité
standardised / adjusted mortality rate
taux comparatif de natalité
standardised birth rate

COMPENSATION
indice de compensation (migration nette/migration totale)
effectiveness / efficiency index
indice de compensation des courants
effectiveness of migration streams

COMPÉTENCE
skill
compétence(s) professionnelle(s)
professional / work status (sometimes)

COMPLÉMENTAIRE
espacement des naissances - alimentation complémentaire - alphabétisation des femmes
family spacing - food supplements - female literacy (FFF)
recensement complémentaire
supplementary census

COMPLET (adj.)
total; overall
descendance complète
cohort / lifetime fertility, lifetime births, completed fertility (rate)
famille complète
marriage of completed fertility
nombre moyen d'enfants par famille complète
final / completed parity
orphelin complet
orphan whose parents are dead, full orphan
table complète
complete table
table complète de mortalité
complete life table

COMPLÉTUDE
completeness

COMPLEXE (adj.)
causes complexes du décès
multiple / joint causes of death
ménage complexe
composite / complex household

COMPORTEMENT
behaviour; (attitudinal)
comportement procréateur
reproductive behaviour

COMPORTEMENTAL
indicateur comportemental
behaviour indicator
stratégie comportementale
behavioural strategy

COMPOSANT (noun)
"méthode des composants"
building block approach

COMPOSANTE
composante illégitime
illegitimate component
composante légitime
legitimate component
méthode des composantes
(cohort-)component method

COMPOSÉ (adj.)
composite

COMPOSITE
composite
famille composite
composite / joint family

COMPOSITION
structure, composition
composition par âge
age structure / distribution
composition du ménage
household structure

COMPRIMÉ (noun)
comprimé effervescent
foam tablet

COMPTAGE
count
comptage multiple
multiple counting
double comptage
double counting

COMPTE
double compte
double counting

COMPTER
count (to)
feuille de population comptée à part
institutional schedule
population comptée à part
separately enumerated population

COMTÉ
county

CONCEPTION
conception
conception antenuptiale
premarital / prenuptial conception
conception prénuptiale
premarital / prenuptial conception
délai de conception
conception delay, first pregnancy interval
exposition au risque de conception
exposure to the risk of conception
produit de conception
product of conception
quotient mensuel de conception
monthly conception probability
rapport de masculinité des conceptions
primary sex ratio
taux de conception
conception rate
taux instantané de conception
instantaneous conception rate
taux de masculinité des conceptions
sex ratio at conception, primary sex ratio
taux moyen de conception
pregnancy / conception rate

CONCEVOIR
conceive (to)
enfant conçu
unborn child

CONCOMITANT
  cause concomitante du décès
  underlying cause of death

CONCRET
  obstacles concrets (à la croissance de la population)
  positive checks

CONCUBIN(E)
cohabitant, companion

CONCUBINAGE
  en concubinage
  cohabiting

CONDITION
  condition de continuité
  continuity condition
  condition d'indépendance
  independence condition
  conditions de vie
  living conditions

CONDOM
condom, sheath

CONFIANCE
  intervalle de confiance
  confidence interval

CONFIRMATION
  liste de confirmation
  confirmation list

CONFORMATION
  vice de conformation morphologique
  anatomical defect

CONGÉ
  congé de maternité
  maternity leave
  congé de naissance
  maternity leave

CONGÉLATION
  fécondation des ovocytes après congélation
  fertilisation of ovocytes after freezing

CONGÉNITAL
  affection congénitale
  congenital disease / disorder
  anomalie congénitale
  congenital anomaly, birth defect
  débilité congénitale
  debility
  maladie congénitale
  congenital disease / disorder
  malformation congénitale
  congenital malformation

CONGÉNITALEMENT
constitutionally

CONJOINT (noun)
married person; husband, wife; spouse
  choix du conjoint
  mate selection
  conjoint à charge
  dependent spouse
  conjoint survivant
  surviving spouse
  enfant du conjoint
  step-child

CONJONCTURE
trend
  conjoncture démographique
  demographic trend

CONJONCTUREL
  indicateur conjoncturel de divortialité
  total divorce rate
  indicateur conjoncturel de fécondité
  total fertility rate
  indicateur conjoncturel des premiers mariages
  total first marriage rate

indice conjoncturel
period index / rate

CONJUGAL
matrimonial, marital
consultations conjugales
marriage guidance / counselling
vie conjugale
conjugal / married life

CONSANGUIN
mariage consanguin
consanguineous marriage

CONSANGUINITÉ
coefficient moyen de consanguinité
coefficient of inbreeding
degré de consanguinité
degree of consanguinity

CONSCRIPTION
liste de conscription
military conscription list

CONSEIL
conseils familiaux
family counselling, counselling for families
conseils à la famille
family guidance
services de conseils familiaux
family counselling, counselling for families

CONSIDÉRER
période considérée
period under review

CONSENSUEL
mariage consensuel
consensual union, companionate marriage
union consensuelle
consensual union, companionate marriage

CONSOMMATION
consommation du mariage
consummation of marriage

CONSOMMER
consummate (to)

CONSTANT
coefficient de pondération constant
fixed weight
population en constante progression
expanding population

CONSTAT
codification des constats de décès
coding of death certificates

CONSTITUTION
constitution de la famille
family formation; family life cycle

CONSULTATION
centre de consultations psycho-médico-pédagogiques
child guidance centre / clinic
consultations conjugales
marriage guidance / counselling
consultations pour enfants
child care / children's clinic
consultations familiales
family counselling, counselling for families
consultations de génétique
genetic counselling
consultations infantiles
child care / children's clinic
consultations matrimoniales
marriage guidance / counselling
consultations de nourrissons
baby / infant clinic, infant welfare centre
consultations postnatales
postnatal clinic
consultations prénatales
prenatal clinic

consultations prénuptiales
premarital counselling
consultations de protection infan-
tile
consulting / counselling centres for
child health
consultations psychiatriques pour
enfants
children's mental health / hygiene
clinic
consultations psycho-médico-péda-
gogiques
child guidance centre / clinic
consultations psycho-pédagogiques
child guidance centre / clinic
dispensaire de consultations pré-
natales
prenatal clinic
service de consultations pour en-
fants
child care / children's clinic
service de consultations infantiles
child care / children's clinic
service de consultations postnata-
les
postnatal clinic
service de consultations prénatales
prenatal clinic
service de consultations psychiatri-
ques pour enfants
children's mental health / hygiene
clinic
service de consultations psycho-
médico-pédagogiques
child guidance centre / clinic
services de consultations matrimo-
niales
marriage guidance / counselling
services de consultation et d'orien-
tation familiales
counselling and guidance for families

CONTAGIEUX
maladie contagieuse
contagious disease

CONTINENCE
abstinence
continence périodique
periodic abstinence, rhythm method

CONTINGENT (noun)
quota

CONTINGENTEMENT
contingentement par quotas
quota system

CONTINU
continuous
observation continue
continuous observation

CONTINUITÉ
continuity
condition de continuité
continuity condition
continuité des générations
intergenerational continuity

CONTRACEPTEUR
contraceptor
proportion de contracepteurs
proportion of current users of
contraception

CONTRACEPTIF (adj. / noun)
contraceptive
contraceptif injectable
contraceptive by injection
contraceptif oral
oral contraceptive
gelée contraceptive
contraceptive jelly
matériel contraceptif
contraceptive devices
méthode contraceptive
contraceptive method / skill / technology, birth control method
moyen contraceptif
contraceptive
ovule contraceptif
suppository

pilule contraceptive
birth / contraceptive pill
pommade contraceptive
contraceptive jelly

CONTRACEPTION
contraception
contraception d'arrêt
contraception designed to prevent further childbearing
contraception d'espacement
birth spacing contraception
contraception hormonale
hormonal contraception
contraception postcoïtale
postcoital contraception
contraception par stéroïdes
contraception by steroids
échec de la contraception
contraceptive failure
efficacité de la contraception
contraceptive effectiveness
services de contraception
contraceptive services
taux d'échec de la contraception
contraceptive failure rate

CONTRAINTE
contrainte morale
moral restraint

CONTRE-COURANT
counterstream

CONTREMAÎTRE
supervisor, foreman

CONTRIBUABLE
fichier de contribuables
tax-payers records

CONTRIBUTIF
cause contributive du décès
associated / contributory cause of death

CONTRÔLE
bulletin de contrôle local de dé-nombrement
post enumeration field checks schedule
controle de cohérence
consistency / validity check
contrôle des naissances
birth control, fertility regulation
contrôle par sondage
sampling check
contrôle de validité
consistency / validity check
enquête de contrôle
post-enumeration test
opération de contrôle
check

CONTRÔLER
check (to), verify (to)
migration contrôlée
regulated migration

CONTROLEUR
supervisor, inspector

CONURBATION
conurbation, metropolitan area

CONVENTIONNEL
durée conventionnelle de grossesse
conventional duration of pregnancy

CORPS
séparation de corps et de biens
legal / judicial separation

CORRESPONDANCE
enquête par correspondance
postal inquiry, mailback survey

CORRIGER
espérance de vie corrigée en fonction du bien-être
quality-adjusted life-year (QUALY)
taux corrigé (de)
corrected rate

COUCHE

couche de la population
population section
couches
childbirth, confinement, delivery;
childbearing
être en couches
confined (to be)
fausse couche
spontaneous / unintentional abortion, miscarriage
femme en couches
confined wife
suites de couches
sequelae

COULEUR
colour
personne de couleur
coloured person, non-white

COUPE
coupe (de la population)
cross-section

COUPLAGE
couplage de données
record linkage

COUPLE
couple
couple dissocié
broken / dissolved marriage
couple malthusien
planner
couple marié
married couple
couple marié avec enfants
married couple family
couple-mois
couple-month
couple non-malthusien
non-planner
vie de couple
partner relationship

COURANT (noun)
trend
courant dominant
dominant stream
courant de migrations
migration stream
courant migratoire
migration flow / stream, drift of
population
courant net (migr.)
net interchange
courant total (migr.)
gross interchange / stream
indice de compensation des courants
effectiveness of migration streams

COURBE
courbe de survie
survival curve

COURS
mariage en cours
current marriage

COÛT
coût de la vie
cost of living

COUTUME
coutume matrimoniale
marriage custom

COUTUMIER
mariage coutumier
customary / common law marriage

COUVERTURE (de la population)
couverture fonctionnelle
functional coverage
couverture géographique
geographical coverage
couverture physique
physical coverage
couverture sanitaire
health care coverage

COUVEUSE
incubator

CRÈCHE
kindergarten, nursery

CREUX
classes creuses
depleted generation / class / age
group

CRIMINEL
avortement criminel
illegal / criminal abortion

CRITIQUE (adj.)
seuil critique
threshold value

CROISEMENT
miscegenation

CROISSANCE
croissance exponentielle
exponential growth
croissance géométrique
exponential growth
croissance nulle
zero population growth
croissance zéro
zero population growth
taux de croissance
growth rate

CULTIVABLE
*densité générale par unité de sol
cultivable*
density of population per unit of
cultivable area
superficie cultivable
cultivable area

CULTIVATEUR
farmer, farm operator
cultivateur exploitant
farmer, farm operator

CULTIVER
superficie cultivée
cultivated area

CULTURE
domestique de culture
full time agricultural labourer

CUMULÉ
fécondité cumulée
total fertility (rate)

CURETAGE
avortement par curetage
abortion by (dilatation and) curettage

CYCLE
cycle; track
cycle anovulaire
anovulatory cycle
cycle familial
family life cycle
cycle menstruel
menstrual cycle
cycle ovarien
ovulatory cycle
cycle de vie
life cycle

CYCLIQUE
cyclical; (period)
mouvement cyclique
cyclical / period fluctuation

Notes

DATE
  date d'accouchement
  (actual) date of confinement
  date de/du décès
  date of death
  date de/du mariage
  date of marriage
  date de naissance
  date of birth
  date présumée de l'accouchement
  expected date of confinement
  date de référence
  base date
  résidence à une date antérieure
  place of residence at a fixed past
  date

DÉBILITÉ
  débilité congénitale
  debility

DÉBUT
  début d'activité
  entry into the labour force

DÉCALAGE
  décalage entre la longévité des
  hommes et des femmes
  sexual gap in longevity

DÉCÉDER
die (to)
  décédé
  dead; deceased
  mari décédé
  late husband
  ondoyé décédé
  chrisom

DÉCÈS
death
  acte de décès
  death record / certificate
  âge modal au décès
  modal / normal age at death
  âge normal au décès
  modal / normal age at death

balance des naissances et des
décès
balance of births and deaths, excess of births over deaths
bulletin de décès
death certificate
cause antécédente du décès
underlying cause of death
cause associée du décès
associated / contributory cause of
death
cause concomitante du décès
underlying cause of death
cause contributive du décès
associated / contributory cause of
death
cause de/du décès
cause of death
cause directe du décès
immediate cause of death
cause immédiate du décès
immediate cause of death
cause initiale du décès
primary / principal cause of death
cause secondaire du décès
secondary cause of death
cause simple de décès
single cause of death
cause terminale du décès
immediate cause of death
causes complexes du décès
multiple / joint causes of death
causes multiples de décès
multiple / joint causes of death
certificat de décès
medical certificate of death
codification des constats de décès
coding of death certificates
date de / du décès
date of death
décès dû à un accident du travail
ou à une maladie professionnelle
death from employment injury
décès de moins d'un an
death under one year of age, infant
death

décès calculé
expected death

décès dû à quelque cause que ce soit
death from any cause

décès endogène
endogenous death

décès exogène
exogenous death

décès (par fait) de guerre
death due to operations of war, war death

décès hypothétique
expected death

décès instantanés
instantaneous death rate

décès intra-utérin
intra-uterine / foetal death

décès néonatal
neonatal death

décès néonatal précoce
early neonatal death

décès observé
observed death

décès postnéonatal
postneonatal death

décès prématuré
early death

décès théorique
expected death

extrait (d'acte) de décès
death certificate

excédent de décès
excess of deaths

excédent des naissances sur les décès
excess of births over deaths

fonction décès
death function

méthode des décès
mortality / Halley method

proportion des décès par cause
cause-specific death ratio, proportionate mortality

registre des décès
death registration

table de décès
death function

DÉCILE
decile

DÉCLARATION
statement; notification, registration (birth, death, illness)

déclaration sur l'accroissement de la population
statement on population growth

erreur de déclaration
misreporting

maladie à déclaration obligatoire
notifiable disease

DÉCLARER
âge déclaré
stated / reported age

déclarer une naissance
register / notify a birth (to)

non déclaré
not stated

DÉCROISSANT
population décroissante
population decline

DÉFAILLANT (noun)
non-respondent

DÉFAVORISÉ
famille socialement défavorisée
socially deprived family

DÉFICIENCE
impairment

DÉFICIT
déficit migratoire
migratory deficit

DÉFICITAIRE
fécondité déficitaire
below replacement fertility

DÉFINITIF
final
> *fréquence du célibat définitif*
> proportion never married
> *infécondité définitive*
> permanent infertility
> *migration définitive*
> final / permanent migration
> *stérilité définitive*
> permanent sterility
> *taux définitif*
> final rate

DÉFUNT (noun)
deceased person

DÉGÉNÉRATIF
> *affection dégénérative*
> degenerative disease
> *maladie dégénérative*
> degenerative disease

DÉGÉNÉRESCENCE
> *dégénérescence sénile*
> senile decay

DEGRÉ
> *degré de consanguinité*
> degree of consanguinity
> *degré de développement*
> level of development
> *degré d'enseignement*
> level of education
> *degré d'instruction*
> educational status
> *degré d'occupation*
> degree of crowding
> *degré de parenté*
> degree of relationship
> *enseignement du premier degré*
> primary education
> *enseignement du second degré*
> secondary education
> *enseignement du troisième degré*
> higher education
> *sondage à plusieurs degrés*
> multi-stage sampling

> *statistiques suivant le degré d'instruction*
> educational attainment / literacy statistics

DÉGRÈVEMENT
> *dégrèvement fiscal*
> tax rebate

DÉLAI
> *délai de conception*
> conception delay, first pregnancy interval
> *délai de viduité*
> widowhood delay

DÉLÉGUÉ (recens.)
supervisor, inspector

DÉLIVRANCE
confinement, delivery; childbearing; childbirth

DÉLIVRE (noun)
afterbirth

DEMANDEUR
> *demandeur d'asile*
> asylum-seeker

DÉMARCHEUR (recens.)
canvasser

DEMI-FRÈRE
half-brother

DEMI-SOEUR
half-sister

DÉMOGRAPHE
demographer

DÉMOGRAPHIE
demography
> *démographie descriptive*
> descriptive demography

démographie économique
economic demography
démographie historique
historical demography
démographie mathématique
mathematical demography
démographie médicale
medical demography
démographie potentielle
potential life demography
démographie proprement dite
substantive / theoretical / pure
demography
démographie pure
substantive / theoretical / pure
demography
démographie qualitative
population quality
démographie quantitative
formal demography
démographie sociale
social demography
démographie théorique
substantive / theoretical / pure
demography

DÉMOGRAPHIQUE
demographic
accroissement démographique nul
zero population growth
analyse démographique
population / demographic analysis
conjoncture démographique
demographic trend
doctrine démographique
population theory
enquête sur les taux démographiques
vital rate enquiry
équilibre démographique
population equilibrium
estimation démographique
demographic estimation
étude démographique
demographic study
événement démographique
vital event

génétique démographique
population genetics
investissements démographiques
demographic investments
laboratoire démographique
population laboratory
modèle démographique
demographic model
perspective démographique
population forecast
phénomène démographique
demographic phenomenon
politique démographique
population policy
politique démographique malthusienne
restrictionist population policy
poussée démographique
demographic pressure
pression démographique
population pressure
prévision démographique
population forecast
projection démographique
population projection
projection démographique établie sur la base de la variante moyenne
medium variant population projection
rajeunissement démographique
rejuvenation, younging
régime démographique ancien
pre-transitional stage
régime démographique moderne
post-transitional stage
révolution démographique
demographic transition, vital revolution
statistiques démographiques
demographic / population statistics
table de mortalité démographique
general life table
taux démographiques
vital (statistic) rates
taux de dépendance démographique
demographic dependency ratio

théorie démographique
population theory
transition démographique
demographic / population transition
vieillissement démographique
ageing of the population

DÉMOMÉTRIE
demometrics

DÉNATALITÉ
depopulation

DÉNOMBREMENT
census, population count
    bulletin de contrôle local de dénombrement
    post enumeration field checks schedule
    dénombrement direct
    direct interview, canvasser method
    dénombrement de groupes
    count
    dénombrement de la population
    population census
    dénombrement par tête
    head count
    moment du dénombrement
    census moment
    unité de dénombrement
    listing unit

DENSE
dense

DENSITÉ
density
    densité agraire
    density of the agricultural population per unit of cultivable area
    densité arithmétique
    density index
    densité générale par unité de sol cultivable
    density of population per unit of cultivable area

densité d'habitation
degree of occupation
densité maximale
maximum potential density, population carrying capacity
densité d'occupation
residential density
densité optimale
optimum density
densité physiologique
density of population per unit of cultivable area
densité de (la) population
density index; population density
densité potentielle
maximum potential density, population carrying capacity
forte densité de population (à)
densely populated
indice comparatif de densité
comparative density index

DÉPART
departure
    ajourner le départ à la retraite
    defer retirement (to)
    départ à la/en retraite
    retirement from labour force
    départ à la retraite ajourné
    deferred retirement
    départ à la retraite anticipé
    early retirement
    départ à la retraite retardé
    deferred retirement
    départs (migr.)
    departures
    données de départ
    base figure, basic / baseline data
    lieu de départ
    place of origin / of departure
    point de départ
    base date
    retarder le départ à la retraite
    defer retirement (to)
    zone de départ
    out-migration area

DÉPENDANCE
dependency
  rapport de dépendance
  dependency ratio
  rapport de dépendance économique
  economic dependency ratio
  rapport de dépendance économique des personnes âgées
  old age dependency ratio
  taux de dépendance
  dependency ratio
  taux de dépendance démographique
  demographic dependency ratio

DÉPENDANT
dependant, dependent
  non-dépendant
  self-supporting person
  population dépendant de
  population dependent on

DÉPEUPLEMENT
depopulation

DÉPLACER
  personne déplacée
  displaced person

DÉPLACEMENT (de la population)
shift, move
  déplacement saisonnier
  seasonal move
  déplacement temporaire
  temporary move
  déplacement touristique
  tourist traffic, vacationing
  déplacement de vacances
  tourist traffic, vacationing

DÉPOPULATION
depopulation

DÉPORTATION
deportation

DÉPORTÉ (noun)
displaced person, deportee

DÉPORTER
deport (to)

DÉPOUILLEMENT
  dépouillement (des bulletins de recensement)
  processing, extraction
  secteur de dépouillement
  census tract

DÉPOUILLER
extract (to)

DÉRIVÉ
  perspective dérivée
  derived (population) forecast

DÉRIVE (noun)
  dérive génétique
  genetic drift

DERNIER
  âge au dernier anniversaire
  age at last birthday
  âge à la dernière maternité
  age at the birth of the last child
  dans les derniers âges de la vie
  in late years
  dernier changement de résidence
  latest migration / change of residence
  dernière migration
  latest migration / change of residence
  dernières années de l'âge mûr
  late middle age
  dernières règles
  last menses

DESCENDANCE
filial relation; descent; cumulative fertility
  descendance actuelle
  fertility to date

descendance actuelle d'une cohorte
cumulative fertility of a cohort
descendance atteinte
completed / lifetime fertility
descendance brute
descent; cumulative fertility
descendance complète
cohort / lifetime fertility, lifetime births, completed fertility (rate)
descendance finale
cohort / lifetime fertility, lifetime births, completed fertility (rate)
descendance inachevée
incomplete fertility
descendance légitime
legitimate / lawful descent, birth in wedlock
descendance naturelle
illegitimate / natural descent, birth out of wedlock
descendance nette
cumulative net fertility
fonction descendance
instantaneous fertility rate

DESCENDANT (noun)
descendant

DESCRIPTIF
démographie descriptive
descriptive demography
statistiques descriptives
descriptive statistics

DÉSIRER
nombre d'enfants désiré
number of children wanted

DESSERREMENT
desserrement de la population
dispersal of population

DESTINATAIRE (adj.)
pays destinataire
host / receiving country, country of reception

DESTINATION
lieu de destination
place of arrival / of destination
zone de destination
in-migration area

DÉTAILLÉ
table de mortalité détaillée
complete life table

DÉTERMINISTE
modèle déterministe
deterministic model

DEUXIÈME
deuxième apporteur de revenu
secondary family worker
migrant de la deuxième génération
second generation migrant
taux de deuxième catégorie
second category rate

DÉVELOPPÉ
insuffisamment développé
less developed, developing

DÉVELOPPEMENT
degré de développement
level of development
développement économique
economic growth / development
révolution au profit de la survie et du développement des enfants
child survival and development revolution (CSDR)
rythme de développement économique
economic growth / development
survie et développement de l'enfant (SDE)
child survival and development (CSD)

DÉVIATION
déviation quartile
quartile deviation, semi-interquartile range

DIAGRAMME
figure
   diagramme en bâtons
   bar chart
   diagramme de Lexis
   Lexis diagram

DIALECTAL
dialectal

DIALECTE
dialect

DIAPHRAGME
diaphragm

DIFFÉRENCE
   calcul des différences finies
   calculus of finite differences
   différence d'âge entre époux
   age difference between spouses
   différence significative
   significant difference
   différences inhérentes au sexe
   sex-specific differences

DIFFÉRENTIEL
   fécondité différentielle
   differential fertility
   indice différentiel
   index of migration differentials
   mortalité différentielle
   differential mortality, mortality differences

DIFFÉRER
   différer les naissances
   postpone childbearing (to)

DIMENSION
size
   dimension de (la) famille
   size of the family, (average) family size
   dimension du ménage
   household size

   dimension d'un taux
   time interval of a rate

DIPLÔMÉ
   infirmière diplômée d'Etat
   certified nurse
   puéricultrice diplômée d'Etat
   child care supervisor
   sage-femme diplômée
   qualified midwife

DIPLÔME
diploma, degree, certificate

DIRECT
   ascendant en ligne directe
   relative in the ascending line, progenitor, ancestor
   ascendants directs ou autres parents
   parents or other relatives
   cause directe du décès
   immediate cause of death
   dénombrement direct
   direct interview, canvasser method
   interrogatoire direct
   personal interview
   recensement direct
   direct interview, canvasser method

DIRIGÉ
   fécondité dirigée
   controlled fertility

DISCONTINU
discontinuous

DISCONTINUITÉ
discontinuity

DISPENSAIRE
clinic
   dispensaire de consultations prénatales
   prenatal clinic
   dispensaire prénatal
   antenatal / prenatal clinic

DISPERSÉ
scattered, dispersed
habitat dispersé
dispersed settlement

DISPERSION
scatter
caractéristique de dispersion
measure of dispersion
dispersion des âges
dispersion of ages
dispersion d'un ensemble d'obser-
vations
variability of a set of observations
dispersion du peuplement
scatter of the population
indice de dispersion
measure of dispersion

DISPOSITIF
dispositif intra-utérin (DIU)
intra-uterine device (IUD)

DISSOCIER
couple dissocié
broken / dissolved marriage
ménage dissocié
broken / dissolved marriage

DISSOLUTION
dissolution du mariage
dissolution of marriage
durée moyenne des mariages au
moment de leur dissolution
average marriage duration at dis-
solution
quotient de dissolution des maria-
ges
marriage dissolution probability
table de dissolution des mariages
marriage dissolution table

DISTANCE
distance

DISTRIBUTION
breakdown, (frequency) distribution

DISTRICT
district
district de recensement (DR)
census (enumeration) area (EA)

DIVISION
division administrative
administrative area / unit / district,
legal / political division
division territoriale
sub-area

DIVORCE
divorce
divorce transcrit
registered divorce
divorces réduits
divorce frequency
indice général des divorces
total period divorce rate
intervalle moyen entre divorce et
mariage
mean interval between divorce and
remarriage
nombre moyen de divorces par
mariage
number of divorces per new mar-
riage
somme des divorces réduits
cumulated proportion divorced
taux de divorce
(total period) divorce rate

DIVORCER
divorce (to)
divorcé(e)
divorced, divorced person
personne divorcée
divorced person
marié, veuf ou divorcé
ever-married
table de nuptialité des divorcés
remarriage table for divorced per-
sons
taux de nuptialité des veufs ou
divorcés
remarriage rate

DIVORTIALITÉ
divorce
    indicateur conjoncturel de divor-
    tialité
    total divorce rate
    table de divortialité
    divorce table
    taux brut annuel de divortialité
    crude divorce rate
    taux brut de divortialité
    crude divorce rate
    taux de divortialité
    (total period) divorce rate
    taux de divortialité par âge
    age-specific divorce rate
    taux de divortialité par durée de
    mariage
    duration-specific divorce rate
    taux de divortialité des mariés
    divorce rate for married persons

DOCTRINE
    doctrine démographique
    population theory
    doctrine de population
    population theory

DOMESTIQUE (adj. / noun)
    domestique de culture
    full time agricultural labourer
    foyer domestique
    home

DOMICILE
home
    accouchement à domicile
    home confinement
    domicile familial
    parental home
    sans domicile
    vagrant, person of no fixed abode
    sans domicile fixe (SDF)
    person of no fixed abode
    travailleur à domicile
    home / cottage worker

DOMICILIÉ
settled (sometimes)
    population domiciliée
    resident population

DOMINANT (migr.)
dominant
    courant dominant
    dominant stream

DONNÉE(S)
data
    analyse des données
    data analysis
    collecte de données
    data collection / gathering
    couplage de données
    record linkage
    données de base
    base figure, basic / baseline data
    données brutes
    raw / crude data, base figure
    données de départ
    base figure, basic / baseline data
    données enregistrées
    records
    données d'état civil
    registration data
    données numériques
    numerical data
    données de recensement
    census data / records
    données non rectifiées
    unadjusted data
    données statistiques de population
    population data
    entrée des données
    data entry / input
    rassemblement de données
    data collection / gathering

DONNEUR
    insémination artificielle à partir
    d'un donneur (IAD)
    artificial insemination by a donor

insémination artificielle avec un donneur (IAD)
artificial insemination by a donor
insémination artificielle par donneur étranger
heterologous / donor insemination

DOUBLE
accouchement double
plural / multiple birth / delivery
double classement
double classification
double collecte
double count
double comptage
double counting
double compte
double counting
double emploi
double count
double insémination
double insemination
double nationalité
dual nationality
graphique double logarithmique
double logarithmic graph
orphelin double
orphan whose parents are dead, full orphan
table à double extinction
double decrement / double attrition table

DRESSER
dresser un acte de naissance
register / notify a birth (to)

DROIT
âge du droit à pension
pensionable age
âge ouvrant droit à pension
pensionable age
population de droit
de jure population

DURABILITÉ
life expectancy, expectation of life

DURÉE
period; cycle
durée d'absence
length of absence
durée de carrière
working life
durée conventionnelle de grossesse
conventional duration of pregnancy
durée des études
years of school completed, grade attainment
durée de gestation
duration of pregnancy, period of gestation
durée de grossesse
duration of pregnancy, period of gestation
durée de mariage
duration of marriage
durée de mariage à la nième naissance
interval between marriage and the nth birth
durée moyenne des cas de maladie
average duration per case (of disease)
durée moyenne des études
mean length of education
durée moyenne des mariages au moment de leur dissolution
average marriage duration at dissolution
durée moyenne de veuvage
mean interval between widowhood and remarriage
durée moyenne de la vie active
mean duration of working life
durée de présence
duration of stay
durée de résidence
duration of residence
durée révolue
complete period

durée de scolarité accomplie
years of school completed, grade attainment
durée de séjour
duration of residence
durée de la vie active
working life
durée de la vie humaine
length of life, human longevity
durée vraie de grossesse
true duration of pregnancy
effet de durée
duration effect
taux de divortialité par durée de mariage
duration-specific divorce rate
taux par durée
duration-specific rate
taux de fécondité par durée de mariage
marriage duration-specific fertility rate
taux de productivité des mariages selon leur durée
marriage duration-specific fertility rate

DYNAMIQUE (adj. / noun)
dynamique de la population
population dynamics
modèle dynamique
dynamic model

DYSGÉNIQUE
union dysgénique
dysgenic marriage

Notes

Notes

ÉCART
difference, deviation
écart absolu moyen
mean / average deviation
écart de fermeture
error of closure
écart entre la longévité masculine et féminine
sexual differential in longevity
écart type
standard deviation
marge d'écart
range

ÉCHANGE
échange de population
population exchange

ÉCHANTILLON
sample; cross-section
échantillon représentatif
representative sample
échantillon systématique
systematic sample
enquête sur échantillon
sample survey

ÉCHANTILLONNAGE
sampling; cross-section
échantillonnage caractéristique de la population
cross-section of the population
erreur d'échantillonnage
sampling error

ÉCHEC
échec de la contraception
contraceptive failure
taux d'échec de la contraception
contraceptive failure rate

ÉCHELLE
échelle ékistique logarithmique
Ekistic Logarithmic Scale (ELS)

ÉCHELONNEMENT
distribution, breakdown
échelonnement des naissances
birth timing

ÉCOLE
school
âge de sortie de l'école
school-leaving age
école élémentaire
primary / elementary school
école maternelle
nursery school, kindergarten
école primaire
primary / elementary school
grande école
professional school
jeunes sortant de l'école
school-leavers
jeunes déjà sortis de l'école
school-leavers

ÉCOLIER
pupil

ÉCOLOGIE
ecology
écologie humaine
human ecology

ÉCOLOGIQUE
ecological

ÉCOLOGISTE
ecologist

ÉCONOMIQUE
activité économique
economic activity, gainful occupation
branche d'activité économique
industry, branch of economic activity
démographie économique
economic demography
développement économique
economic growth / development

optimum économique
economic optimum
principal soutien économique
principal earner
rapport de dépendance économique
economic dependency ratio
rapport de dépendance économique des personnes âgées
old age dependency ratio
région économique
economic region
rythme de développement économique
economic growth / development
secteur d'activité économique
industry, branch of economic activity

ÉCONOMIQUEMENT

(les) économiquement faibles
low-income people, the lower / lowest income group
population économiquement active
gainfully occupied / economically active / working population, labour force
population économiquement inactive
economically inactive / unoccupied population

ÉDITION

édition des résultats
table preparation

ÉDUCATIF

système éducatif
education system

ÉDUCATION

éducation préscolaire
nursery education

EFFECTIF (adj.)

fécondabilité effective
effective fecundability
fécondité effective
effective fertility
natalité effective
effective fertility
taux brut annuel de natalité effective
crude birth rate

EFFECTIF (noun)

size, total number (of inhabitants)
effectif d'âge scolaire
school age population
effectif d'âge scolaire obligatoire
school age population
effectif de classe
class frequency
effectif de main-d'oeuvre
gainfully occupied / economically active / working population, labour force
effectif moyen
mean / average population
effectif de la population
population size
effectif de la population active
size of economically active population
effectif scolaire
school enrolment
effectif scolaire inscrit
pupils enrolled
effectif scolaire présent
pupils in attendance
taux par rapport à l'effectif initial
rate in relation to the initial population size

EFFERVESCENT

comprimé effervescent
foam tablet
poudre effervescente
foam tablet

EFFET
effet d'âge
age effect
effet de cohorte
cohort effect
effet de durée
duration effect
effet de génération
generation effect
effet de structure
structure effect
effet de troncature
truncating effect

EFFICACITÉ
efficacité clinique
physiological effectiveness
efficacité de la contraception
contraceptive effectiveness
efficacité pratique
use effectiveness
efficacité théorique
theoretical effectiveness
efficacité d'usage
use effectiveness

ÉKISTIQUE (adj.)
ekistic
échelle ékistique logarithmique
Ekistic Logarithmic Scale (ELS)

ÉKISTIQUE (noun)
ekistics

ÉLABORE
résultat élaboré
result

ÉLARGI
famille élargie
extended family

ÉLECTEUR
fichier d'électeurs
voter registration records

ÉLÉMENT
element
élément familial principal
family nucleus

ÉLÉMENTAIRE
école élémentaire
primary school, elementary school

ÉLÈVE
pupil, scholar
nombre d'élèves inscrits
school enrolment

ÉLIMINATOIRE
question éliminatoire
screening question

EMBRYOLOGIE
embryology

EMBRYON
embryo
embryon fécondé in vitro
in vitro fertilised embryo

EMBRYONNAIRE
embryonic

ÉMIGRANT
out-migrant, emigrant
proportion d'émigrants
proportion of out-migrants

ÉMIGRATION
emigration; out-migration
émigration interne
out-migration
émigration nette
net emigration / out-migration, net
loss, migratory deficit
émigration rurale
rural-urban migration
flux d'émigration
outflow
zone d'émigration
out-migration area

ÉMIGRÉ
out-migrant, emigrant
  proportion d'émigrés
  proportion of lifetime out-migrants
  statistiques sur les émigrés
  statistics on out-migrants

ÉMIGRER
emigrate (to)

EMPIRIQUE
  accoucheuse empirique
  birth attendant, traditional midwife

EMPLOI
employment
  cessation de l'emploi
  retirement
  double emploi
  double count
  hiérarchie d'emploi
  work status, position in industry, status in employment
  interruption de retraite pour reprendre un emploi
  de-retirement
  personnes occupant des emplois rémunérés
  gainfully occupied / economically active / working population, labour force
  population active ayant un emploi
  gainfully occupied population
  population occupant des emplois rémunérés
  gainfully occupied / economically active / working population, labour force
  travailleur ayant un emploi
  employed worker
  travailleur sans emploi
  unemployed worker

EMPLOYEUR
employer

ENCEINTE
pregnant
  femme enceinte
  expectant mother, pregnant woman

ENDÉMIE
endemic disease

ENDOGAME
endogamous

ENDOGAMIE
endogamy

ENDOGÈNE
  décès endogène
  endogenous death
  mortalité endogène
  endogenous mortality
  mortalité infantile endogène
  endogenous infant mortality
  taux de mortalité infantile endogène
  endogenous infant mortality rate

ENFANCE
childhood
  agent de protection de l'enfance
  child welfare officer
  aide à l'enfance
  child care
  maladie infectieuse de l'enfance
  infection of childhood
  petite enfance
  very young age
  première enfance
  infancy
  protection de l'enfance
  child care / welfare
  protection de la famille et de l'enfance
  family and child welfare
  troubles de l'enfance
  childhood history

ENFANT
child

  absence d'enfants voulue
  voluntary childlessness
  en âge d'avoir des enfants
  of childbearing age
  âge à la naissance du premier
  enfant
  age at first birth
  assistance aux mères et aux enfants
  mother and child care
  consultations pour enfants
  child care / children's clinic
  consultations psychiatriques pour
  enfants
  children's mental health / hygiene
  clinic
  couple marié avec enfants
  married couple family
  enfant adopté
  foster / adopted child
  enfant adoptif
  foster / adopted child
  enfant d'âge préscolaire
  pre-school child
  enfant d'âge scolaire
  school age child
  enfant en bas âge
  infant, baby
  enfant à charge
  dependent child
  enfant conçu
  unborn child
  enfant du conjoint
  step-child
  enfant en famille d'accueil
  foster child
  enfant illégitime
  illegitimate child
  enfant légitime
  legitimate child
  enfant légitimé
  legitimised / legitimated child
  enfant d'un autre lit
  step-child

  enfant mineur
  under-age child
  enfant naturel
  illegitimate child, child born out of
  wedlock
  enfant né hors mariage
  child born out of wedlock
  enfant né du mariage actuel
  child born out of the present marriage
  enfant né avant terme
  premature baby
  enfant né vivant
  live-born child
  enfant en nourrice
  foster child
  enfant placé dans une famille
  foster child
  enfant posthume
  posthumous child
  enfant d'un précédent mariage
  step-child
  enfant prématuré
  premature baby
  enfant du premier âge
  infant, baby
  enfant d'un premier lit
  step-child
  enfant du sexe féminin
  female child
  enfant du sexe masculin
  male child
  enfant in utero
  unborn child
  enfants sans foyer
  homeless children
  enfants de mêmes parents
  sibs, siblings
  enfants nés de la même mère
  previous births to the mother
  famille à enfant unique
  one-child family
  famille sans enfants
  childless family
  garde d'enfant(s)
  child-minding

infirmière d'enfants
paediatric nurse
infirmière s'occupant d'enfants en bas âge
infant nurse
jardin d'enfants
nursery school, kindergarten
jeune enfant
pre-school child
ménage bi-actif sans enfants
DINK (dual income with no kids)
mère allaitant son enfant
nursing mother
mise au monde d'un enfant
bearing (of a child)
mise au monde d'un enfant mort-né
stillbirth
naissance d'enfant vivant
live birth
nombre d'enfants désiré
number of children wanted
nombre idéal d'enfants
desired / intended number of children
nombre moyen d'enfants par famille complète
final / completed parity
nombre moyen d'enfants par femme
mean number of children ever born per woman, average parity
nutrition de l'enfant
child nutrition .
rapport enfants-femmes
child-woman ratio
révolution au profit de la survie et du développement des enfants
child survival and development revolution (CSDR)
service de consultations pour enfants
child care / children's clinic
service de consultations psychiatriques pour enfants
children's mental health / hygiene clinic

soins (à donner) aux enfants
child care
soins aux mères et aux enfants
mother and child care
survenance d'enfant
subsequent birth of a child
survie et développement de l'enfant (SDE)
child survival and development (CSD)
table de mortalité des enfants de moins d'un an
mortality table of children under one year of age
variance du nombre d'enfants
child number variation

ENQUÊTE
inquiry, survey
enquête de contrôle
post-enumeration test
enquête par correspondance
postal inquiry, mailback survey
enquête sur échantillon
sample survey
enquête épidémiologique
population survey
enquête facultative
voluntary inquiry
enquête de fécondité
fertility survey
enquête sur les forces de travail
labour force survey
enquête sur la morbidité
morbidity survey
enquête à passages répétés
multiround survey
enquête à plusieurs passages
multiround survey
enquête pilote
pilot survey
enquête sur la population active
labour force survey
enquête postale
postal inquiry, mailback survey

enquête de probabilité sur la fé-
condité
probability fertility survey
enquête de qualité
quality check
enquête répétée
call back
enquête rétrospective
retrospective survey
enquête par sondage
sample survey
enquête sur les taux démographi-
ques
vital rate enquiry
enquête sur le terrain
field inquiry / survey
enquête de vérification du recense-
ment
post-enumeration survey

ENQUÊTÉ (noun)
respondent, informant

ENQUÊTER
survey (to)

ENQUÊTEUR
interviewer, enumerator
biais de l'enquêteur
interviewer bias
unité de personnel enquêteur
investigating unit

ENREGISTREMENT
registration
lacunes d'enregistrement
under-registration
unité d'enregistrement
listing unit

ENREGISTRER
register (to)
données enregistrées
records

ENSEIGNEMENT
education, instruction
degré d'enseignement
level of education
enseignement du premier degré
primary education
enseignement préprimaire
pre-school education
enseignement primaire
primary education
enseignement privé
private education
enseignement professionnel
vocational education
enseignement public
public education
enseignement du second degré
secondary education
enseignement secondaire
secondary education
enseignement supérieur
higher education
enseignement technique
technical education
enseignement du troisième degré
higher education
établissement d'enseignement
educational institution
système d'enseignement
education system
table de sortie du système d'ensei-
gnement
table of school life

ENSEMBLE
dispersion d'un ensemble d'obser-
vations
variability of a set of observations
d'ensemble
overall
ensemble de la population
general population
vivant ensemble séparément
living apart together (LAT)

ENTRANT (noun)
entrant (migr.)

ENTRÉE
> *âge d'entrée en activité*
> age at accession to the labour
> force / at entry into employment
> *âge d'entrée au travail*
> age at accession to the labour
> force / at entry into employment
> *âge d'entrée dans la vie active*
> age at accession to the labour
> force / at entry into employment
> *âge moyen d'entrée en activité*
> mean age at accession to the la-
> bour force
> *entrée en activité*
> accession to the labour force
> *entrée des données*
> data entry, data input
> *entrées (migr.)*
> arrivals, inflow
> *première entrée en activité*
> first accession to / entry into the
> labour force
> *probabilité d'entrée en activité*
> probability of accession to the
> labour force
> *table d'entrée en invalidité*
> disability table
> *tableau à multiples entrées*
> cross-tabulations, contingency table
> *taux d'entrée en activité*
> rate of accession to the labour
> force
> *visa d'entrée*
> visa, entry permit

ENTREPRISE
firm, establishment

ENTRER
> *entrer dans la vie active*
> enter into economic life (to)

ENTRETENIR
maintain (to)

ENTRETIEN
maintenance

ENTREVUE
> *évaluation du recensement par de*
> *nouvelles entrevues*
> re-interview method of census
> evaluation
> *méthode de l'entrevue*
> canvasser method

ÉNUMÉRATION
enumeration

ÉNUMÉRER
enumerate (to)

ÉPARS
> *population éparse*
> scattered population

ÉPIDÉMIE
epidemic

ÉPIDÉMIOLOGIE
epidemiology

ÉPIDÉMIOLOGIQUE
epidemiological
> *enquête épidémiologique*
> population survey
> *statistiques épidémiologiques*
> epidemiological statistics

ÉPIDÉMIQUE
> *maladie épidémique*
> epidemic disease

ÉPONGE
> *éponge vaginale*
> tampon, sponge

ÉPOUSE
wife; spouse
> *épouse abandonnée*
> deserted wife
> *épouse sans profession*
> housewife

ÉPOUX
husband; spouse; husband and wife
différence d'âge entre époux
age difference between spouses
époux séparés légalement
separated persons

ÉPREUVE
insémination d'épreuve
test insemination

ÉQUILIBRE
équilibre démographique
population equilibrium

ÉQUIVALENT (adj.)
population stable équivalente
stable population equivalent

ERREUR
erreur de classement
classification error
erreur de déclaration
misreporting
erreur d'échantillonnage
sampling error
erreur d'observation
observation / response error
erreur type
standard error

ESPACE (migr.)
espace migratoire
migration area

ESPACEMENT
contraception d'espacement
birth spacing contraception
espacement des naissances
birth spacing / timing, child spacing (CS)
espacement des naissances - alimentation complémentaire - alphabétisation des femmes
family spacing - food supplements - female literacy (FFF)

santé maternelle et infantile et espacement des naissances (SMI-/EN)
maternal and child health/child spacing (MCH/CS)

ESPACER
espacer les naissances
delay chilbearing (to)

ESPÉRANCE
espérance brute de vie active
gross expectation of working life
espérance nette de vie active
net expectation of working life
espérance de vie
life expectancy, expectation of life
espérance de vie active
expectation of working life
espérance de vie en bonne santé
healthy life expectancy
espérance de vie corrigée en fonction du bien-être
quality-adjusted life-year (QUALY)
espérance de vie en état de célibat
expectation of unmarried life
espérance de vie sans incapacité
life expectancy free of deficiency (LEFD)
espérance de vie à la naissance
expectation of life at birth

ESSAI
essai de recensement
census test
mariage à l'essai
trial marriage
recensement d'essai
pilot survey

ESSENTIEL
évaluation des besoins essentiels
basic needs assessment (BNA)

ESTIMATION
estimation, estimate
   estimation démographique
   demographic estimation
   estimation intercensitaire
   intercensal estimate
   estimation de la population
   estimate of the population
   estimation statistique
   statistical estimation
   estimations tirées de la méthode de l'inverse des quotients de survie (taux de naissance - taux de mortalité)
   reserve survival estimates

ESTIMER
estimate (to)
   valeur estimée
   estimate

ÉTABLIR
settle (to)

ÉTABLISSEMENT
settlement; firm, establishment
   chef d'établissement
   employer; manager (sometimes)
   établissement d'enseignement
   educational institution
   établissement de la filiation
   proof of relationship by descent
   établissement secondaire
   secondary school

ÉTAPE
   migration par étapes
   relay / serial / stage / step migration

ÉTAT
   acte de l'état civil
   vital / registration record
   bureau de l'état civil
   registry (office)
   données d'état civil
   registration data

espérance de vie en état de célibat
expectation of unmarried life
état civil
civil status
état matrimonial
conjugal / marital status / condition
état morbide
morbid state
état nutritionnel
nutritional status
état de la population
state of the population
état puerpéral
postnatal / lying-in period; puerperium
état sanitaire
health status
état de santé
health status; health profile (of a population)
états
returns
événements relatifs à l'état civil
vital events
fait d'état civil
vital event
infirmière diplômée d'Etat
certified nurse
officier d'état civil
registrar
probabilité de survie en état de célibat
probability of single survival
puéricultrice diplômée d'Etat
child care supervisor
registre de l'état civil
vital / civil registration
statistiques de l'état civil
registration / vital statistics
statistiques de l'état de la population
current population statistics, statistics of population change / movement
survivant en état de célibat
single survivor

survivant en état de non-célibat
ever-married survivor
table de survie en état de célibat
net nuptiality table

ÉTEINDRE
méthode des générations éteintes
method of extinct generations

ÉTENDUE
range
étendue des projections
projection period

ETHNIE
ethnic group, tribe

ETHNIQUE
ethnic
groupe ethnique
ethnic group
minorité ethnique
ethnic minority
nationalité ethnique
ethnic nationality
origine ethnique
ethnic origin

ÉTRANGER (adj.)
insémination artificielle par donneur étranger
heterologous / donor insemination

ÉTRANGER (noun)
alien, foreigner; (abroad)
étranger de passage
alien visitor, visiting alien
étranger résidant
resident alien
étranger en situation irrégulière
illegal alien
né à l'étranger
foreign-born
d'origine étrangère
foreign-born
personne à l'étranger
person abroad

personne résidant à l'étranger
non-resident
résidence à l'étranger
residence abroad
séjour à l'étranger
abroad stay

ÉTUDE
âge en fin d'études
age at leaving school
durée moyenne des études
mean length of education
étude démographique
demographic study
étude rétrospective
historical study
études
schooling
jeunes ayant terminé leurs études
school-leavers
nombre moyen d'années d'étude
mean length of education
probabilité de cessation des études
dropout rate
probabilité de poursuite des études
retention rate

ÉTUDIANT
student

EUGÉNIQUE
eugenic
stérilisation eugénique
eugenic sterilisation

EUGÉNISME
eugenics
eugénisme négatif
negative eugenics
eugénisme positif
positive eugenics

EUGÉNISTE
eugenist

ÉVALUATION
   évaluation des besoins essentiels
   basic needs assessment (BNA)
   évaluation du recensement par de
   nouvelles entrevues
   re-interview method of census
   evaluation

ÉVÉNEMENT
event
   événement démographique
   vital event
   événement non renouvelable
   non renewable event
   événement-origine
   baseline event, event-origin
   événement perturbateur
   perturbating event
   événement renouvelable
   renewable event
   événements réduits
   event frequency
   événements relatifs à l'état civil
   vital events
   nombre moyen d'événements
   mean number of events
   somme des événements réduits
   cumulated event frequency

ÉVENTUALITÉ
   quotient d'éventualité
   crude probability

ÉVENTUEL
   participant éventuel
   potential user

ÉVITER
   naissance évitée
   birth averted

ÉVOLUTION
   évolution de la population
   population process / dynamics /
   development

EXACT
   âge exact
   exact age

EXCÉDENT
   excédent de décès
   excess of deaths
   excédent migratoire
   migration surplus
   excédent de naissances
   excess of births
   excédent des naissances sur les
   décès
   excess of births over deaths
   excédent de population
   overspill

EXÉCUTION
   agent d'exécution
   manual worker
   personnel d'exécution
   manual workers

EXERCICE
   exercice postpartum
   postpartum exercise

EXHAUSTIF
complete

EXISTANT
   population existante
   actual / de facto population

EX-MARI
former husband

EXODE
exodus
   exode rural
   rural-urban migration, flight from
   the country

EXOGAME
exogamous

EXOGAMIE
exogamy

EXOGÈNE
décès exogène
exogenous death
mortalité exogène
exogenous mortality
mortalité infantile exogène
exogenous infant mortality
taux de mortalité infantile exogène
exogenous infant mortality rate

EXPLOITANT
farmer, farm operator
agriculteur exploitant
farmer, farm operator
cultivateur exploitant
farmer, farm operator
exploitant agricole
farmer, farm operator
propriétaire exploitant
farm-owner

EXPLOITATION
firm, establishment

EXPLOSION
explosion nataliste
baby boom

EXPONENTIEL
croissance exponentielle
exponential growth
population exponentielle
exponential population

EXPOSER
exposé au risque
exposed to risk

EXPOSITION
exposition au risque de conception
exposure to the risk of conception

EXPULSÉ (noun)
expellee

EXPULSER
expel (to)

EXPULSION
expulsion

EXTÉRIEUR
migration extérieure
external migration

EXTERMINATION
extermination

EXTERMINER
exterminate (to)

EXTERNE
insémination externe
external insemination
migration externe
external migration

EXTINCTION
attrition
table à double extinction
double decrement / attrition table
table à extinction
decrement table
table d'extinction des mariages
marriage extinction table
table à extinction multiple
multiple decrement table
table à multiple extinction
multiple decrement table
table à simple extinction
simple decrement table

EXTRACORPOREL
méthode de fécondation extracor-
porelle
ex vivo fertilisation method

EXTRAIT
extrait (d'acte) de décès
death certificate
extrait (d'acte) de mariage
marriage certificate

extrait (d'acte) de naissance
birth certificate / record

EXTRANÉITÉ
(status of) being an alien

EXTRAPOLATION
extrapolation

EXTRAPOLER
extrapolate (to)

EXTRASCOLAIRE
out-of-school

Notes

Notes

FACTEUR

  facteur d'attraction (migr.)
  pull factor
  facteur physiologique
  constitutional factor
  facteur population
  population factor
  facteur de répulsion (migr.)
  push factor
  postes réservés pour tenir compte
  du facteur population
  population reserve

FACTO (de)

  mariage de facto
  common law marriage
  population de facto
  actual / de facto population

FACULTATIF

  enquête facultative
  voluntary inquiry

FAIBLE

  catégorie de personnes à faibles
  revenus
  low-income (population) group
  (les) économiquement faibles
  low-income people, the lower /
  lowest income group
  groupe à faibles revenus
  low-income (population) group
  ménage à faibles revenus
  low-income household

FAIT (noun)

  blessure par fait de guerre
  injury due to operations of war,
  war injury
  décès par fait de guerre
  death due to operations of war,
  war death
  fait d'état civil
  vital event
  population de fait
  actual / de facto population

  séparation de fait
  de facto separation

FAMILIAL

  aide familiale
  family worker / helper; housewife;
  home-maker; mother's help
  allocation familiale
  family / children's allowance
  ambiance familiale
  family environment
  antécédents familiaux
  family history
  auxiliaire familiale
  family worker / helper; mother's
  help; housewife; home-maker
  cellule familiale
  family unit
  conseils familiaux
  family counselling, counselling for
  families
  consultations familiales
  family counselling, counselling for
  families
  cycle familial
  family life cycle
  domicile familial
  parental home
  élément familial principal
  family nucleus
  foyer familial
  home
  foyer de placement familial
  foster home
  ménage non familial
  non-family / collective household
  migration familiale
  family migration
  milieu familial
  family environment
  noyau familial
  nuclear family
  orientation familiale
  family guidance
  personnes ayant des charges fami-
  liales
  persons with family responsibilities

placement familial (dans un foyer nourricier)
foster-home care
planification familiale
birth control, family planning / limitation, planned parenthood
planning familial
birth control, family planning / limitation, planned parenthood
regroupement familial
family reunion, reunification of families
santé maternelle et infantile et planification familiale (SMI/PF)
maternal and child health/family planning (MCH/FP)
service d'aide familiale
home-maker service
services de conseils familiaux
family counselling, counselling for families
services de consultation et d'orientation familiales
counselling and guidance for families
situation familiale
parental status
structure familiale
family pattern
travailleur familial
family worker / helper
travailleuse familiale (France)
housewife; home-maker, mother's help

FAMILLE
family
chargé de famille
person with family responsibilities
chef de famille
head of (the) family, family head
conseils à la famille
family guidance
constitution de la famille
family formation; family life cycle

dimension de (la) famille
size of the family, (average) family size
enfant en famille d'accueil
foster child
enfant placé dans une famille
foster child
famille d'accueil
foster home
famille biologique
biological / nuclear family
famille biparentale
two-parent family
famille complète
marriage of completed fertility
famille composite
composite / joint family
famille à deux revenus
two-earner / two income family
famille élargie
extended family
famille à enfant unique
one-child family
famille sans enfants
childless family
famille monoparentale
one-parent / lone-parent family
famille nombreuse
large family
famille nourricière
foster family
famille nucléaire
nuclear family
famille à parent unique
one-parent / lone-parent family
famille peu nombreuse
small family
famille reconstituée
reconstituted family
famille socialement défavorisée
socially deprived family
famille statistique
statistical / census / composite family
femme seule chef de famille
single woman family head

fiche de famille
fertility / reproductive history
membre de la famille
member of the family
membres salariés de la famille
earning members of the family
nombre moyen d'enfants par famille complète
final / completed parity
planification de la famille
birth control, family planning / limitation, planned parenthood
probabilité d'agrandissement des familles
parity progression ratio
programme de planification de la famille
family planning programme
protection de la famille
family welfare
protection de la famille et de l'enfance
family and child welfare
reconstitution des familles
family reconstitution
situation de famille
dependency status
statistiques des familles
family statistics
taille de la famille
size of the family, (average) family size

FARDEAU
fardeau génétique
genetic load

FAUX
fausse couche
spontaneous / unintentional abortion, miscarriage
faux jumeaux
dizygotic / biovular / non-identical twins
faux ménage
irregular household

faux mort-né
false stillbirth

FÉCOND
fertile

FÉCONDABILITÉ
fecundability
fécondabilité effective
effective fecundability
fécondabilité instantanée
instantaneous fecundability
fécondabilité naturelle
natural fecundability
fécondabilité résiduelle
residual fecundability
fécondabilité totale
total fecundability

FÉCONDABLE
fecundable

FÉCONDANT
insémination première fécondante
conception rate first insemination

FÉCONDATION
fertilisation, insemination
fécondation artificielle
artificial fertilisation
fécondation artificielle intracorporelle
in vivo artificial insemination
fécondation artificielle in vitro
in vitro artificial insemination
fécondation hétérologique intracorporelle
heterologous in vivo insemination
fécondation des ovocytes après congélation
fertilisation of ovocytes after freezing
fécondation de l'ovule
fertilised human egg
fécondation par voie naturelle
natural fertilisation

méthode de fécondation extracorporelle
ex vivo fertilisation method
technique de fécondation assistée
technique of assisted fertilisation

FÉCONDER
fertilise (to)
embryon fécondé in vitro
in vitro fertilised embryo
ovule artificiellement fécondé in
vitro
in vitro artificially fertilised egg

FÉCONDITÉ
fertility
enquête de fécondité
fertility survey
enquête de probabilité sur la fécondité
probability fertility survey
fécondité d'une cohorte
cohort fertility
fécondité cumulée
total fertility (rate)
fécondité déficitaire
below replacement fertility
fécondité différentielle
differential fertility
fécondité dirigée
controlled fertility
fécondité effective
effective fertility
fécondité féminine
female fertility
fécondité finale moyenne par mère
average completed fertility per
mother
fécondité générale
overall fertility
fécondité illégitime
illegitimate / non-marital fertility
fécondité légitime
legitimate / marital fertility
fécondité des mariages
marital fertility

fécondité masculine
male fertility
fécondité du moment
period fertility
fécondité moyenne réalisée
average realised fertility
fécondité naturelle
natural fertility
fécondité par période et par cohorte
period and cohort fertility
fécondité selon le rang de naissance
birth order fertility
fécondité en-dessous du taux de
remplacement
below-replacement fertility
fécondité totale
total fertility
fonction fécondité
instantaneous fertility rate
indicateur conjoncturel de fécondité
total fertility rate
indice de fécondité
period fertility data
indice synthétique de fécondité
(ISF)
synthetic measure of fertility, total
fertility rate
maintien volontaire à un niveau
inférieur à la fécondité potentielle
voluntarily below potential fertility
maîtrise de la fécondité
fertility control
mesure de fécondité longitudinale
longitudinal fertility measure
mesure de fécondité transversale
transversal fertility measure
méthodes de régulation de la fécondité
fertility regulating methods
période de fécondité
fecund period
quotient de fécondité par parité
parity-specific birth probability

quotient instantané de fécondité
instantaneous fertility rate
quotient mensuel de fécondité
monthly fertility / pregnancy probability
régulation de la fécondité
fertility control / regulation
table de fécondité
fertility schedule / table
table de fécondité générale
general fertility table
table de fécondité générale du moment
current general fertility rate
table de fécondité des mariages
marriage fertility table
table de fécondité de rang
order-specific fertility table
table nette de fécondité
net fertility table
table nette de fécondité générale
net general fertility table
table nette de fécondité des mariages
net marriage fertility table
table type de fécondité
model fertility table
taux de fécondité
fertility rate
taux de fécondité par âge
age-specific fertility / birth rate
taux de fécondité tous âges
general fertility rate
taux de fécondité par durée de mariage
marriage duration-specific fertility rate
taux de fécondité féminine
female fertility rate
taux de fécondité générale
overall fertility rate
taux de fécondité générale par âge
age-specific overall fertility rate
taux de fécondité illégitime
illegitimate / non-marital fertility rate

taux de fécondité légitime
legitimate / marital fertility rate
taux de fécondité légitime par âge
age-specific marital fertility rate
taux de fécondité masculine
male fertility rate
taux de fécondité par parité
parity-specific fertility / birth rate
taux de fécondité par rang
order-specific fertility rate
taux global de fécondité
general fertility rate
taux global de fécondité générale
total general fertility rate
taux instantané de fécondité
instantaneous fertility rate
variance de la fécondité
fertility variance
variante moyenne de fécondité
medium fertility variant

FÉMININ

célibataire du sexe féminin
spinster
écart entre la longévité masculine et féminine
sexual differential in longevity
enfant du sexe féminin
female child
fécondité féminine
female fertility
génération féminine
female / maternal generation
individu du sexe féminin
woman; female
main-d'oeuvre féminine
female labour (force)
nuptialité féminine
female nuptiality
préservatif féminin
cervical cap, pessary
reproduction féminine
female reproduction
taux de fécondité féminine
female fertility rate
taux de reproduction féminine
female / maternal reproduction rate

FÉMINITÉ
> *rapport de féminité*
> feminity
> *taux de féminité*
> feminity
> *taux de féminité des naissances*
> female child rate of birth

FEMME
woman; female; wife
> *décalage entre la longévité des hommes et des femmes*
> sexual gap in longevity
> *espacement des naissances - alimentation complémentaire - alphabétisation des femmes*
> family spacing - food supplements - female literacy (FFF)
> *femme-année*
> woman-year
> *femme en couches*
> confined wife
> *femme enceinte*
> expectant / pregnant woman
> *femme au foyer*
> housewife; home-maker
> *femme mariée*
> married woman
> *femme mariée qui travaille*
> working wife
> *femme seule chef de famille*
> single woman family head
> *femmes mariées en âge de procréation*
> married women of reproductive age
> *femmes mariées en âge de procréer*
> married women of reproductive age
> *nombre moyen d'enfants par femme*
> mean number of children ever born per woman, average parity
> *rapport enfants-femmes*
> child-woman ratio
> *taux d'activité des femmes*
> female participation rate

FERMÉ
> *population fermée*
> closed population
> *question fermée*
> closed ended question

FERMETURE
> *écart de fermeture*
> error of closure

FERMIER
farmer, farm operator

FERTILE
fecund
> *âge fertile*
> reproductive / childbearing period

FERTILITÉ
fecundity
> *fertilité attendue*
> expected fecundity
> *fertilité calculée*
> expected fecundity
> *fertilité théorique*
> expected fecundity

FEU
hearth
> *liste de feux*
> hearth tax list

FEUILLE
schedule; census schedule
> *feuille de logement*
> household schedule
> *feuille de ménage*
> household schedule
> *feuille de population comptée à part*
> institutional schedule
> *feuille récapitulative*
> institutional schedule
> *feuille de relevé*
> transcription forme

FIANÇAILLES
engagement, betrothal

FIANCÉ
engaged, betrothed

FICHE
card, slip, form, record
  fiche d'acte
  form, slip
  fiche de baptême
  baptism slip
  fiche de famille
  fertility / reproductive history
  fiche gynécologique
  pregnancy history / record
  fiche de mariage
  marriage slip
  fiche obstétricale
  pregnancy history / record
  fiche prénatale
  antenatal card
  fiche de sépulture
  burial slip

FICHIER
file, records, register
  fichier de contribuables
  tax-payers records
  fichier d'électeurs
  voter registration records
  fichier permanent de population
  continuous registration
  fichier de population
  population register
  fichier de sécurité sociale
  social security records

FICTIF
  cohorte fictive
  hypothetical / synthetic cohort
  génération fictive
  hypothetical / synthetic cohort

FILIATION
filial relation; descent
  établissement de la filiation
  proof of relationship by descent
  filiation légitime
  lawful descent, birth in wedlock
  filiation maternelle
  descent from mother
  filiation naturelle
  illegitimate / natural descent, birth
  out of wedlock

FILLE
daughter; girl, female child
  fille d'âge à se marier
  girl of marriageable age
  fille nubile
  girl of marriageable age
  fille pubère
  girl of marriageable age

FILS
son

FIN (noun)
  âge en fin d'études
  age at leaving school
  âge en fin de scolarité
  age at leaving school
  âge de fin de scolarité obligatoire
  school-leaving age
  fin d'union
  end of union

FINAL
  descendance finale
  cohort / lifetime fertility, lifetime
  births, completed fertility (rate)
  fécondité finale moyenne par mère
  average completed fertility per
  mother
  fréquence finale
  ultimate frequency

FINI
  calcul des différences finies
  calculus of finite differences

FISCAL
  dégrèvement fiscal
  tax rebate

FIXE
  sans domicile fixe (SDF)
  person of no fixed abode
  personne sans résidence fixe (SRF)
  vagrant
  sans résidence fixe (SRF)
  vagrant, person of no fixed abode

FIXER
settle (to)

FLÉCHISSEMENT
downward trend

FLOTTER
  population flottante
  unsettled population

FLUCTUATION
fluctuation
  fluctuation aléatoire
  chance / random fluctuation

FLUX
  flux d'émigration
  outflow
  flux d'immigration
  inflow
  flux migratoire
  migration flow / stream, drift of population

FOETAL
foetal
  mort foetale
  foetal death
  mort foetale intermédiaire
  intermediate foetal death
  mort foetale précoce
  early foetal death
  mort foetale tardive
  late foetal death

  mortalité foetale
  foetal mortality
  mortalité foetale intermédiaire
  intermediate foetal mortality
  mortalité foetale précoce
  early foetal mortality
  mortalité foetale tardive
  late foetal mortality
  rapport de mortalité foetale
  foetal mortality ratio
  taux de mortalité foetale
  foetal mortality rate
  taux de mortalité foetale tardive
  late foetal mortality / stillbirth rate, rate of stillbirths

FOETUS
foetus

FONCTION
  fonction célibat
  celibacy function
  fonction décès
  death function
  fonction descendance
  instantaneous fertility rate
  fonction fécondité
  instantaneous fertility rate
  fonction mariage
  marriage function
  fonction maternité
  childbearing function
  fonction nourricière
  material need function
  fonction parentale
  parenthood
  fonction quotient de mortalité
  instantaneous death rate
  fonction quotient de nuptialité
  instantaneous nuptiality rate
  fonction survie
  survivorship function
  fonction des tables de mortalité
  life table function

FONCTIONNEL
   analphabétisme fonctionnel
   functional illiteracy
   couverture fonctionnelle (de la population)
   functional coverage

FORCE
   enquête sur les forces de travail
   labour force survey
   force de mortalité
   instantaneous death rate
   force de travail
   labour force

FORCÉ
   migration forcée
   repatriation

FORMATION
   formation des sages-femmes
   midwifery education

FORMULE
form

FORT (adj.)
   forte densité de population (à)
   densely populated

FOURCHETTE
range

FOYER
home
   enfants sans foyer
   homeless children
   femme au foyer
   housewife; home-maker
   foyer d'adoption
   foster home
   foyer domestique
   home
   foyer familial
   home
   foyer nourricier
   foster home

   foyer pour personnes âgées
   geriatric home
   foyer de placement familial
   foster home
   mère au foyer
   non-working mother

FRACTION
   fraction de sondage
   sampling fraction
   fraction sondée
   sampling fraction

FRAGMENTAIRE
sparse

FRATERNEL
   jumeaux fraternels
   dizygotic / biovular twins

FRATRIE
sibs, siblings

FRÉQUENCE
frequency
   fréquence absolue
   absolute / class frequency
   fréquence du célibat
   proportion remaining single
   fréquence du célibat définitif
   proportion never married
   fréquence finale
   ultimate frequency
   fréquence globale des maladies
   prevalence rate
   fréquence des rapports sexuels
   frequency of intercourse
   fréquence relative
   relative frequency
   fréquence du remariage
   relative frequency of remarriage
   polygone de fréquence
   frequency polygon

FRÉQUENTATION
   fréquentation scolaire
   attendance ratio

taux de fréquentation scolaire
attendance ratio, school attendance

FRERE
brother

FRONTALIER (adj.)
  migration frontalière
  frontier migration
  navette frontalière
  border traffic
  travailleur frontalier
  frontier worker

FRONTALIER (noun)
frontier worker

FUSION
fusion

FUTUR
  future mère
  expectant mother, pregnant woman

Notes

Notes

GAMÈTE
gamete

GARÇON
boy, male child

GARDE
garde d'enfant(s)
child-minding

GARDERIE
child-minding place, nursery
assistante sociale de garderie
child-minder

GARDIENNE
foster mother

GELÉE
gelée contraceptive
contraceptive jelly

GÉMELLAIRE
accouchement gémellaire
plural / multiple birth / delivery
naissance gémellaire
plural / multiple birth / delivery

GÈNE
gene
gène identique
identical gene

GÉNÉALOGIE
genealogy

GÉNÉRAL
general
densité générale par unité de sol
cultivable
density of population per unit of
cultivable area
fécondité générale
overall fertility
indice général des divorces
total period divorce rate

indice général de primo-nuptialité
total period first marriage rate
mortalité générale
general mortality
mouvement général de la population
population movement / growth / change
recensement général
general census
table de fécondité générale
general fertility table
table de fécondité générale du moment
current general fertility rate
table nette de fécondité générale
net general fertility table
taux brut annuel de mortalité générale
crude death rate
taux brut annuel de nuptialité générale
crude marriage rate
taux de fécondité générale
overall fertility rate
taux de fécondité générale par âge
age-specific overall fertility rate
taux général
general rate
taux général d'avortements
total abortion rate
taux global de fécondité générale
total general fertility rate

GÉNÉRATION
generation
analyse par génération
cohort / generational analysis
continuité des générations
intergenerational continuity
effet de génération
generation effect
génération féminine
female / maternal generation
génération fictive
hypothetical / synthetic cohort

génération hypothétique
hypothetical / synthetic cohort
génération masculine
male / paternal generation
indice de génération
cohort measure
intervalle entre générations successives
interval between successive generations
méthode des générations éteintes
method of extinct generations
migrant de la deuxième génération
second generation migrant
non-remplacement des générations
generational non-replacement
remplacement des générations
generation replacement
renouvellement des générations
generation replacement
table de génération
cohort / generation table
table de mortalité de génération
generation / cohort life table
taux de génération
cohort / generation rate
taux de reproduction de génération
cohort / generation reproduction rate

GÉNÉSIQUE
histoire génésique
birth history
intervalle génésique
birth interval
intervalle génésique ouvert
open birth interval

GÉNÉTICIEN
geneticist

GÉNÉTIQUE (adj. / noun)
genetic; genetics
consultations de génétique
genetic counselling

dérive génétique
genetic drift
fardeau génétique
genetic load
génétique démographique
population genetics
génétique humaine
human genetics
génétique des populations
population genetics
patrimoine génétique
genetic endowment

GÉNIQUE
structure génique
gene structure

GÉNOCIDE
genocide

GÉNOTYPE
genotype

GÉNOTYPIQUE
structure génotypique
genotypic structure

GÉOGRAPHIQUE
couverture géographique (de la population)
geographical coverage
migration géographique
migration
mobilité géographique
geographic / spatial mobility
répartition géographique
geographical / spatial distribution

GÉOMÉTRIQUE
croissance géométrique
exponential growth
moyenne géométrique
geometric mean / average

GÉRIATRIE
geriatrics
soins de gériatrie
geriatric care

GÉRONTOLOGIE
gerontology

GÉRONTOLOGUE
gerontologist

GÉRONTOPSYCHIATRIE
psychogeriatrics

GESTATION
gestation, pregnancy; childbirth, confinement, delivery; childbearing
durée de gestation
duration of pregnancy, period of gestation

GLISSANT
projection glissante
revolving projection

GLOBAL
overall, total
fréquence globale des maladies
prevalence rate
taux global de fécondité
general fertility rate
taux global de fécondité générale
total general fertility rate

GRADE
grade universitaire
university degree

GRAND
grande école
professional school
grand groupe d'âges
broad age group
grand vieillard
aged, elderly

GRANDEUR
ordre de grandeur
order of magnitude

GRAPHIQUE (adj.)
ajustement graphique
graphic graduation

GRAPHIQUE (noun)
graph
graphique double logarithmique
double logarithmic graph
graphique de Lexis
Lexis diagram
graphique logarithmique
logarithmic graph
graphique semi-logarithmique
semi-logarithmic graph
représentation graphique
graphic / diagrammatic representation

GRAPPE
cluster
sondage en grappes
cluster sampling

GRAVIDE
gravid

GRAVIDIQUE
gravid
aménorrhée gravidique
pregnancy amenorrhea
aménorrhée postgravidique
postpartum amenorrhea
(premier) intervalle gravidique
conception delay, first pregnancy interval
toxémie gravidique
toxaemia of pregnancy

GRAVIDITÉ
gestation, pregnancy

GRAVITAIRE
   modèle gravitaire
   Pareto-type / gravity model

GROSSESSE
gestation, pregnancy; childbirth, confinement, delivery; childbearing
   durée conventionnelle de grossesse
   conventional duration of pregnancy
   durée de grossesse
   duration of pregnancy, period of gestation
   durée vraie de grossesse
   true duration of pregnancy
   grossesse avant le mariage
   premarital pregnancy
   grossesse tardive
   late birth
   grossesses improductives
   pregnancy wastage
   grossesses répétées
   constant childbearing
   interruption de (la) grossesse
   termination of pregnancy, abortion
   intervalle entre grossesses
   inter-pregnancy interval
   quotient mensuel de grossesse
   monthly fertility / pregnancy probability
   rang de grossesse
   pregnancy order / rank
   troubles de la grossesse
   childbearing history

GROUPE
group; bracket
   dénombrement de groupes
   count
   grand groupe d'âges
   broad age group
   groupe d'âge quinquennal
   five-year age / quinquennial age group
   groupe d'âges
   age group

groupe de cinq années d'âge
five-year age / quinquennial age group
groupe ethnique
ethnic group
groupe à faibles revenus
low-income (population) group
groupe à haut risque
high-risk group
groupe linguistique
linguistic group
groupe professionnel
occupational group / class; industry, branch of economic activity
groupe social
social status group
groupe témoin
control group
mortalité par sexe et par groupe d'âges
sex-age-specific death rate
survie du groupe
group survival
taux de mortalité par sexe et par (groupe d') âge
sex-age-specific death / mortality rate

GROUPER
   groupé en trois strates
   stratified into three strata
   habitat groupé
   grouped settlement

GUERRE
   blessure par fait de guerre
   injury due to operations of war, war injury
   décès (par fait) de guerre
   death due to operations of war, war death

GUIDANCE
   centre de guidance infantile
   child guidance centre / clinic
   guidance infantile
   child guidance

GYNÉCOLOGIQUE
fiche gynécologique
pregnancy history / record

Notes

HABITABLE
surface habitable
surface area

HABITANT
inhabitant

HABITAT
settlement
habitat dispersé
dispersed settlement
habitat groupé
grouped settlement
habitat non intégré
marginal settlement

HABITATION
communauté d'habitation
cohabitation
densité d'habitation
degree of occupation
immeuble d'habitation collective
block of flats, tenement house

HABITER
inhabit (to)

HABITUEL
population de résidence habituelle
resident population
résident habituel
normal resident

HAMEAU
hamlet

HASARD
sondage au hasard
random / probability sampling

HAUSSE
tendance à la hausse
upward trend

HÉRÉDITAIRE
hereditary

caractère héréditaire
hereditary characteristic
maladie héréditaire
hereditary defect

HÉRÉDITÉ
heredity

HÉRITAGE
transmission d'un bien par héritage
filial relation; descent

HÉTÉROGAME
heterogamous

HÉTÉROGAMIE
heterogamy

HÉTÉROGÈNE
heterogeneous

HÉTÉROGÉNÉITÉ
heterogeneity

HETEROLOGIQUE
fécondation hétérologique intra-corporelle
heterologous in vivo insemination

HÉTÉROZYGOTE
heterozygous

HIÉRARCHIE
hiérarchie d'emploi
work status, position in industry, status in employment

HISTOGRAMME
histogram

HISTOIRE
histoire génésique
birth history
histoire migratoire
migratory history

HISTORIQUE (adj.)
calendrier historique
historical calendar
démographie historique
historical demography

HOME
home d'accueil (pour personnes âgées)
residential home

HOMICIDE (noun)
homicide volontaire
homicide

HOMME
man; male
décalage entre la longévité des hommes et des femmes
sexual gap in longevity
homme marié
married man

HOMOGAME
homogamous

HOMOGAMIE
homogamy

HOMOGÈNE
homogeneous

HOMOGÉNÉITÉ
homogeneity

HOMOZYGOTE
homozygous

HORMONAL
contraception hormonale
hormonal contraception

HOSPITALIER
sage-femme hospitalière
hospital midwife

HÔTE
host
hôte de passage
visitor, transient
zone hôte (migr.)
in-migration area

HUMAIN (adj.)
allongement de la vie humaine
increased longevity
durée de la vie humaine
length of life, human longevity
écologie humaine
human ecology
génétique humaine
human genetics

HYGIÈNE
hygiène infantile
child health
hygiène maternelle
maternity health
médecin d'hygiène infantile
child health doctor

HYPERFÉCONDITÉ
hyperfécondité involontaire
undesired excess fertility

HYPOFERTILITÉ
subfecundity

HYPOTHÈSE
assumption

HYPOTHÉTIQUE
cohorte hypothétique
hypothetical / synthetic cohort
décès hypothétique
expected death
génération hypothétique
hypothetical / synthetic cohort

HYSTÉROTOMIE
hysterotomy

Notes

Notes

IDÉAL
  nombre idéal d'enfants
  desired / intended number of children

IDENTIQUE
  gène identique
  identical gene
  jumeaux identiques
  identical / monozygotic / uniovular twins

ILLÉGAL
  avortement illégal
  illegal / criminal abortion

ILLÉGITIME
  composante illégitime
  illegitimate component
  enfant illégitime
  illegitimate child
  fécondité illégitime
  illegitimate / non-marital fertility
  naissance illégitime
  illegitimate birth, birth out of wedlock
  proportion des naissances illégitimes
  illegitimacy ratio
  taux de fécondité illégitime
  illegitimate / non-marital fertility rate
  taux de natalité illégitime
  illegitimate birth rate
  union illégitime
  free union

ILLETTRÉ
illiterate

ILLETTRISME
functional illiteracy

ILLICITE
  avortement illicite
  illegal / criminal abortion

  immigration illicite
  irregular / illegal / unauthorised / undeclared / undocumented migration
  migration illicite
  irregular / illegal / unauthorised / undeclared / undocumented migration

ILÔT
block

IMMATURE
immature

IMMATURITÉ
immaturity

IMMÉDIAT
  cause immédiate du décès
  immediate cause of death

IMMEUBLE
block of flats, tenement house
  immeuble d'habitation collective
  block of flats, tenement house

IMMIGRANT
immigrant, in-migrant; incomer
  immigrant autorisé
  legal migrant
  immigrant clandestin
  irregular status / undocumented migrant
  immigrant sans papiers
  irregular status / undocumented migrant
  immigrant régulier
  legal migrant
  immigrant en situation irrégulière
  irregular status / undocumented migrant
  proportion d'immigrants
  proportion of in-migrants
  sélection des immigrants
  selective immigration

IMMIGRATION
immigration
  flux d'immigration
  inflow
  immigration autorisée
  legal migration
  immigration clandestine
  irregular / illegal / unauthorised / undeclared / undocumented migration
  immigration illicite
  irregular / illegal / unauthorised / undeclared / undocumented migration
  immigration interne
  in-migration
  immigration irrégulière
  irregular / illegal / unauthorised / undeclared / undocumented migration
  immigration légale
  legal migration
  immigration nette
  net gain, net immigration / in-migration, migration surplus
  immigration sélective
  selective immigration
  issu de l'immigration
  from / of immigrant origin
  loi sur l'immigration
  immigration law
  zone d'immigration
  in-migration area

IMMIGRÉ (adj. / noun)
immigrant, in-migrant; incomer
  Allemands des pays de l'Est immigrés en Allemagne
  resettlers
  main-d'oeuvre immigrée
  immigrant workers
  main-d'oeuvre immigrée en situation irrégulière
  illegal migrant labour
  proportion d'immigrés
  proportion of lifetime in-migrants

  statistiques sur les immigrés
  statistics on in-migrants
  travailleur immigré
  immigrant worker
  travailleur immigré temporaire
  guest worker
  travailleurs immigrés clandestins
  illegal migrant labour

IMMIGRER
immigrate (to)

IMPLANTATION
settlement
  pays d'implantation
  host

IMPOSITION
  rôle d'imposition
  hearth tax list

IMPRIMÉ (noun)
form

IMPRODUCTIF
  grossesses improductives
  pregnancy wastage

IMPULSION (migr.)
push
  impulsion migratoire
  migration push

INACHEVÉ
  descendance inachevée
  incomplete fertility

INACTIF
inactive
  les inactifs
  non-labour force participants
  poids des inactifs
  dependency ratio
  population (économiquement) inactive
  economically inactive / unoccupied population

rapport inactifs/actifs
dependency ratio

INAPTE
unemployable

INCAPABLE
incapable de se suffire à soi-même
helpless

INCAPACITÉ
espérance de vie sans incapacité
life expectancy free of deficiency
(LEFD)
incapacité permanente
permanent disability
incapacité de travail
working incapacity / disability

INCIDENCE
taux d'incidence
incidence rate

INCIDENT (adj.)
morbidité incidente
incidence of disease
taux de morbidité incidente
ill-health incidence rate

INCITATEUR
motivator

INDÉPENDANCE
condition d'indépendance
independence condition

INDÉPENDANT (adj.)
phénomènes indépendants
independent phenomena / events
travailleur indépendant
worker on own account, indepen-
dent worker

INDÉTERMINÉ
unknown

INDEX
index vital
vital index

INDICATEUR
indicator
indicateur comportemental
behaviour indicator
indicateur conjoncturel de divor-
tialité
total divorce rate
indicateur conjoncturel de fécon-
dité
total fertility rate
indicateur conjoncturel des pre-
miers mariages
total first marriage rate
indicateur de morbidité
morbidity indicator

INDICE
rate, index number
indice d'attraction
index of age preference
indice de cohorte
cohort measure
indice comparatif
comparative index
indice comparatif de densité
comparative density index
indice comparatif de mortalité
comparative mortality index
indice de compensation (migration
nette/migration totale)
effectiveness / efficiency index
indice de compensation des cou-
rants
effectiveness of migration streams
indice conjoncturel
period index / rate / measure
indice différentiel
index of migration differentials
indice de dispersion
measure of dispersion
indice de fécondité
period fertility data

indice général des divorces
total period divorce rate
indice général de primo-nuptialité
total period first marriage rate
indice de génération
cohort measure
indice d'intensité migratoire
index of migration intensity
indice d'intensité migratoire nette
index of net velocity
**indice d'intensité migratoire rela-
tive**
migration preference index
indice de longévité scolaire
survival index
indice longitudinal
cohort index
indice de maternité
maternity index
indice de mesure de la morbidité
morbidity rate / ratio
indice du moment
period index / rate / measure
indice de Pearl
Pearl index
indice de préférence
migration preference index
indice du quantum
quantum index
indice de référence
reference index
indice de remplacement
replacement index
indice de seuil
threshold index
**indice synthétique de fécondité
(ISF)**
synthetic measure of fertility, total
fertility rate
indice transversal
period index
indice vital
vital index

INDIGENCE
   seuil de l'indigence
   poverty line

INDIGÈNE
indigenous

INDISSOLUBILITÉ
   indissolubilité du mariage
   indissolubility of marriage

INDIVIDU
individual, person
   individu du sexe féminin
   woman; female
   individu du sexe masculin
   man; male

INDIVIDUEL
   activité individuelle
   occupation
   bulletin individuel
   individual schedule
   maison individuelle
   private house
   migration individuelle
   individual migration
   profession individuelle
   occupation
   vieillissement individuel
   individual ageing, senescence

INDUIRE
   *migration induite (par celle du
   chef de famille, par ex.)*
   secondary / ancillary migration

INDUSTRIEL
   population active industrielle
   industrial population

INÉGALITÉ
   *inégalité de la répartition de la
   population*
   skewness of the population

INFANTILE
   centre de guidance infantile
   child guidance centre / clinic

centre de protection maternelle et infantile
maternity child welfare centre
consultations infantiles
child care / children's clinic
consultations de protection infantile
consulting / counselling centres for child health
guidance infantile
child guidance
hygiène infantile
child health
maladie infantile
paediatric illness
médecin d'hygiène infantile
child health doctor
médecin de la protection maternelle et infantile
child health doctor
mort infantile
infant death
mortalité infantile
infant mortality
mortalité infantile endogène
endogenous infant mortality
mortalité infantile exogène
exogenous infant mortality
mortalité infantile et postinfantile
infant and child mortality
protection infantile
child welfare / care
protection maternelle et infantile
maternal and child health care
psychiatrie infantile
child psychiatry
quotient de mortalité infantile
probability of dying before age one, adjusted infant mortality rate
santé maternelle et infantile et espacement des naissances (SMI-/EN)
maternal and child health/child spacing (MCH/CS)

santé maternelle et infantile et planification familiale (SMI/PF)
maternal and child health/family planning (MCH/FP)
service de consultations infantiles
child care / children's clinic
service de protection infantile
infant / child welfare service
service de protection maternelle et infantile
maternal and child health service / care
soins de santé maternelle et infantile
maternal and child health care
taux de mortalité infantile (TMI)
infant mortality rate (IMR)
taux de mortalité infantile endogène
endogenous infant mortality rate
taux de mortalité infantile exogène
exogenous infant mortality rate

INFÉCOND
infertile

INFÉCONDABILITÉ
inability to conceive
  période d'infécondabilité
  sterile period

INFÉCONDABLE
inable to conceive

INFÉCONDITÉ
infertility, childlessness, infecundity, sterility
  infécondité définitive
  permanent infertility
  infécondité volontaire
  voluntary sterility / infertility

INFECTIEUX
  maladie infectieuse
  infectious disease
  maladie infectieuse de l'enfance
  infection of childhood

INFIRMIER
soins infirmiers néonatals
neonatal nursing
soins infirmiers pédiatriques
paediatric nursing

INFIRMIÈRE
infirmière diplômée d'Etat
certified nurse
infirmière d'enfants
paediatric nurse
infirmière s'occupant d'enfants en
bas âge
infant nurse
infirmière puéricultrice
paediatric nurse
infirmière du service de pédiatrie
paediatric nurse
infirmière spécialisée dans les
soins de maternité
maternity nurse

INFIRMITÉ
infirmity, handicap
infirmité mentale
mental infirmity / handicap
infirmité physique
physical infirmity / handicap

INHÉRENT
différences inhérentes au sexe
sex-specific differences

INITIAL
cause initiale du décès
primary / principal cause of death
répartition par âges initiale
initial age distribution
taux par rapport à l'effectif initial
rate in relation to the initial population size

INJECTABLE
contraceptif injectable
contraceptive by injection

INJECTION
injection vaginale
douche

INSCRIRE
effectif scolaire inscrit
pupils enrolled
nombre d'élèves inscrits
school enrolment

INSÉMINATION
insemination
centre d'insémination
(artificial) insemination centre
double insémination
double insemination
insémination artificielle (IA)
artificial insemination (AI)
insémination artificielle à partir
d'un donneur (IAD)
artificial insemination by a donor
insémination artificielle avec un
donneur (IAD)
artificial insemination by a donor
insémination artificielle par don-
neur étranger
heterologous / donor insemination
insémination d'épreuve
test insemination
insémination externe
external insemination
insémination interne
internal insemination
insémination intra-utérine
intra-uterine insemination
insémination première fécondante
conception rate first insemination
insémination avec le sperme du
mari
homologous insemination
méthode d'insémination
(artificial) insemination method
moment de l'insémination
time of insemination
technique d'insémination
(artificial) insemination technique

INSPECTEUR
inspector, supervisor

INSTALLATION
settlement

INSTANTANÉ
accroissement instantané (d'une population)
instantaneous growth (of the population)
décès instantanés
instantaneous death rate
fécondabilité instantanée
instantaneous fecundability
naissances instantanées
instantaneous birth rate
quotient instantané
instantaneous rate
quotient instantané de fécondité
instantaneous fertility rate
quotient instantané de mortalité
instantaneous death rate
quotient instantané de nuptialité
instantaneous nuptiality rate
taux brut instantané de mortalité
crude instantaneous mortality rate
taux brut instantané de natalité
crude instantaneous birth rate
taux instantané
instantaneous rate
taux instantané d'accroissement
instantaneous rate of growth
taux instantané de conception
instantaneous conception rate
taux instantané de fécondité
instantaneous fertility rate
taux instantané de mortalité
instantaneous death rate
taux instantané de nuptialité
instantaneous nuptiality rate

INSTITUT
institut de statistique
statistical department

INSTITUTEUR
teacher

INSTRUCTION
schooling
degré d'instruction
educational status
statistiques suivant le degré d'instruction
educational attainment / literacy statistics

INTÉGRATION
integration

INTÉGRER
habitat non intégré
marginal settlement

INTELLECTUEL
quotient intellectuel (QI)
intelligence quotient (IQ)

INTENSITÉ
intensity
indice d'intensité migratoire
index of migration intensity
indice d'intensité migratoire nette
index of net velocity
indice d'intensité migratoire relative
migration preference index
intensité du peuplement
density of population, population density

INTERCENSITAIRE
intercensal
estimation intercensitaire
intercensal estimate
migration intercensitaire
intercensal migration
période intercensitaire
intercensal period

INTERFAMILIAL
variations structurelles interfamiliales
between family structural variation

INTERFÉRENCE
interférences (entre phénomènes)
interaction (of events)

INTERGÉNÉSIQUE
intervalle intergénésique
interval between successive births

INTERGRAVIDIQUE
intervalle intergravidique net
net inter-pregnancy interval
intervalle intergravidique ouvert
open inter-pregnancy interval

INTÉRIEUR
intervalle intérieur
internal interval
migration intérieure
internal migration

INTERMÉDIAIRE
avortement intermédiaire
late abortion
mort foetale intermédiaire
intermediate foetal death
mortalité foetale intermédiaire
intermediate foetal mortality
obstacle intermédiaire
intervening obstacle
poste intermédiaire offert
intervening opportunity
variable intermédiaire
intermediate variate

INTERNATIONAL
migration internationale
international migration

INTERNE
émigration interne
out-migration

immigration interne
in-migration
insémination interne
internal insemination
migration interne
internal migration
taux de migration interne
rate of internal migration
taux de mobilité interne
rate of internal mobility

INTERPOLATION
interpolation

INTERPOLER
interpolate (to)

INTERQUARTILE
intervalle interquartile
interquartile range

INTERROGATOIRE
interrogatoire direct
personal interview
méthode de l'interrogatoire
canvasser method

INTERROMPRE
coït interrompu
coitus interruptus, withdrawal

INTERRUPTION
interruption de (la) grossesse
termination of pregnancy, abortion
interruption de retraite pour reprendre un emploi
de-retirement

INTERVALLE
intervalle à cheval
straddling interval
intervalle de confiance
confidence interval
intervalle entre générations successives
interval between successive generations

intervalle génésique
birth interval
intervalle génésique ouvert
open birth interval
intervalle gravidique
conception delay, first pregnancy interval
intervalle entre grossesses
inter-pregnancy interval
intervalle intergénésique
interval between successive births
intervalle intergravidique net
net inter-pregnancy interval
intervalle intergravidique ouvert
open inter-pregnancy interval
intervalle intérieur
internal interval
intervalle interquartile
interquartile range
intervalle entre le mariage et la première naissance
interval between marriage and the first birth
intervalle moyen entre divorce et mariage
mean interval between divorce and remarriage
intervalle entre naissances
interval between successive births
intervalle ouvert
open interval
intervalle protogénésique
interval between marriage and the first birth
premier intervalle gravidique
conception delay, first pregnancy interval

INTOXICATION
poisoning

INTRACORPOREL
fécondation artificielle intracorporelle
in vivo artificial insemination

fécondation hétérologique intra-corporelle
heterologous in vivo insemination

INTRA-UTÉRIN
décès intra-utérin
intra-uterine / foetal death
dispositif intra-utérin (DIU)
intra-uterine device (IUD)
insémination intra-utérine
intra-uterine insemination
mortalité intra-utérine
foetal mortality
table de mortalité intra-utérine
intra-uterine mortality table
taux de mortalité intra-utérine
foetal death rate

INVALIDE (noun)
invalide de naissance
congenitally disabled

INVALIDITÉ
infirmity
risque d'invalidité
risk of / probability of disability
table d'entrée en invalidité
disability table
table d'invalidité
disability table

INVERSE
estimations tirées de la méthode de l'inverse des quotients de survie (taux de naissance - taux de mortalité)
reserve survival estimates

INVESTISSEMENT
investissements démographiques
demographic investments

INVOLONTAIRE
hyperfécondité involontaire
undesired excess fertility

IRRÉGULIER
irregular
> *étranger en situation irrégulière*
> *illegal alien*
> *immigrant en situation irrégulière*
> *irregular status / undocumented migrant*
> *immigration irrégulière*
> *irregular / illegal / unauthorised / undeclared / undocumented migration*
> *main-d'oeuvre immigrée en situation irrégulière*
> *illegal migrant labour*
> *migrant irrégulier*
> *irregular status / undocumented migrant*
> *migrant en situation irrégulière*
> *irregular status / undocumented migrant*
> *migration irrégulière*
> *irregular / illegal / unauthorised / undeclared / undocumented migration*

ISOLAT
isolate

ISOLÉ (adj. / noun)
single householder; single
> *parent isolé*
> *lone(-)parent, sole(-)parent, one-parent*
> *personne isolée*
> *single householder*

ISSU
> *issu de l'immigration*
> *from / of immigrant origin*

Notes

Notes

JARDIN
  jardin d'enfants
  nursery school, kindergarten

JEUNE (adj. / noun)
young, young person
  jeune enfant
  pre-school child
  jeunes ayant achevé leur scolarité
  school-leavers
  jeunes gens
  young persons
  jeunes ménages
  young couples
  jeunes sortant de l'école
  school-leavers
  jeunes déjà sortis de l'école
  school-leavers
  jeunes ayant terminé leurs études
  school-leavers
  personne encore jeune
  non aged, non elderly
  population jeune
  young population

JOURNALIER (adj.)
  migration journalière
  daily movement

JOURNALIER (noun)
  journalier agricole
  day labourer

JOURNÉE
  nombre moyen de journées de maladie
  mean number of days of illness

JUMEAUX
twins
  faux jumeaux
  dizygotic / biovular / non-identical twins
  jumeaux bivitellins
  dizygotic / biovular twins
  jumeaux fraternels
  dizygotic / biovular twins

  jumeaux identiques
  identical / monozygotic / uniovular twins
  jumeaux univitellins
  identical / monozygotic / uniovular twins
  vrais jumeaux
  identical / monozygotic / uniovular twins

JURE (de)
  population de jure
  de jure population

JUVÉNILE
  taux de mortalité juvénile
  child mortality rate

Notes

KUCZYNSKI

taux de (Boeck-)Kuczynski

net reproduction rate

Notes

LABORATOIRE
laboratoire démographique
population laboratory

LACUNE
undercount
lacunes d'enregistrement
under-registration

LANGUE
language
langue maternelle
mother language / tongue
langue d'usage
usual language
langue usuelle
usual language

LÉGAL
âge légal de la retraite
prescribed pensionable age
avortement légal
legal abortion
immigration légale
legal migration
migration légale
legal migration
population légale
de jure population
séparation légale
legal / judicial separation

LÉGALEMENT
époux séparés légalement
separated persons

LÉGALISER
légaliser l'union
formalise the union (to)

LÉGISLATION
législation matrimoniale
marriage laws

LÉGITIMATION
legitimation

LÉGITIME
composante légitime
legitimate component
descendance légitime
legitimate / lawful descent, birth in wedlock
enfant légitime
legitimate child
fécondité légitime
legitimate / marital fertility
filiation légitime
lawful descent, birth in wedlock
naissance légitime
legitimate birth, birth in wedlock
naissances légitimes réduites
legitimate birth frequency
somme des naissances légitimes réduites
total legitimate fertility rate
taux de fécondité légitime
legitimate / marital fertility rate
taux de fécondité légitime par âge
age-specific marital fertility rate
taux de natalité légitime
legitimate birth rate
union légitime
marriage

LÉGITIMER
enfant légitimé
legitimised / legitimated child

LÉGITIMITÉ
legitimacy

LÉSION
lésion obstétricale
birth injury

LÉTAL
lethal
caractère létal
lethal characteristic

LÉTALITÉ
taux de létalité
(case) fatality rate

LEXIS
diagramme de Lexis
Lexis diagram
graphique de Lexis
Lexis diagram

LIBRE
libre penseur
freethinker
union libre
free / non-marital union

LICITE
avortement licite
legal abortion

LIEN
relationship

LIEU
lieu d'arrivée
place of arrival / of destination
lieu de départ
place of origin / of departure
lieu de destination
place of arrival / of destination
lieu de naissance
place of birth
lieu d'origine
place of origin / of departure
statistiques sur le lieu de naissance
place-of-birth statistics

LIGATURE
ligature des trompes
hysterectomy

LIGNE
ascendant en ligne directe
relative in the ascending line, progenitor, ancestor
ligne de vie
life line

LIMITATION
limitation des naissances
birth control, fertility regulation
limitation des naissances au niveau de/portant sur la parité
rank-specific birth control, parity-related family limitation

LIMITE
limite d'âge
age limit
limite supérieure
upper limit
retraite par limite d'âge
retirement on account of age
table de mortalité biologique limite
endogenous mortality table

LINGUISTIQUE (adj. / noun)
linguistic; linguistics
groupe linguistique
linguistic group
minorité linguistique
linguistic minority
mobilité linguistique
linguistic mobility
statistiques linguistiques
statistics of language
transfert linguistique
linguistic transfer

LISSAGE
smoothing
lissage (de données statistiques)
graduation, smoothing

LISTAGE
listing

LISTE
table, list, listing
liste de communiants
list of communicants
liste de confirmation
confirmation list
liste de conscription
military conscription list

liste de feux
hearth tax list
liste mortuaire
bill of mortality
liste nominative
nominal list
liste de passagers
passenger list / manifest

LIT
enfant d'un autre lit
step-child
enfant d'un premier lit
step-child

LOCAL
bulletin de contrôle local de dé-
nombrement
post enumeration field checks schedule
mobilité locale
local move, residential mobility

LOCALISATION
localisation du peuplement
geographical / spatial distribution
of the population

LOCALITÉ
locality

LOCATAIRE
tenant
locataire d'une chambre meublée
lodger, roomer
locataire principal
principal tenant

LOCUS
locus

LOGARITHMIQUE
échelle ékistique logarithmique
Ekistic Logarithmic Scale (ELS)
graphique double logarithmique
double logarithmic graph

graphique logarithmique
logarithmic graph

LOGEMENT
dwelling (unit), living quarter
feuille de logement
household schedule
logement meublé
furnished dwelling
logement sous-peuplé
insufficiently occupied dwelling
logement surpeuplé
overcrowded dwelling
logement vacant
unoccupied dwelling
personne sans logement
homeless person
unité de logement
dwelling unit

LOGIS
sans-logis
homeless person

LOGISTIQUE
loi logistique
logistic law
population logistique
logistic population

LOI
loi sur l'immigration
immigration law
loi logistique
logistic law

LONGÉVITÉ
life expectancy, expectation of life;
survival; life duration / span
décalage entre la longévité des
hommes et des femmes
sexual gap in longevity
écart entre la longévité masculine
et féminine
sexual differential in longevity
indice de longévité scolaire
survival indice

LONGITUDINAL
analyse longitudinale
cohort / generational analysis
analyse longitudinale des migra-
tions
longitudinal migration analysis
indice longitudinal
cohort index
mesure de fécondité longitudinale
longitudinal fertility measure
table longitudinale
cohort / generation table

LOT
set

LOTKA
taux de Lotka
true rate of natural increase

LUCRATIF
activité lucrative
gainful occupation, economic activity
personnes ayant une activité lucra-
tive
gainfully occupied / economically
active / working population, labour
force

LUTTE
lutte contre la maladie
disease control
lutte contre la morbidité
disease control

Notes

Notes

MACROSIMULATION
macrosimulation

MAIN-D'OEUVRE
work / labour force, gainfully occupied
/ economically active / working population
effectif de main-d'oeuvre
gainfully occupied /economically
active / working population, labour
force
main-d'oeuvre féminine
female labour (force)
main-d'oeuvre immigrée
immigrant workers
main-d'oeuvre immigrée en situa-
tion irrégulière
illegal migrant labour
migration de main-d'oeuvre
labour migration

MAINTIEN
maintien volontaire à un niveau
inférieur à la fécondité potentielle
voluntarily below potential fertility

MAISON
bordereau de maison
household schedule
maison individuelle
private house
maison de retraite
old people's home; nursing home
(USA)
maîtresse de maison
housewife

MAÎTRE
teacher
maîtresse de maison
housewife

MAÎTRISE
agent de maîtrise
supervisor, foreman
maîtrise de la fécondité
fertility control

maîtrise de la mortalité
mortality control

MAJEUR
of age

MAJORITÉ
majorité matrimoniale
matrimonial capability

MALADE (noun)
proportion des malades
prevalence rate

MALADIE
illness, sickness, ill-health, disease
cas de maladie
case of disease
décès dû à un accident du travail
ou à une maladie professionnelle
death from employment injury
durée moyenne des cas de maladie
average duration per case (of di-
sease)
fréquence globale des maladies
prevalence rate
lutte contre la maladie
disease control
maladie aiguë
acute disease
maladie chronique
chronic disease
maladie congénitale
congenital disease / disorder
maladie contagieuse
contagious disease
maladie à déclaration obligatoire
notifiable disease
maladie dégénérative
degenerative disease
maladie épidémique
epidemic disease
maladie héréditaire
hereditary defect
maladie infantile
paediatric illness

maladie infectieuse
infectious disease
maladie infectieuse de l'enfance
infection of childhood
maladie professionnelle
occupational disease
maladie transmissible
communicable disease
maladie de la vieillesse
geriatric disorder
nombre moyen de journées de maladie
mean number of days of illness

MALFORMATION
malformation congénitale
congenital malformation
malformation morphologique
structural malformation

MALTHUSIANISME
population control, Malthusianism

MALTHUSIEN
Malthusian
couple malthusien
planner
couple non malthusien
non-planner
obstacle malthusien
Malthusian / positive check
politique démographique malthusienne
restrictionist population policy
population malthusienne
Malthusian population
population non malthusienne
non-Malthusian population
théorie malthusienne de la population
Malthusian population theory

MANIFESTE
manifeste sur l'accroissement de la population
statement on population growth

MANOEUVRE
unskilled worker

MANUEL
manual
travailleur manuel
manual worker
travailleur non manuel
non-manual / clerical / office worker

MARCHÉ
marché matrimonial
marriage market

MARGE
marge d'écart
range

MARGINAL
travailleur marginal
marginal worker

MARI
husband
ex-mari
former husband
insémination avec le sperme du mari
homologous insemination
mari décédé
late husband

MARIABLE
marriageable
population mariable
marriageable population
population non mariable
non-marriageable population

MARIAGE
marriage; wedding
acte de mariage
marriage record / certificate
âge au mariage
age at marriage

âge médian au premier mariage
median age at first marriage
âge minimum au mariage
minimum age at marriage
âge modal au premier mariage
modal / normal age at first marriage
âge moyen au premier mariage
mean age at first marriage
annulation de mariage
decree of nullity, annulment of marriage
autorisation de mariage
marriage license
candidat au mariage
candidate to marriage
certificat de mariage (délivré à l'issue de la cérémonie)
marriage certificate
cohorte de mariages
marriage cohort
consommation du mariage
consummation of marriage
date de/du mariage
date of marriage
dissolution du mariage
dissolution of marriage
durée de mariage
duration of marriage
durée de mariage à la nième naissance
interval between marriage and the nth birth
durée moyenne des mariages au moment de leur dissolution
average marriage duration at dissolution
enfant né hors mariage
child born out of wedlock
enfant né du mariage actuel
child born out of the present marriage
enfant d'un précédent mariage
step-child
extrait (d'acte) de mariage
marriage certificate

fécondité des mariages
marital fertility
fonction mariage
marriage function
fiche de mariage
marriage slip
grossesse avant le mariage
premarital pregnancy
hors mariage
extramarital
indicateur conjoncturel des premiers mariages
total first marriage rate
indissolubilité du mariage
indissolubility of marriage
intervalle entre le mariage et la première naissance
interval between marriage and the first birth
intervalle moyen entre divorce et mariage
mean interval between divorce and remarriage
mariage actuel
current / present marriage
mariage civil
civil marriage
mariage consanguin
consanguineous marriage
mariage consensuel
consensual union, companionate marriage
mariage en cours
current marriage
mariage coutumier
customary / common law marriage
mariage de facto
common law marriage
mariage à l'essai
trial marriage
mariage mixte
mixed marriage
mariage précoce
early marriage
mariage religieux
religious marriage

mariage tardif
late marriage
mariage valable
valid marriage
mariages réduits
marriage frequency
migration par mariage
marriage migration
naissance hors mariage
extra-marital birth
nombre moyen de divorces par mariage
number of divorces per new marriage
nombre moyen de naissances par mariage
mean number of births per marriage
nullité du mariage
nullity of marriage
premier mariage
first marriage
premier mariage de la table
number of first marriages
premiers mariages réduits
first marriage frequency
prêt au mariage
marriage loan
productivité des mariages
marital fertility
promotion de mariages
marriage cohort
quotient de dissolution des mariages
marriage dissolution probability
rang du mariage
order of marriage
rapport des naissances aux mariages
ratio of births to marriages
registre des mariages
marriage registration
somme des mariages réduits
cumulated marriage frequency
somme des premiers mariages réduits
cumulated first marriage frequency

table de dissolution des mariages
marriage dissolution table
table d'extinction des mariages
marriage extinction table
table de fécondité des mariages
marriage fertility table
table nette de fécondité des mariages
net marriage fertility table
table de survie des mariages
marriage life table
taux de divortialité par durée de mariage
duration-specific divorce rate
taux de fécondité par durée de mariage
marriage duration-specific fertility rate
taux de productivité des mariages selon leur durée
marriage duration-specific fertility rate
validité du mariage
validity of marriage

MARIÉ(E) (adj. / noun)
married; married person
 âge moyen des mariés
 mean / average age at marriage
 couple marié
 married couple
 couple marié avec enfants
 married couple family
 femme mariée
 married woman
 femme mariée qui travaille
 working wife
 femmes mariées en âge de procréation
 married women of reproductive age
 femmes mariées en âge de procréer
 married women of reproductive age
 homme marié
 married man
 marié, veuf ou divorcé
 ever-married

non marié
un-married
nouveaux mariés
newly married couple
personne mariée
married person
taux de divortialité des mariés
divorce rate for married persons

MARIER (se)
fille d'âge à se marier
girl of marriageable age

MARITALEMENT
vivre maritalement
cohabit (to)

MARRAINE
godmother

MASCULIN
célibataire du sexe masculin
bachelor
écart entre la longévité masculine et féminine
sexual differential in longevity
enfant du sexe masculin
male child
fécondité masculine
male fertility
génération masculine
male generation, paternal generation
individu du sexe masculin
man; male
nuptialité masculine
male nuptiality
préservatif masculin
condom, sheath
reproduction masculine
male reproduction
surmortalité masculine
excess male mortality
taux d'activité masculine
male participation rate
taux de fécondité masculine
male fertility rate

taux de reproduction masculine
male / paternal reproduction rate

MASCULINITÉ
masculinity
rapport de masculinité
masculinity / sex ratio
rapport de masculinité des conceptions
primary sex ratio
rapport de masculinité des naissances
secondary sex ratio
taux de masculinité
masculinity proportion
taux de masculinité des conceptions
sex ratio at conception, primary sex ratio

MASSIF
migration massive
mass migration

MATÉRIEL (noun)
matériel contraceptif
contraceptive devices

MATERNEL
assistante maternelle (France)
child-minder
centre de protection maternelle et infantile
maternity child welfare centre
école maternelle
nursery school, kindergarten
filiation maternelle
descent from mother
hygiène maternelle
maternity health
langue maternelle
mother language / tongue
médecin de la protection maternelle et infantile
child health doctor
mortalité maternelle
maternal mortality

protection maternelle
maternity care
protection maternelle et infantile
maternal and child health care
protection de la santé maternelle
maternal health
santé maternelle
maternal health
santé maternelle et infantile et espacement des naissances (SMI-/EN)
maternal and child health/child spacing (MCH/CS)
santé maternelle et infantile et planification familiale (SMI/PF)
maternal and child health/family planning (MCH/FP)
service d'aide maternelle
child care service
service de protection maternelle
maternity service
service de protection maternelle et infantile
maternal and child health service
soins maternels
mothering
soins de santé maternelle et infantile
maternal and child health care
taux de mortalité maternelle
maternal mortality / death rate

MATERNITÉ
maternity centre / home / hospital; maternity, motherhood
âge à la dernière maternité
age at the birth of the last child
âge de la maternité
childbearing age
âge moyen à la maternité
mean age at childbirth
âge moyen net à la maternité
net mean age at childbirth
congé de maternité
maternity leave
fonction maternité
childbearing function

indice de maternité
maternity index
infirmière spécialisée dans les soins de maternité
maternity nurse
mortalité liée à la maternité
maternal mortality
paternité (ou) maternité
parenthood
protection de la maternité
maternity care
repos de maternité
maternity leave
service de maternité (d'un hôpital)
lying-in clinic
soins de maternité
maternal / maternity care
taux de mortalité liée à la maternité
maternal mortality / death rate

MATHÉMATIQUE
démographie mathématique
mathematical demography

MATRICIEL
méthode matricielle de projection
matrix method of projection

MATRIMONIAL
matrimonial
consultations matrimoniales
marriage guidance / counselling
coutume matrimoniale
marriage custom
état matrimonial
conjugal / marital status / condition
législation matrimoniale
marriage laws
majorité matrimoniale
matrimonial capability
marché matrimonial
marriage market
services de consultations matrimoniales
marriage guidance / counselling

situation matrimoniale
conjugal / marital status / condition

MATURITÉ
maturity

MAXIMAL
maximum
   densité maximale
   maximum potential density, population carrying capacity
   population maximale
   maximum population

MAXIMUM
maximum

MÉDECIN
   médecin d'hygiène infantile
   child health doctor
   médecin de la protection maternelle et infantile
   child health doctor

MÉDIAN
median
   âge médian
   median age
   âge médian au premier mariage
   median age at first marriage
   vie médiane
   median length of life

MÉDIANE
median

MÉDICAL
   antécédents médicaux
   medical history
   démographie médicale
   medical demography

MÉDICAMENT
   médicament anticonceptionnel
   fertility controlling drug

MÉDICO-PÉDAGOGIQUE
   centre médico-pédagogique
   child guidance centre / clinic
   service médico-pédagogique
   child guidance centre / clinic

MÉGALOPOLE
megalopolis, metropolitan belt

MEMBRE
   membre de la famille
   member of the family
   membre du ménage
   member of the household
   membres salariés de la famille
   earning members of the family

MÉNAGE
household; married couple
   chef de ménage
   householder, head of the household
   dimension du ménage
   household size
   faux ménage
   irregular household
   feuille de ménage
   household schedule
   jeunes ménages
   young couples
   membre du ménage
   member of the household
   ménage agricole
   agricultural household
   ménage bi-actif
   two-earner / two income family
   ménage bi-actif sans enfants
   DINK (dual income with no kids)
   ménage collectif
   non-family / collective household
   ménage complexe
   composite / complex household
   ménage dissocié
   broken / dissolved marriage
   ménage à faibles revenus
   low-income household
   ménage multifamilial
   multiple(-)family / multi-family household

ménage multiple
multi-person household
ménage non familial
non-family / collective household
ménage ordinaire
family / private household
ménage d'une personne
one-person / single person household
ménage privé
private household
ménage unifamilial
one-family household
population des ménages collectifs
institutional population
soins du ménage
household care
taille du ménage
household size
taux de chef de ménage
head of household rate

MÉNAGÈRE
housewife, housemaker

MÉNOPAUSE
menopause, climacteric

MENSTRUATION
menstruation

MENSTRUEL
menstrual
   cycle menstruel
   menstrual cycle
   régulation menstruelle
   menstrual regulation / extraction

MENSTRUES
periods, menses

MENSUEL
   quotient mensuel de conception
   monthly conception probability
   quotient mensuel de fécondité
   monthly fertility / pregnancy probability

   quotient mensuel de grossesse
   monthly fertility / pregnancy probability
   taux mensuel
   monthly rate

MENTAL
   âge mental
   mental age
   infirmité mentale
   mental infirmity / handicap

MÈRE
mother
   âge moyen des mères
   mean age of mothers
   **assistance aux mères et aux en-
   fants**
   mother and child care
   enfants nés de la même mère
   previous births to the mother
   fécondité finale moyenne par mère
   average completed fertility per
   mother
   mère abandonnée
   deserted mother
   mère allaitant son enfant
   nursing mother
   mère allaitante
   nursing mother
   mère célibataire
   unmarried mother
   **mère exerçant une activité profes-
   sionnelle/rémunérée**
   working mother
   mère au foyer
   non-working mother
   mère nourricière
   foster mother
   mère porteuse
   surrogate mother
   mères abandonnées
   lone-motherhood
   mères célibataires
   unmarried motherhood
   orphelin de mère
   orphan whose mother is dead

orphelin de père et de mère
orphan whose parents are dead,
full orphan
service d'aide aux mères
home-maker service
soins aux mères et aux enfants
mother and child care

MESURE
indice de mesure de la morbidité
morbidity rate / ratio
mesure de fécondité longitudinale
longitudinal fertility measure
mesure de fécondité transversale
transversal fertility measure

MÉTAYER
share-cropper

MÉTHODE
*estimations tirées de la méthode de
l'inverse des quotients de survie
(taux de naissance - taux de mortalité)*
reserve survival estimates
méthode à adjuvant
appliance method
méthode sans adjuvant
non-appliance method
méthode anticonceptionnelle
contraceptive method / skill / technology, birth control method
méthode antinatale
contraceptive method / skill / technology, birth control method
méthode de l'autodénombrement
household method
méthode du calendrier type
model calendar method
*méthode des coefficients de survie
(migr.)*
survival ratio method
méthode des composants
building block approach
méthode des composantes
(cohort-)component method

méthode contraceptive
contraceptive method / skill / technology, birth control method
méthode des décès
mortality / Halley method
méthode de l'entrevue
canvasser method
méthode de fécondation extracorporelle
ex vivo fertilisation method
méthode des générations éteintes
method of extinct generations
méthode d'insémination
(artificial) insemination method
méthode de l'interrogatoire
canvasser method
méthode matricielle de projection
matrix method of projection
méthode des moindres carrés
method of least squares
méthode de la mortalité type
indirect method of standardisation
*méthode du mouvement naturel
(migr.)*
vital statistics method
méthode de la moyenne pondérée
weighted average method
méthode Ogino
periodic abstinence, rhythm method
méthode de la population type
direct method of standardisation
méthode de la projection rétrospective
"reverse-survival" method
méthode des rapports
ratio method
méthode de recensement
census procedure
méthodes de régulation de la fécondité
fertility regulating methods
méthode du rythme
periodic abstinence, rhythm method
méthode des taux types
indirect method of standardisation
méthode des températures
basal body temperature method

méthode de la tournée
canvasser method

MÉTIER
occupation

MÉTIS
mixed blood / parentage

MÉTISSAGE
miscegenation

MÉTROPOLE
home country

METTRE
âge de la mise à la retraite
pensionable age
mettre à jour
update (to)
mise au monde (d'un enfant)
bearing (of a child)
mise au monde d'un enfant mort-né
stillbirth
mise à la retraite
retirement
mise à la retraite anticipée
advanced retirement
mise en tableaux
tabulation

MEUBLÉ (adj.)
furnished dwelling
locataire d'une chambre meublée
lodger, roomer
logement meublé
furnished dwelling

MICRORECENSEMENT
micro census

MICROSIMULATION
microsimulation

MIGRANT
migrant
migrant alternant
commuter
migrant autorisé
legal migrant
migrant clandestin
irregular status / undocumented migrant
migrant de la deuxième génération
second generation migrant
migrant irrégulier
irregular status / undocumented migrant
migrant non natif
lifetime migrant
migrant sans papiers
irregular status / undocumented migrant
migrant quotidien
commuter
migrant régulier
legal migrant
migrant en situation irrégulière
irregular status / undocumented migrant
nombre net de migrants
net number of migrants
non-migrant
non-migrant
proportion de migrants
proportion of migrants
statistiques sur les migrants
statistics on migrants
travailleur migrant
migrant labourer / worker

MIGRATION
migration
accroissement par migration
balance of migration, net migration
analyse longitudinale des migrations
longitudinal migration analysis
courant de migrations
migration stream

dernière migration
latest migration / change of residence
migration alternante
commuting, journey to work
migration autorisée
legal migration
migration par bonds successifs
step by step migration
migration en chaîne
chain migration
migration circulaire
circular migration
migration clandestine
irregular / illegal / unauthorised / undeclared / undocumented migration
migration collective
collective / group migration
migration contrôlée
regulated migration
migration définitive
final / permanent migration
migration par étapes
relay / serial / stage / step migration
migration extérieure
external migration
migration externe
external migration
migration familiale
family migration
migration forcée
repatriation
migration frontalière
frontier migration
migration géographique
migration
migration illicite
irregular / illegal / unauthorised / undeclared / undocumented migration
migration individuelle
individual migration
migration induite (par celle du chef de famille, par ex.)
secondary / ancillary migration

migration intercensitaire
intercensal migration
migration intérieure
internal migration
migration internationale
international migration
migration interne
internal migration
migration irrégulière
irregular / illegal / unauthorised / undeclared / undocumented migration
migration journalière
daily movement
migration légale
legal migration
migration de main-d'oeuvre
labour migration
migration par mariage
marriage migration
migration massive
mass migration
migration(s) multiple(s)
repeat migration
migration nette
net migration
migration au pays
turnover / return migration, remigration
migration pendulaire
commuting, journey to work
migration de peuplement
settlement migration
migration des populations rurales vers les zones urbaines
rural-urban migration
migration professionnelle
labour mobility
migration "de qualité"
movement of intellectuals
migration quotidienne
commuting, journey to work
migration la plus récente
latest migration / change of residence
migration avec relais
serial / stage / step migration

migration résultante
resulting migration
migration de retour
turnover / return migration, re-migration
migration de/par retraite
retirement migration
migration rurale
rural migration
migration saisonnière
seasonal movement / move
migration secondaire
secondary / ancillary migration
migration sélective
selectivity of migration
migration sociale
social mobility
migration spatiale
migration
migration spontanée
spontaneous / voluntary / free migration
migration subsistante
subsisting / remaining migration
migration survivante
surviving migration
migration temporaire
temporary migration
migration totale
volume of migration, migration turnover, gross migration
migration de transit
transit
migration de travail
labour migration
migration urbaine
urban migration
migrations transocéaniques
overseas migration
modèle de migration
migration model
nombre moyen de migrations
mean number of moves
quotient de migration par rang
migration probability by order of move

quotient de première migration
first migration probability
rang de migration
order of migration
statistiques de migration
migration statistics
table de migration
migration table
table de migration de rang
order-specific migration table
table de migration de tous rangs
all orders migration table
taux annuel de migration
annual migration rate
taux annuel de migration nette
annual rate of net migration
taux annuel de migration totale
annual rate of total migration
taux de migration
migration rate
taux de migration interne
rate of internal migration
taux de migration nette (migration nette/population totale)
rate of net migration
taux de migration de tous rangs
all orders migration rate
taux de migration totale (migration totale/population totale)
rate of total migration
volume total des migrations
volume of migration, migration turnover

MIGRATOIRE
migratory
   accroissement migratoire
   migratory growth
   balance migratoire
   migration balance, balance of migration, net migration
   bassin migratoire (zone de migration traditionnelle)
   migratory basin
   bilan migratoire
   migration balance, balance of migration, net migration

chaîne migratoire
migratory chain
champ migratoire
migration field
courant migratoire
migration flow / stream, drift of population
déficit migratoire
migratory deficit
espace migratoire
migration area
excédent migratoire
migration surplus
flux migratoire
migration flow / stream, drift of population
histoire migratoire
migratory history
impulsion migratoire
migration push
indice d'intensité migratoire
index of migration intensity
indice d'intensité migratoire nette
index of net velocity
indice d'intensité migratoire relative
migration preference index
modèle migratoire
migration model
mouvement migratoire
migration, population movement
mouvements migratoires antérieurs
migration history
politique migratoire
migration policy
séquence migratoire
migratory sequence
solde migratoire
migration balance, balance of migration, net migration
solde migratoire négatif
negative net migration count
statistiques migratoires
migration statistics
zone migratoire
migration area

MIGRER
migrate (to)

MILIEU
   milieu familial
   family environment

MILITAIRE (noun)
member of the armed forces

MILLE
   pour mille
   per thousand

MINEUR (adj.)
under age
   enfant mineur
   under-age child

MINIMAL
minimum
   population minimale
   minimum population

MINIMUM
minimum
   âge minimum au mariage
   minimum age at marriage
   minimum physiologique
   subsistence level
   minimum vital
   poverty line

MINORITÉ
minority
   minorité ethnique
   ethnic minority
   minorité linguistique
   linguistic minority
   minorité nationale
   national minority

MISCÉGÉNATION
miscegenation

MIXTE
composite
  mariage mixte
  mixed marriage

MOBILE (adj.)
  moyenne mobile
  moving average

MOBILITÉ
mobility
  mobilité géographique
  geographic / spatial mobility
  mobilité linguistique
  linguistic mobility
  mobilité locale
  local move, residential mobility
  mobilité physique
  geographic / spatial mobility
  mobilité professionnelle
  professional / labour mobility
  mobilité résidentielle
  local move, residential mobility
  mobilité sociale
  social mobility
  mobilité spatiale
  geographic / spatial mobility
  table de mobilité
  mobility table
  taux de mobilité interne
  rate of internal mobility

MODAL
modal
  âge modal au décès
  modal / normal age at death
  âge modal au premier mariage
  modal / normal age at first marriage

MODALITÉ
modality

MODE
mode
  mode de vie
  living arrangement

mode de vie préconjugal
premarital pattern

MODÈLE
model
  modèle démographique
  demographic model
  modèle déterministe
  deterministic model
  modèle dynamique
  dynamic model
  modèle gravitaire
  Pareto-type / gravity model
  modèle de migration
  migration model
  modèle migratoire
  migration model
  modèle de type Pareto
  Pareto-type / gravity model
  modèle statique
  static model
  modèle stochastique
  stochastic model

MODERNE
  régime démographique moderne
  post-transitional stage

MODULAIRE
  approche modulaire
  building block approach

MOINDRE
  méthode des moindres carrés
  method of least squares

MOIS
  couple-mois
  couple-month

MOMENT
  analyse du moment
  period / cross-section(al) analysis
  fécondité du moment
  period fertility
  indice du moment
  period index / rate / measure

moment du dénombrement
census moment
moment de l'insémination
time of insemination
table de fécondité générale du moment
current general fertility rate
table du moment
calendar year / period / current table
table de mortalité du moment
calendar year / period / current life table
taux brut de reproduction du moment
current gross reproduction rate
taux du moment
cohort / generation rate
taux net de reproduction du moment
current net reproduction rate

MONDE
mise au monde (d'un enfant)
bearing (of a child)
mise au monde d'un enfant mort-né
stillbirth

MONOGAME
monogamous

MONOGAMIE
monogamy
monogamie en série
serial monogamy
monogamie à vie
lifelong monogamy

MONOPARENTAL
lone(-)parent, sole(-)parent
famille monoparentale
one-parent / lone-parent family

MORAL (adj.)
contrainte morale
moral restraint

MORBIDE
état morbide
morbid state

MORBIDITÉ
morbidity, illness, sickness, ill-health, disease
enquête sur la morbidité
morbidity survey
indicateur de morbidité
morbidity indicator
indice de mesure de la morbidité
morbidity rate / ratio
lutte contre la morbidité
disease control
morbidité incidente
incidence of disease
morbidité prévalente
prevalence of disease
morbidité psychiatrique
psychiatric morbidity
statistiques de morbidité
sickness / morbidity statistics
tableaux de morbidité
disease patterns
taux de morbidité
disease incidence rate
taux de morbidité incidente
ill-health incidence rate
taux de morbidité prévalente
ill-health prevalence rate

MORPHOLOGIQUE
malformation morphologique
structural malformation
vice de conformation morphologique
anatomical defect

MORT (adj.)
temps mort
nonsusceptible period

MORT (noun)
dead, deceased; death
mort foetale
foetal death

mort foetale intermédiaire
intermediate foetal death
mort foetale précoce
early foetal death
mort foetale tardive
late foetal death
mort infantile
infant death
mort néonatale
neonatal death
mort néonatale précoce
early neonatal death
mort périnatale
perinatal death
mort postnéonatale
postneonatal death
mort précoce
early death

MORT-NÉ

mort-né
stillbirth; stillborn
faux mort-né
false stillbirth
mise au monde d'un enfant mort-né
stillbirth

MORTALITÉ

mortality
fonction quotient de mortalité
instantaneous death rate
fonction des tables de mortalité
life table function
force de mortalité
instantaneous death rate
indice comparatif de mortalité
comparative mortality index
maîtrise de la mortalité
mortality control
méthode de la mortalité type
indirect method of standardisation
mortalité adulte
adult mortality
mortalité par âge
age-specific mortality

mortalité biologique
endogenous mortality
mortalité par cause
cause-specific mortality
mortalité différentielle
differential mortality, mortality differences
mortalité endogène
endogenous mortality
mortalité exogène
exogenous mortality
mortalité foetale
foetal mortality
mortalité foetale intermédiaire
intermediate foetal mortality
mortalité foetale précoce
early foetal mortality
mortalité foetale tardive
late foetal mortality
mortalité générale
general mortality
mortalité infantile
infant mortality
mortalité infantile endogène
endogenous infant mortality
mortalité infantile exogène
exogenous infant mortality
mortalité infantile et postinfantile
infant and child mortality
mortalité intra-utérine
foetal mortality
mortalité maternelle
maternal mortality
mortalité liée à la maternité
maternal mortality
mortalité néonatale
neonatal mortality
mortalité néonatale précoce
early neonatal mortality
mortalité périnatale
perinatal mortality
mortalité postinfantile
child mortality
mortalité postnatale
postnatal mortality
mortalité postnéonatale
postneonatal mortality

mortalité par profession
occupational mortality
mortalité professionnelle
occupational / professional mortality
mortalité puerpérale
puerperal mortality
mortalité sénile
mortality of old age
mortalité par sexe et par groupe d'âges
sex-age-specific death rate
mortalité sociale
social mortality
mortalité type
standard mortality
mortalité in utero
foetal mortality
population de la table de mortalité
stationary population
quotient annuel de mortalité
annual death probability
quotient instantané de mortalité
instantaneous death rate
quotient de mortalité
probability of dying, death probability
quotient de mortalité infantile
probability of dying before age one, adjusted infant mortality rate
quotient quinquennal de mortalité
quinquennial death probability
rapport de mortalité foetale
foetal mortality ratio
statistiques de la mortalité
death statistics
surface de mortalité
mortality surface
table complète de mortalité
complete life table
table de mortalité
life / mortality table
table de mortalité abrégée
abridged life table

table de mortalité en l'absence d'une cause
mortality table setting aside one cause of death
table de mortalité actuarielle
life table for selected heads
table de mortalité biologique limite
endogenous mortality table
table de mortalité démographique
general life table
table de mortalité détaillée
complete life table
table de mortalité des enfants de moins d'un an
mortality table of children under one year of age
table de mortalité de génération
generation life table, cohort life table
table de mortalité intra-utérine
intra-uterine mortality table
table de mortalité du moment
calendar year / period / current life table
table de mortalité de têtes choisies
life table for selected heads
table type de mortalité
model life table
taux brut annuel de mortalité générale
crude death rate
taux brut instantané de mortalité
crude instantaneous mortality rate
taux brut de mortalité
crude mortality / death rate
taux comparatif de mortalité
standardised / adjusted mortality rate
taux instantané de mortalité
instantaneous death rate
taux de mortalité
death rate, mortality rate
taux de mortalité par âge
age-specific mortality / death rate
taux de mortalité par cause
cause-specific death rate

taux de mortalité clinique
(case) fatality rate
taux de mortalité foetale
foetal mortality rate
taux de mortalité foetale tardive
late foetal mortality / stillbirth rate,
rate of stillbirths
taux de mortalité infantile (TMI)
infant mortality rate (IMR)
taux de mortalité infantile endogène
endogenous infant mortality rate
taux de mortalité infantile exogène
exogenous infant mortality rate
taux de mortalité intra-utérine
foetal death rate
taux de mortalité juvénile
child mortality rate
taux de mortalité maternelle
maternal mortality / death rate
taux de mortalité liée à la maternité
maternal mortality / death rate
taux de mortalité néonatale
neonatal mortality rate
taux de mortalité néonatale précoce
early neonatal mortality rate
taux de mortalité périnatale
perinatal mortality rate
taux de mortalité de la population stationnaire
life table death rate, death rate of
the stationary population
taux de mortalité postinfantile
postinfantile child death rate
taux de mortalité postnéonatale
postneonatal mortality rate
taux de mortalité par sexe et par (groupe d') âge
sex-age-specific death / mortality
rate
taux moyen de mortalité
central death rate
taux type de mortalité
standard mortality rate

MORTINAISSANCE
stillbirth

MORTINATALITÉ
late foetal mortality
   rapport de mortinatalité
   late foetal mortality ratio
   taux de mortinatalité
   late foetal mortality / stillbirth rate,
   rate of stillbirths

MORTUAIRE
   liste mortuaire
   bill of mortality
   point mortuaire
   point of death

MOURIR
die (to)

MOUVEMENT
trend, movement
   amplitude de mouvement
   range of movement
   méthode du mouvement naturel (migr.)
   vital statistics method
   mouvement ascendant
   upward trend
   mouvement campagne-ville
   rural-urban migration
   mouvement cyclique
   cyclical / period fluctuation
   mouvement général de la population
   population movement / growth /
   change
   mouvement migratoire
   migration, population movement
   mouvement naturel
   natural increase
   mouvement naturel de la population
   natural changes of population
   mouvement périodique
   cyclical / period fluctuation

mouvement de la population
population movement / growth / change

mouvement saisonnier
seasonal fluctuation

mouvement type
movement pattern

mouvements migratoires antérieurs
migration history

mouvements touristiques
tourist flows

régulation du mouvement de la population
population control

statistiques du mouvement de la population
statistics of population change / movement

MOYEN (adj.)

average, mean

âge moyen
mean age

âge moyen de cessation d'activité
mean age at separation from the labour force

âge moyen d'entrée en activité
mean age at accession to the labour force

âge moyen des mariés
mean / average age at marriage

âge moyen à la maternité
mean age at childbirth

âge moyen des mères
mean age of mothers

âge moyen net à la maternité
net mean age at childbirth

âge moyen des pères
mean age of fathers

âge moyen au premier mariage
mean age at first marriage

augmentation moyenne
average increase

cadres moyens
executive staff

coefficient moyen de consanguinité
coefficient of inbreeding

coefficient moyen de parenté
coefficient of kinship

durée moyenne des cas de maladie
average duration per case (of disease)

durée moyenne des études
mean length of eduction

durée moyenne des mariages au moment de leur dissolution
average marriage duration at dissolution

durée moyenne de veuvage
mean interval between widowhood and remarriage

durée moyenne de la vie active
mean duration of working life

écart absolu moyen
mean / average deviation

effectif moyen
mean / average population

fécondité finale moyenne par mère
average completed fertility per mother

fécondité moyenne réalisée
average realised fertility

intervalle moyen entre divorce et mariage
mean interval between divorce and remarriage

nombre moyen d'années d'étude
mean length of education

nombre moyen de divorces par mariage
number of divorces per new marriage

nombre moyen d'enfants par famille complète
final / completed parity

nombre moyen d'enfants par femme
mean number of children ever born per woman, average parity

nombre moyen d'événements
mean number of events

nombre moyen de journées de
maladie
mean number of days of illness
nombre moyen de migrations
mean number of moves
nombre moyen de naissances par
mariage
mean number of births per marriage
population moyenne
average / mid-year population
projection démographique établie
sur la base de la variante moyenne
medium variant population projection
revenu réel moyen par tête
real national income per capita
taux annuel moyen
mean / average annual rate
taux annuel moyen d'accroissement
mean annual rate of growth
taux moyen annuel
mean / average annual rate
taux moyen de conception
pregnancy / conception rate
taux moyen de mortalité
central death rate
valeur sélective moyenne
mean selective value, fitness
variante moyenne de fécondité
medium fertility variant
vie moyenne
mean length of life

MOYEN (noun)
moyen anticonceptionnel
contraceptive
moyen contraceptif
contraceptive
moyens de subsistance
means of subsistence

MOYENNE
average, mean
méthode de la moyenne pondérée
weighted average method

moyenne annuelle
annual average
moyenne arithmétique
arithmetic average / mean, simple
average
moyenne géométrique
geometric mean / average
moyenne mobile
moving average
moyenne pondérée
weighted average / mean

MULTICOMMUNAL
agglomération (multicommunale)
agglomeration

MULTIFAMILIAL
ménage multifamilial
multiple(-)family / multi-family
household

MULTIGRAVIDE
multigravida

MULTIPARE
multipara, multiparous

MULTIPLE (adj.)
accouchement multiple
plural / multiple birth / delivery
causes multiples de décès
multiple / joint causes of death
ménage multiple
multi-person household
migration(s) multiple(s)
repeat migration
naissance multiple
plural / multiple birth / delivery
table à extinction multiple
multiple decrement table
table à multiple extinction
multiple decrement table
tableau à multiples entrées
cross-tabulations, contingency table

MULTIPLICATEUR (noun)
multiplicateurs de Sprague
Sprague multipliers

MUNICIPAL
population municipale
municipal population / residents
(France)

MÛR (adj.)
dernières années de l'âge mûr
late middle age

MUTANT
mutant

MUTATION
mutation

Notes

NAISSANCE
birth

acte de naissance
birth record / certificate
âge à la naissance du premier enfant
age at first birth
ajournement des naissances
postponement of births
année de naissance
year of birth
balance des naissances et des décès
balance of births and deaths, excess of births over deaths
bulletin de naissance
birth record / certificate
calendrier des naissances
birth timing
cohorte de naissances
birth cohort
congé de naissance
maternity leave
contrôle des naissances
birth control, fertility regulation
date de naissance
date of birth
déclarer une naissance
register / notify a birth (to)
différer les naissances
postpone childbearing (to)
dresser un acte de naissance
register / notify a birth (to)
durée de mariage à la nième naissance
interval between marriage and the nth birth
échelonnement des naissances
birth timing
espacement des naissances
birth spacing / timing, child spacing (CS)
espacement des naissances - alimentation complémentaire - alphabétisation des femmes
family spacing - food supplements - female literacy (FFF)

espacer les naissances
delay chilbearing (to)
espérance de vie à la naissance
expectation of life at birth
excédent de naissances
excess of births
excédent des naissances sur les décès
excess of births over deaths
extrait (d'acte) de naissance
birth certificate / record
fécondité selon le rang de naissance
birth order fertility
intervalle entre le mariage et la première naissance
interval between marriage and the first birth
intervalle entre naissances
interval between successive births
invalide de naissance
congenitally disabled
lieu de naissance
place of birth
limitation des naissances
birth control, fertility regulation
limitation des naissances au niveau de/portant sur la parité
rank-specific birth control, parity-related family limitation
naissance d'enfant vivant
live birth
naissance évitée
birth averted
naissance gémellaire
plural / multiple birth / delivery
naissance illégitime
illegitimate birth, birth out of wedlock
naissance légitime
legitimate birth, birth in wedlock
naissance hors mariage
extra-marital birth
naissance multiple
plural / multiple birth / delivery
naissance non programmée
untimed birth

naissance à terme
birth at term, full-term birth
naissance après-terme
post-term birth
naissance avant terme
pre-term / premature birth
naissance vivante
live birth
naissances par accouchement
birth per maternity
naissances instantanées
instantaneous birth rate
naissances légitimes réduites
legitimate birth frequency
naissances réduites
birth frequency
naissances totales
total number of births
nombre d'avortements par naissance
abortion ratio
nombre moyen de naissances par mariage
mean number of births per marriage
planification des naissances
family planning / limitation, planned parenthood
poids à la naissance
birth weight
prévention des naissances
birth control, fertility regulation
prime à la naissance
maternity / birth grant
proportion des naissances illégitimes
illegitimacy ratio
rang de naissance
birth order / rank
rapport de masculinité des naissances
secondary sex ratio
rapport des naissances aux mariages
ratio of births to marriages
registre des naissances
birth registration

récupération de naissances
making up of births
régulation des naissances
birth control; responsible / voluntary parenthood
santé maternelle et infantile et espacement des naissances (SMI-/EN)
maternal and child health/child spacing (MCH/CS)
somme des naissances légitimes réduites
total legitimate fertility rate
somme des naissances réduites
total fertility (rate)
somme des naissances réduites de rang
order-specific total fertility rate
statistiques sur le lieu de naissance
place-of-birth statistics
statistiques de rang de naissance
birth order statistics
taux de féminité des naissances
female child rate of birth

NAÎTRE
enfant né du mariage actuel
child born out of the present marriage
enfant né hors mariage
child born out of wedlock
enfant né avant terme
premature baby
enfant né vivant
live-born child
enfants nés de la même mère
previous births to the mother
né
born
né à l'étranger
foreign-born
né dans le pays
native-born
né vivant
live born

nouveau-né
new born

NATALISME
natalism

NATALISTE
natalistic, pronatalist
explosion nataliste
baby boom

NATALITÉ
natalité effective
effective fertility
natalité totale
total fertility
taux brut annuel de natalité effective
crude birth rate
taux brut instantané de natalité
crude instantaneous birth rate
taux brut de natalité
crude birth rate
taux comparatif de natalité
standardised birth rate
taux de natalité
birth rate
taux de natalité illégitime
illegitimate birth rate
taux de natalité légitime
legitimate birth rate
taux de natalité totale
total birth rate

NATIF
native
migrant non natif
lifetime migrant
non-natif
lifetime migrant
sang natif
native blood

NATION
nation

NATIONAL (adj.)
minorité nationale
national minority

NATIONAL (noun)
national
résidents qui sont des nationaux
national residents
résidents qui ne sont pas des nationaux
non-national residents

NATIONALITÉ
nationality, citizenship
acquisition de nationalité
naturalisation
double nationalité
dual nationality
nationalité ethnique
ethnic nationality
nationalité d'origine
national origin
nationalité politique
political nationality
perte de la nationalité
loss of nationality
retrait de la nationalité
revocation of the certificate of naturalisation

NATURALISATION
naturalisation

NATURALISER
naturalise (to)
naturalisé
naturalised citizen / person

NATURE
par nature
constitutionally

NATUREL
accroissement naturel
natural increase; excess of births over deaths

aire naturelle
natural area
descendance naturelle
illegitimate / natural descent, birth
out of wedlock
enfant naturel
illegitimate child, child born out of
wedlock
fécondabilité naturelle
natural fecundability
fécondation par voie naturelle
natural fertilisation
fécondité naturelle
natural fertility
filiation naturelle
illegitimate / natural descent, birth
out of wedlock
*méthode du mouvement naturel
(migr.)*
vital statistics method
mouvement naturel
natural increase
*mouvement naturel de la popula-
tion*
natural changes of population
région naturelle
natural region
taux d'accroissement naturel
rate of natural increase

NAVETTE
commuting; journey to work
   navette frontalière
   border traffic

NAVETTEUR
commuter

NÉGATIF
   accroissement négatif
   negative growth
   eugénisme négatif
   negative eugenics
   solde migratoire négatif
   negative net migration count

NÉO-MALTHUSIANISME
neo-Malthusianism

NÉO-MALTHUSIEN
neo-Malthusian

NÉONATAL
   décès néonatal
   neonatal death
   décès néonatal précoce
   early neonatal death
   mort néonatale
   neonatal death
   mort néonatale précoce
   early neonatal death
   mortalité néonatale
   neonatal mortality
   mortalité néonatale précoce
   early neonatal mortality
   période néonatale
   neonatal period, early infancy
   soins infirmiers néonatals
   neonatal nursing
   taux de mortalité néonatale
   neonatal mortality rate
   *taux de mortalité néonatale pré-
   coce*
   early neonatal mortality rate

NET
   âge moyen net à la maternité
   net mean age at childbirth
   courant net (migr.)
   net interchange
   descendance nette
   cumulative net fertility
   émigration nette
   net emigration / out-migration, net
   loss, migratory deficit
   espérance nette de vie active
   net expectation of working life
   immigration nette
   net gain, net immigration / in-
   migration, migration surplus
   indice d'intensité migratoire nette
   index of net velocity

intervalle intergravidique net
net inter-pregnancy interval
migration nette
net migration
quotient net
net probability
reproduction nette
net reproduction / replacement
table nette
net table
table nette de fécondité
net fertility table
table nette de fécondité générale
net general fertility table
table nette de fécondité des mariages
net marriage fertility table
table nette de nuptialité des célibataires
net nuptiality table
table de nuptialité nette des célibataires
net nuptiality table
taux annuel de migration nette
annual rate of net migration
taux de migration nette (migration nette/population totale)
rate of net migration
taux net
net rate
taux net de reproduction
net reproduction rate
taux net de reproduction du moment
current net reproduction rate
taux de reproduction nette
net reproduction rate

NIDATION
nidation

NIVEAU
maintien volontaire à un niveau inférieur à la fécondité potentielle
voluntarily below potential fertility
niveau de signification
level of significance

niveau de subsistance
subsistence level
niveau de vie
level / standard of living

NOMADE (adj. / noun)
nomad, nomadic

NOMBRE
attraction des nombres ronds
heaping, digit preference
nombre absolu
absolute number
nombre d'avortements par naissance
abortion ratio
nombre d'élèves inscrits
school enrolment
nombre d'enfants désiré
number of children wanted
nombre idéal d'enfants
desired / intended number of children
nombre moyen d'années d'étude
mean length of education
nombre moyen de divorces par mariage
number of divorces per new marriage
nombre moyen d'enfants par famille complète
final / completed parity
nombre moyen d'enfants par femme
mean number of children ever born per woman, average parity
nombre moyen d'événements
mean number of events
nombre moyen de journées de maladie
mean number of days of illness
nombre moyen de migrations
mean number of moves
nombre moyen de naissances par mariage
mean number of births per marriage

nombre net de migrants
net number of migrants
nombre rond
round number
nombre de survivants en état de célibat
single survivors
variance du nombre d'enfants
child number variation

NOMBREUX
famille nombreuse
large family
famille peu nombreuse
small family

NOMENCLATURE
classification

NOMINATIF
liste nominative
nominal list

NON ACTIF
inactive, unoccupied

NON-CÉLIBAT
survivant en état de non-célibat
ever-married survivor

NON CÉLIBATAIRE
ever-married (person)
parent non célibataire
non-single parent

NON DÉCLARÉ
not stated

NON-DÉPENDANT
self-supporting person

NON-MALTHUSIEN
couple non-malthusien
non-planner

NON MARIÉ
un-married

NON-MIGRANT
non-migrant

NON-NATIF (migr.)
lifetime migrant

NON-REMPLACEMENT
non-remplacement des générations
generational non-replacement

NON-RÉSIDENT
non-resident

NON-SALARIÉ
non-salariés des professions agricoles
self-employed agricultural workers

NON SCOLARISÉ
out-of-school

NON VIABLE
non-viable

NORMAL
normal
âge normal au décès
modal / normal age at death
âge normal de la retraite
normal retirement age
vie normale
normal age at death

NOSOGRAPHIE
nosography

NOSOLOGIE
nosology

NOURRICE
enfant en nourrice
foster child

NOURRICIER (adj. / noun)
famille nourricière
foster family

fonction nourricière
material need function
foyer nourricier
foster home
mère nourricière
foster mother
(les) (parents) nourriciers
boarding / foster parents

NOURRISSON
child at the breast, infant, baby
aliments pour nourrissons
baby food
consultations de nourrissons
baby / infant clinic, infant welfare
centre

NOUVEAU
évaluation du recensement par de
nouvelles entrevues
re-interview method of census
evaluation
nouveaux mariés
newly married couple
nouveau-né
new born
nouvel arrivant
entrant

NOYAU
nucleus
noyau familial
nuclear family
noyau principal
primary nucleus
noyau résiduel de réfugiés
hardcore of refugees
noyau secondaire
secondary nucleus
noyau urbain
central city

NUBILE
marriageable
âge nubile
marriageable age

fille nubile
girl of marriageable age

NUBILITÉ
matrimonial capability
âge de nubilité
minimum age at marriage

NUCLÉAIRE
famille nucléaire
nuclear family

NUL
accroissement démographique nul
zero population growth
croissance nulle
zero population growth

NULLIGRAVIDE
nulligravida

NULLIPARE
nullipara, nulliparous

NULLITÉ
nullité du mariage
nullity of marriage

NUMÉRIQUE
données numériques
numerical data
renseignement numérique
numerical data
tableau numérique
statistical table

NUPTIALITÉ
nuptiality
antécédents en termes de nuptialité
marriage history
fonction quotient de nuptialité
instantaneous nuptiality rate
indice général de primo-nuptialité
total period first marriage rate
nuptialité féminine
female nuptiality

nuptialité masculine
male nuptiality
quotient instantané de nuptialité
instantaneous nuptiality rate
quotient de nuptialité
first marriage probability
table nette de nuptialité des céliba-taires
net nuptiality table
table de nuptialité
(gross) nuptiality table
table de nuptialité des divorcés
remarriage table for divorced per-sons
table de nuptialité nette des céliba-taires
net nuptiality table
table de nuptialité des veufs et veuves
remarriage table for widowed per-sons
table type de nuptialité des céliba-taires
model net nuptiality table
taux brut annuel de nuptialité générale
crude marriage rate
taux brut de nuptialité
crude marriage / nuptiality rate
taux instantané de nuptialité
instantaneous nuptiality rate
taux de nuptialité
marriage / nuptiality rate
taux de nuptialité par âge
age-specific marriage rate
taux de nuptialité des célibataires
total first marriage rate
taux de nuptialité par sexe
sex-specific marriage rate
taux de nuptialité des veufs ou divorcés
remarriage rate

NUTRITION
nutrition de l'enfant
child nutrition

NUTRITIONNEL
besoins nutritionnels
nutritional requirements
état nutritionnel
nutritional status

Notes

Notes

OBLIGATION
obligation scolaire
compulsory education

OBLIGATOIRE
compulsory
âge de fin de scolarité obligatoire
school-leaving age
âge obligatoire de la retraite
automatic / mandatory retirement age
âge de scolarité obligatoire
(compulsory) school age
effectif d'âge scolaire obligatoire
school age population
maladie à déclaration obligatoire
notifiable disease
scolarité obligatoire
compulsory schooling

OBSERVATION
observation
dispersion d'un ensemble d'observations
variability of a set of observations
erreur d'observation
observation / response error
observation continue
continuous observation
observation rétrospective
retrospective observation
observation suivie
consistent observation
période d'observation
period of observation

OBSERVER
décès observé
observed death
taux observé
trend rate

OBSTACLE
obstacle intermédiaire
intervening obstacle
obstacle malthusien
Malthusian / positive check

obstacle préventif
preventive check
obstacle répressif
Malthusian / positive check
obstacles concrets (à la croissance de la population)
positive checks

OBSTÉTRICAL
fiche obstétricale
pregnancy history / record
lésion obstétricale
birth injury

OBSTÉTRIQUE (noun)
midwifery
service d'obstétrique
midwifery service

OCCLUSIF
pessaire occlusif
cervical cap, pessary

OCCLUSION
occlusion des trompes
tubal ligation

OCCUPANT (noun)
occupant sans titre
squatter

OCCUPATION
degré d'occupation
degree of crowding
densité d'occupation
residential density

OEUF
egg

OFFICE
office statistique
statistical department
être mis à la retraite d'office
compulsorily retired (to be)

OFFICIER
officier d'état civil
registrar

OFFRIR
poste intermédiaire offert
intervening opportunity

OGINO
méthode Ogino
periodic abstinence, rhythm method

OMISSION
omission

ONDOYÉ (noun)
ondoyé décédé
chrisom

ONTOGÉNÈSE
ontogenetic development

OPÉRATION
calendrier des opérations (de re-
censement)
census calendar
opération de contrôle
check
opération de recensement
census operation

OPTIMAL
accroissement optimal
optimum rate of growth
densité optimale
optimum density
population optimale
optimum population
rythme optimal d'accroissement
optimum rate of growth
taux d'accroissement optimal
optimum growth rate

OPTIMUM
optimum
optimum économique
economic optimum

optimum de peuplement
optimum population
optimum de population
optimum population
optimum de puissance
power optimum
optimum social
social optimum

ORAL
contraceptif oral
oral contraceptive

ORDINAIRE
ménage ordinaire
family / private household

ORDRE
ordre de grandeur
order of magnitude

ORIENTATION
trend
changement d'orientation
change of track
orientation familiale
family guidance
services de consultation et d'orien-
tation familiales
counselling and guidance for fami-
lies

ORIGINAIRE
native

ORIGINE
événement-origine
baseline event, event-origin
lieu d'origine
place of origin, place of departure
nationalité d'origine
national origin
origine ethnique
ethnic origin
d'origine étrangère
foreign-born

pays d'origine
home country
zone d'origine
out-migration area

ORPHELIN
orphan (child)
orphelin complet
orphan whose parents are dead,
full orphan
orphelin double
orphan whose parents are dead,
full orphan
orphelin de mère
orphan whose mother is dead
orphelin de père
orphan whose father is dead
orphelin de père et de mère
orphan whose parents are dead,
full orphan

OUVERT
intervalle génésique ouvert
open birth interval
intervalle intergravidique ouvert
open inter-pregnancy interval
intervalle ouvert
open interval
population ouverte
open population
question ouverte
open-ended question

OUVRIER
manual worker
ouvrier agricole
agricultural labourer
ouvrier qualifié
skilled worker
ouvrier semi-qualifié
semi-skilled worker
ouvrier spécialisé
semi-skilled worker

OVARIEN
cycle ovarien
ovulatory cycle

OVOCYTE
ovocyte
fécondation des ovocytes après congélation
fertilization of ovocytes after freezing

OVULAIRE
ponte ovulaire
ovulation

OVULATION
ovulation

OVULE
ovum, egg
fécondation de l'ovule
fertilised ovum egg
ovule artificiellement fécondé in vitro
in vitro artificially fertilised egg
ovule contraceptif
suppository

Notes

PALÉODÉMOGRAPHIE
paleo-demography

PANDÉMIE
pandemic

PANMIXIE
panmixia

PAPIER
immigrant sans papiers
irregular status / undocumented migrant
migrant sans papiers
irregular status / undocumented migrant

PARAMÈTRE
paramètre statistique
population parameter

PARENT
relative, kin
ascendants directs ou autres parents
parents or other relatives
enfants de mêmes parents
sibs, siblings
famille à parent unique
one-parent / lone-parent family
parent (autre que père ou mère)
relative
parent isolé
lone(-)parent, sole(-)parent, one-parent
parent non célibataire
non-single parent
parents
blood relatives, parents
parents adoptifs
adoptive parents
parents d'adoption
adoptive parents
parents nourriciers
boarding / foster parents

parents reconnus (légalement comme parents) à charge
prescribed relatives
proches parents
next of kin
rôle et responsabilité qui incombent aux parents
parent-craft

PARENTAL
fonction parentale
parenthood
projet parental
family building process, planned parenthood

PARENTÉ
relationship, kinship
coefficient moyen de parenté
coefficient of kinship
degré de parenté
degree of relationship
parenté planifiée
planned parenthood
parenté responsable
responsible parenthood

PARETO
modèle de type Pareto
Pareto-type / gravity model

PARITÉ
limitation des naissances au niveau de/portant sur la parité
rank-specific birth control, parity related family limitation
parité (naissances de rang égal)
parity (births of equal order)
quotient de fécondité par parité
parity-specific birth probability
taux de fécondité par parité
parity-specific fertility / birth rate

PARLER (noun)
dialect

PAROISSE
parish

PAROISSIAL
parish, parochial
   registre paroissial
   parish / parochial register

PARRAIN
godfather

PART (à)
   population comptée à part
   separately enumerated population

PARTAGE
distribution, breakdown

PARTICIPANT (noun)
   participant éventuel
   potential user
   proportion de participants
   proportion of new acceptors of
   contraception

PARTICIPATION
   taux de participation (contr.)
   proportion of new acceptors, acceptance rate

PARTIEL
   chômage partiel
   partial unemployment, underemployment
   recensement partiel
   partial census
   stérilité partielle
   secondary / second sterility
   tableau partiel
   individual table

PASSAGE
   enquête à passages répétés
   multiround survey
   enquête à plusieurs passages
   multiround survey

   étranger de passage
   alien visitor, visiting alien
   hôte de passage
   visitor, transient
   passage à l'âge adulte
   transition to adult life
   personne de passage
   visitor, transient

PASSAGER (noun)
   liste de passagers
   passenger list / manifest

PATERNITÉ
   paternité (ou) maternité
   parenthood

PATOIS
dialect

PATRIMOINE
   patrimoine génétique
   genetic endowment

PATRON
employer

PAUVRETÉ
   seuil de pauvreté
   poverty threshold

PAYS
country; natural region
   migration au pays
   turnover / return migration, remigration
   né dans le pays
   native-born
   pays d'accueil
   host / receiving country, country of reception
   pays d'arrivée
   country of arrival
   pays bénéficiaire
   host / receiving country, country of reception

pays destinataire
host / receiving country, country of reception
pays d'implantation
host
pays d'origine
home country
pays recruteur (de main-d'oeuvre)
labour recruiting country
pays de résidence
country of residence
retour au pays
turnover / return migration, re-migration

PEARL
indice de Pearl
Pearl index

PÉDIATRIE
paediatrics
infirmière du service de pédiatrie
paediatric nurse

PÉDIATRIQUE
soins infirmiers pédiatriques
paediatric nursing
soins pédiatriques
child care

PENDULAIRE
migration pendulaire
commuting, journey to work

PENSEUR
libre penseur
freethinker

PENSION
âge d'admission à pension
pensionable age
âge du droit à pension
pensionable age
âge ouvrant droit à pension
pensionable age
âge de pension
pensionable age

PENSIONNAIRE
boarder

PENSIONNÉ
pensioner, retired person

PÈRE
father
âge moyen des pères
mean age of fathers
orphelin de père
orphan whose father is dead
orphelin de père et de mère
orphan whose parents are dead, full orphan

PÉRÉGRIN
alien visitor, visiting alien

PÉRINATAL
mort périnatale
perinatal death
mortalité périnatale
perinatal mortality
soins périnatals
perinatal care
taux de mortalité périnatale
perinatal mortality rate

PÉRIODE
period; cycle
analyse par période
period / cross-section(al) analysis
fécondité par période et par cohorte
period and cohort fertility
période active
working age
en période active
of working age
période d'activité
working life / age
période considérée
period under review
période de fécondité
fecund period

période d'infécondabilité
sterile period
période intercensitaire
intercensal period
période néonatale
neonatal period, early infancy
période d'observation
period of observation
période postpartum
postpartum period
période de procréation
childbearing / reproductive period
période puerpérale
postnatal / lying-in period; puerperium
période de référence
base period
période de reproduction
childbearing / reproductive period
période de sécurité
safe period
période de la vie
stage of life, age period
période de vieillissement
period of ageing

PÉRIODICITÉ
periodicity

PÉRIODIQUE
periodic
continence périodique
periodic abstinence, rhythm method
mouvement périodique
cyclical / period fluctuation

PERMANENT
settled
fichier permanent de population
continuous registration
incapacité permanente
permanent disability
résident permanent
permanent resident
salarié agricole permanent
full-time agricultural labourer

PERSÉVÉRANCE
taux de persévérance
continuation rate

PERSONNE
person, individual
aide sociale aux personnes âgées
provision for old age
assistance aux personnes âgées
relief of old people; provision for old age
catégorie de personnes à faibles revenus
low-income (population) group
foyer pour personnes âgées
geriatric home
ménage d'une personne
one-person / single person household
personne sans abri
homeless person
personne(s) âgée(s)
senior citizen; old people, the aged, the elderly
personne-année
person-year
personne à charge
dependent
personne de couleur
coloured person, non-white
personne déplacée
displaced person
personne divorcée
divorced person
personne à l'étranger
person abroad
personne isolée
single householder
personne encore jeune
non aged, non elderly
personne sans logement
homeless person
personne mariée
married person
personne de passage
visitor, transient

personne présente
permanent resident
personne résidant à l'étranger
non-resident
personne sans résidence fixe (SRF)
vagrant
personne veuve
widowed person
personnes actives
economically active persons
personnes ayant une activité lucrative
gainfully occupied / economically active / working population, labour force
personnes âgées
old people, the aged, the elderly
personnes âgées à charge
aged dependants
les personnes âgées et les vieillards
(the) aged and the elderly
personnes ayant des charges familiales
persons with family responsibilities
personnes occupant des emplois rémunérés
gainfully occupied / economically active / working population, labour force
personnes du quatrième âge
(frail / old) elderly
les personnes seules et sans abri
the single homeless
rapport de dépendance économique des personnes âgées
old age dependency ratio

PERSONNEL (noun)
personnel d'exécution
manual workers
unité de personnel enquêteur
investigating unit

PERSPECTIF
probabilité perspective de survie
survival ratio
quotient perspectif
perspective probability
taux perspectif
perspective rate

PERSPECTIVE
perspective démographique
population forecast
perspective dérivée
derived (population) forecast
perspective de population
population forecast

PERTE
perte de la nationalité
loss of nationality

PERTURBATEUR
événement perturbateur
perturbating event
phénomène perturbateur
perturbating phenomenon

PESSAIRE
pessaire occlusif
cervical cap, pessary

PETIT
petite enfance
very young age

PEUPLÉ
très peuplé
densely populated

PEUPLE
people

PEUPLEMENT
settlement
aménagement du peuplement
resettlement, redistribution of population

dispersion du peuplement
scatter of the population
intensité du peuplement
density of population, population
density
localisation du peuplement
geographical / spatial distribution
of the population
migration de peuplement
settlement migration
optimum de peuplement
optimum population
politique de peuplement
population redistribution policy
zone de peuplement
settlement

PHÉNOMÈNE
phénomène démographique
demographic phenomenon
phénomène perturbateur
perturbating phenomenon
phénomène stationnaire
stationary phenomenon
phénomènes indépendants
independent phenomena / events

PHÉNOTYPE
phenotype

PHÉNOTYPIQUE
phenotypic

PHYSIOLOGIQUE
âge physiologique
physiological age
densité physiologique
density of population per unit of
cultivable area
facteur physiologique
constitutional factor
minimum physiologique
subsistence level

PHYSIQUE (adj.)
**couverture physique (de la popula-
tion)**
physical coverage
infirmité physique
physical infirmity / handicap
mobilité physique
geographic / spatial mobility

PIECE
room

PILOTE
enquête pilote
pilot survey

PILULE
pilule (anticonceptionnelle)
birth / contraceptive pill
pilule contraceptive
birth / contraceptive pill

PLACEMENT
foyer de placement familial
foster home
**placement familial (dans un foyer
nourricier)**
foster-home care

PLACER
enfant placé dans une famille
foster child

PLACENTA
placenta

PLAFOND
upper limit

PLAN
plan de sondage
sampling scheme / plan

PLANIFIER
parenté planifiée
planned parenthood

PLANIFICATION
planification familiale
birth control, family planning /
limitation, planned parenthood
planification de la famille
birth control, family planning /
limitation, planned parenthood
planification des naissances
birth control, family planning /
limitation, planned parenthood
*programme de planification de la
famille*
family planning programme
*santé maternelle et infantile et
planification familiale (SMI/PF)*
maternal and child health/family
planning (MCH/FP)

PLANNING
planning familial
birth control, family planning /
limitation, planned parenthood

PLEIN (adj.)
année pleine
full year

PLÉTHORIQUE
classes d'âges pléthoriques
generational crowding

PLURILINGUE
multilingual

POIDS
weight; weighting factor
poids des inactifs
dependency ratio
poids à la naissance
birth weight

POINT
point de départ
base date
point mortuaire
point of death

point de référence
benchmark
point de repère
benchmark

POLITIQUE (adj.)
nationalité politique
political nationality

POLITIQUE (noun)
politique démographique
population policy
*politique démographique malthu-
sienne*
restrictionist population policy
politique migratoire
migration policy
politique de peuplement
population redistribution policy
politique de population
population policy

POLYANDRE
polyandrous

POLYANDRIE
polyandry

POLYGAME
polygamous

POLYGAMIE
polygamy
taux de polygamie
polygamy rate

POLYGONE
polygone de fréquence
frequency polygon

POLYGYNE
polygynous

POLYGYNIE
polygyny

POMMADE
  pommade contraceptive
  contraceptive jelly

PONDÉRATION
  (coefficient de) pondération
  weight; weighting factor
  coefficient de pondération constant
  fixed weight

PONDÉRER
  méthode de la moyenne pondérée
  weighted average method
  moyenne pondérée
  weighted average / mean

PONTE
  ponte ovulaire
  ovulation

POPULATION
population
  accroissement de la population
  population growth
  accroissement brut d'une population
  total growth of a population
  accroissement total de la population
  population growth
  agglomération de population
  population conglomeration
  centre de population
  population centre
  charge supportée par la population active
  dependency ratio
  classement de la population
  allocation of population
  couche de la population
  population section
  déclaration sur l'accroissement de la population
  statement on population growth
  dénombrement de la population
  population census

  densité de (la) population
  density index; population density
  desserrement de la population
  dispersal of population
  doctrine de population
  population theory
  données statistiques de population
  population data
  dynamique de la population
  population dynamics
  échange de population
  population exchange
  échantillonnage caractéristique de la population
  cross-section of the population
  effectif de la population
  population size
  effectif de la population active
  size of economically active population
  enquête sur la population active
  labour force survey
  ensemble de la population
  general population
  estimation de la population
  estimate of the population
  état de la population
  state of the population
  évolution de la population
  population process / dynamics / development
  excédent de population
  overspill
  facteur population
  population factor
  feuille de population comptée à part
  institutional schedule
  fichier permanent de population
  continuous registration
  fichier de population
  population register
  forte densité de population (à)
  densely populated
  génétique des populations
  population genetics

inégalité de la répartition de la population
skewness of the population
manifeste sur l'accroissement de la population
statement on population growth
méthode de la population type
direct method of standardisation
migration des populations rurales vers les zones urbaines
rural-urban migration
mouvement général de la population
population movement / growth / change
mouvement naturel de la population
natural changes of population
mouvement de la population
population movement / growth / change
optimum de population
optimum population
perspective de population
population forecast
politique de population
population policy
population active
gainfully occupied / economically active / employed / working population, labour force
population non active
economically inactive / unoccupied population
population active agricole
agricultural workers
population active non agricole
non-agricultural workers, non-farm population
population active ayant un emploi
gainfully occupied population
population active industrielle
industrial population
population active potentielle
potential labour force
population d'âge actif
working age population

population en âge d'activité
working age population
population d'âge scolaire
school age population
population agglomérée
conglomeration, agglomeration
population agricole
agricultural / farm population, population dependent on agriculture
population non agricole
non-farm / non-agricultural population
population autochtone
indigenous population
population de base
standardised population
population-cible
target population
population des collectivités
institutional population
population comptée à part
separately enumerated population
population en constante progression
expanding population
population décroissante
population decline
population dépendant de
population dependent on
population domiciliée
resident population
population de droit
de jure population
population éparse
scattered population
population existante
actual / de facto population
population exponentielle
exponential population
population économiquement active
gainfully occupied / economically active / working population, labour force

population économiquement inactive
economically inactive / unoccupied population

population de facto
de facto population

population de fait
actual / de facto population

population fermée
closed population

population flottante
unsettled population

population inactive
economically inactive / unoccupied population

population jeune
young population

population de jure
de jure population

population légale
de jure population

population logistique
logistic population

population malthusienne
Malthusian population

population mariable
marriageable population

population non malthusienne
non-Malthusian population

population non mariable
non-marriageable population

population maximale
maximum population

population des ménages collectifs
institutional population

population minimale
minimum population

population moyenne
average / mid-year population

population municipale
municipal population / residents (France)

population occupant des emplois rémunérés
gainfully occupied / economically active / working population, labour force

population optimale
optimum population

population ouverte
open population

population présente
actual / de facto population

population quasi stable
quasi-stable population

population recensée
census population

population résidante
resident / de jure population

population de résidence habituelle
resident population

population rurale
rural population

population scolaire
school population, pupils enrolled

population scolarisée
school age population

population semi-malthusienne
semi-Malthusian / semi-stable population

population semi-stable
semi-Malthusian / semi-stable population

population semi-urbaine
semi-urban population

population stable
stable population

population stable équivalente
stable population equivalent

population stationnaire
stationary population

population de la table de mortalité
stationary population

population type
standard population

population de l'unité
population of unit

population urbaine
urban population

population vieille
old population

population vivant de
population dependent on

population vivant de l'agriculture
agricultural / farm population, population dependent on agriculture

postes réservés pour tenir compte du facteur population
population reserve

potentiel-vie d'une population
potential life of a population

prévision de population
population forecast

projection de population
population projection

rajeunissement de la population
rejuvenation, younging

rapport de la population non adulte à la population adulte
age dependency ratio

rapport (en pourcentage) de la population de 65 ans et plus à la population de 15 à 64 ans
old age dependency ratio

recensement de la population
population census

registre de population
population register

régulation du mouvement de la population
population control

renouvellement de la population
population replacement, replacement of the population

répartition professionnelle (de la population)
occupational classification

sous-groupe de population
population subgroup

statistiques de l'état de la population
current population statistics, statistics of population change / movement

statistiques du mouvement de la population
statistics of population change / movement

statistiques de la population
population statistics

statistiques de la population active
labour force statistics

taux de mortalité de la population stationnaire
life table death rate, death rate of the stationary population

théorie malthusienne de la population
Malthusian population theory

théorie de la population
population theory

tranche de la population
population band

transfert de population
displacement of population, population transfer

trop-plein de population
overspill

vieillissement de la population
ageing of the population

POPULATIONNISME
populationism

POPULATIONNISTE
populationist

PORTEUR (adj.)
mère porteuse
surrogate mother

POSITIF
eugénisme positif
positive eugenics

POSITION
position sociale
social status

POSTAL
enquête postale
postal inquiry, mailback survey
recensement par voie postale
mail census

POSTCOÏTAL
contraception postcoïtale
postcoital contraception

POSTE
heading
poste intermédiaire offert
intervening opportunity
postes réservés pour tenir compte du facteur population
population reserve

POSTGRAVIDIQUE
aménorrhée postgravidique
postpartum amenorrhea

POSTHUME
enfant posthume
posthumous child

POSTINFANTILE
mortalité infantile et postinfantile
infant and child mortality
mortalité postinfantile
child mortality
taux de mortalité postinfantile
postinfantile child death rate

POSTNATAL
consultations postnatales
postnatal clinic
mortalité postnatale
postnatal mortality
service de consultations postnatales
postnatal clinic
soins postnatals
postnatal care

POSTNÉONATAL
décès postnéonatal
postneonatal death
mort postnéonatale
postneonatal death
mortalité postnéonatale
postneonatal mortality

taux de mortalité postnéonatale
postneonatal mortality rate

POSTPARTUM
aménorrhée postpartum
postpartum amenorrhea
exercice postpartum
postpartum exercise
période postpartum
postpartum period
soins postpartum
postpartum care
stérilité postpartum
postpartum sterility

POTENTIEL (adj.)
démographie potentielle
potential life demography
densité potentielle
maximum potential density, population carrying capacity
maintien volontaire à un niveau inférieur à la fécondité potentielle
voluntarily below potential fertility
population active potentielle
potential labour force

POTENTIEL (noun)
potentiel d'accroissement
growth potential
potentiel-vie d'une population
potential life of a population

POUDRE
poudre effervescente
foam tablet

POUPONNIÈRE
day-care / resident nursery, infants' home

POURCENTAGE
percentage
rapport (en pourcentage) de la population de 65 ans et plus à la population de 15 à 64 ans
old age dependency ratio

POURSUITE
  probabilité de poursuite des études
  retention rate

POUSSÉE
  poussée (migr.)
  push
  poussée démographique
  demographic pressure

PRATIQUE (adj.)
  efficacité pratique
  use effectiveness

PRÉCÉDENT
  enfant d'un précédent mariage
  step-child

PRÉCISION
accuracy

PRÉCOCE
  avortement précoce
  early abortion
  décès néonatal précoce
  early neonatal death
  mariage précoce
  early marriage
  mort foetale précoce
  early foetal death
  mort néonatale précoce
  early neonatal death
  mort précoce
  early death
  mortalité foetale précoce
  early foetal mortality
  mortalité néonatale précoce
  early neonatal mortality
  sevrage précoce
  early weaning
  taux de mortalité néonatale précoce
  early neonatal mortality rate

PRÉCONJUGAL
  mode de vie préconjugal
  premarital pattern

  relations sexuelles préconjugales
  premarital sex

PRÉFÉRENCE
  indice de préférence
  migration preference index

PRÉLIMINAIRE (adj.)
  recensement préliminaire
  pre-test

PRÉMALTHUSIEN
pre-Malthusian

PRÉMATURÉ (adj. / noun)
premature; premature baby
  accouchement prématuré
  premature delivery / confinement / birth
  décès prématuré
  early death
  enfant prématuré
  premature baby
  soins aux prématurés
  premature care

PRÉMATURITÉ
prematurity

PREMIER
  âge médian au premier mariage
  median age at first marriage
  âge modal au premier mariage
  modal / normal age at first marriage
  âge moyen au premier mariage
  mean age at first marriage
  âge à la naissance du premier enfant
  age at first birth
  âge des premières relations sexuelles
  (initial) age at first intercourse
  enfant du premier âge
  infant, baby
  enfant d'un premier lit
  step-child

enseignement du premier degré
primary education
indicateur conjoncturel des pre-
miers mariages
total first marriage rate
insémination première fécondante
conception rate first insemination
intervalle entre le mariage et la
première naissance
interval between marriage and the
first birth
premier intervalle gravidique
conception delay, first pregnancy
interval
premier mariage
first marriage
premier mariage de la table
number of first marriages
première enfance
infancy
première entrée en activité
first accession to / entry into the
labour force
première union
first marriage
(dans les) premiers âges de la vie
(in) early life
premiers mariages réduits
first marriage frequency
premières règles
menarche
quotient de première migration
first migration probability
soins de premier secours
primary care
somme des premiers mariages
réduits
cumulated first marriage frequency
taux de première catégorie
first category rate

PRÉNATAL
aide prénatale
aid to expectant mothers
allocation prénatale
prenatal allowance

consultations prénatales
prenatal clinic
dispensaire de consultations pré-
natales
prenatal clinic
dispensaire prénatal
antenatal / prenatal clinic
fiche prénatale
antenatal card
secours prénatal
aid to expectant mothers
service de consultations prénatales
prenatal clinic
soins prénatals
antenatal / prenatal care

PRÉNUPTIAL
certificat prénuptial
premarital examination
conception prénuptiale
premarital / prenuptial conception
consultations prénuptiales
premarital counselling

PRENDRE
ajournement de la prise de retraite
deferred retirement
ajourner la prise de retraite
defer retirement (to)
anticipation de la prise de retraite
early retirement
prendre sa retraite
retire (from work) (to)

PRÉPRIMAIRE
enseignement préprimaire
pre-school education

PRÉSCOLAIRE
éducation préscolaire
nursery education
enfant d'âge préscolaire
pre-school child

PRÉSENCE
durée de présence
duration of stay

PRÉSENT (adj.)
effectif scolaire présent
pupils in attendance
personne présente
permanent resident
population présente
actual / de facto population

PRÉSERVATIF
condom, sheath
préservatif féminin
cervical cap, pessary
préservatif masculin
condom, sheath

PRÉSCOLAIRE
d'âge préscolaire
under school age

PRESSION
pression démographique
population pressure

PRÉSUMÉ
date présumée de l'accouchement
expected date of confinement
semaine présumée d'accouchement
expected week of confinement

PRÊT
prêt au mariage
marriage loan

PRÉVALENCE
taux de prévalence
prevalence rate

PRÉVALENT
morbidité prévalente
prevalence of disease
taux de morbidité prévalente
ill-health prevalence rate

PRÉVENTIF
obstacle préventif
preventive check

PRÉVENTION
prévention des naissances
birth control, fertility regulation

PRÉVISION
prévision à court terme
short-term forecast
prévision démographique
population forecast
prévision de population
population forecast

PRIMAIRE (adj.)
actif primaire
primary worker
école primaire
primary / elementary school
enseignement primaire
primary education
secteur primaire
primary sector
soins primaires
primary care
stérilité primaire
primary sterility
unité primaire
primary unit

PRIME
grant
prime à la naissance
maternity / birth grant

PRIMIGRAVIDE
primigravida

PRIMIPARE
primipara

PRIMO-IMMIGRANT
new migrant

PRIMO-MIGRANT
new migrant

PRIMO-NUPTIALITÉ
indice général de primo-nuptialité
total period first marriage rate

PRINCIPAL (adj.)
élément familial principal
family nucleus
locataire principal
principal tenant
noyau principal
primary nucleus
principal soutien économique
principal earner

PRIVÉ (adj.)
enseignement privé
private education
ménage privé
private household

PROBABILISTE
sondage probabiliste
random / probability sampling
sondage probabiliste simple
simple random sampling

PROBABILITÉ
probability
*enquête de probabilité sur la fé-
condité*
probability fertility survey
*probabilité d'agrandissement des
familles*
parity progression ratio
probabilité de cessation d'activité
probability of separation from the
labour force
probabilité de cessation des études
dropout rate
probabilité d'entrée en activité
probability of accession to the
labour force
probabilité perspective de survie
survival ratio
probabilité de poursuite des études
retention rate

probabilité de survie
probability of survival
*probabilité de survie en état de
célibat*
probability of single survival

PROBABLE
probable
vie probable
probable length of life

PROCÉDÉ
procédés anticonceptionnels
conception control

PROCHAIN
âge au prochain anniversaire
age at next birthday

PROCHE
plus proche parent
next of kin
proches parents
next of kin

PROCRÉATEUR
comportement procréateur
reproductive behaviour

PROCRÉATION
childbearing, reproduction, procreation;
parenthood
âge de procréation
reproductive / childbearing period
*femmes mariées en âge de pro-
création*
married women of reproductive age
période de procréation
reproductive / childbearing period
procréation artificielle
artificial procreation
procréation responsable
responsible / voluntary parenthood
*technique de procréation artifi-
cielle*
technique for assisted reproduction

PROCRÉER
reproduce (to)
en âge de procréer
at / of reproductive age
femmes mariées en âge de pro-
créer
married women of reproductive age

PRODUCTION
production

PRODUCTIVITÉ
productivity
productivité des mariages
marital fertility
taux de productivité des mariages
selon leur durée
marriage duration-specific fertility
rate

PRODUIT
produit de conception
product of conception
produit spermicide
spermicide

PROFESSEUR
teacher

PROFESSION
occupation; industry, branch of economic activity
changement de profession
change of occupation
épouse sans profession
housewife
mortalité par profession
occupational mortality
non-salariés des professions agri-
coles
self-employed agricultural workers
profession collective
industry, branch of economic acti-
vity
profession individuelle
occupation

profession de sage-femme
midwifery
situation dans la profession
status in employment, industrial /
work / employment status, position
in industry

PROFESSIONNEL (adj.)
branche professionnelle
industry, branch of economic acti-
vity
catégorie professionnelle
occupation group
cessation de l'activité profession-
nelle
retirement
compétence(s) professionnelle(s)
professional / work status (someti-
mes)
décès dû à un accident du travail
ou à une maladie professionnelle
death from employment injury
enseignement professionnel
vocational education
groupe professionnel
occupational group / class; indus-
try, branch of economic activity
maladie professionnelle
occupational disease
mère exerçant une activité profes-
sionnelle
working mother
migration professionnelle
labour mobility
mobilité professionnelle
professional / labour mobility
mortalité professionnelle
occupational / professional mortali-
ty
qualification professionnelle
skill
rang professionnel
professional / work status
répartition professionnelle (de la
population)
occupational classification

situation professionnelle
status in employment, industrial /
work / employment status, position
in industry
statut professionnel
professional status, status in employment, industrial / work / employment status, position in industry
vie professionnelle
working life

PROFESSIONNEL (noun)
skilled worker

PROFIL
cross-section
profil sanitaire (d'un pays)
health profile

PROGÉNITURE
offspring, progeny

PROGRAMME
*programme de planification de la
famille*
family planning programme

PROGRAMMER
naissance non programmée
untimed birth

PROGRESSION
*population en constante progres-
sion*
expanding population

PROJECTION
étendue des projections
projection period
méthode matricielle de projection
matrix method of projection
*méthode de la projection rétros-
pective*
"reverse-survival" method
projection démographique
population projection

*projection démographique établie
sur la base de la variante moyenne*
medium variant population projection
projection glissante
revolving projection
projection de population
population projection
projection rétrospective
retrojection, backward projection

PROJET
projet parental
family building process, planned
parenthood

PROLONGATION
prolongation du célibat
postponement of marriage

PROMOTION
class, cohort
promotion de mariages
marriage cohort
table de promotion
cohort / generation table

PROPAGANDISTE
motivator

PROPORTION
rate, ratio, proportion
proportion d'actifs
activity ratio, labour force participation
proportion des célibataires
proportion single
proportion de contracepteurs
proportion of current users of
contraception
proportion des décès par cause
cause-specific death ratio, proportionate mortality
proportion d'émigrants
proportion of out-migrants
proportion d'émigrés
proportion of lifetime out-migrants

proportion d'immigrants
proportion of in-migrants
proportion d'immigrés
proportion of lifetime in-migrants
proportion des malades
prevalence rate
proportion de migrants
proportion of migrants
proportion des naissances illégitimes
illegitimacy ratio
proportion de participants
proportion of new acceptors of contraception
proportion de refus
proportion of refusals

PROPORTIONNEL
proportional

PROPRIÉTAIRE
owner
propriétaire exploitant
farm-owner

PROTECTION
agent de protection de l'enfance
child welfare officer
centre de protection maternelle et infantile
maternity child welfare centre
consultations de protection infantile
consulting / counselling centres for child health
médecin de la protection maternelle et infantile
child health doctor
protection de l'enfance
child care / welfare
protection de la famille
family welfare
protection de la famille et de l'enfance
family and child welfare
protection infantile
child welfare, child care

protection maternelle
maternity care
protection maternelle et infantile
maternal and child health care
protection de la maternité
maternity care
protection de la santé maternelle
maternal health
service de protection infantile
infant / child welfare service
service de protection maternelle
maternity service
service de protection maternelle et infantile
maternal and child health service

PROTOGÉNÉSIQUE
intervalle protogénésique
interval between marriage and the first birth

PROVENANCE
zone de provenance
out-migration area

PROVISOIRE
provisional
taux provisoire
provisional rate

PROVOQUÉ
avortement provoqué
induced / intentional abortion

PSYCHIATRIE
psychiatrie infantile
child psychiatry

PSYCHIATRIQUE
consultations psychiatriques pour enfants
children's mental health / hygiene clinic
morbidité psychiatrique
psychiatric morbidity

service de consultations psychiatriques pour enfants
children's mental health / hygiene clinic

PSYCHO-MÉDICO-PÉDAGOGIQUE
service de consultations psycho-médico-pédagogiques
child guidance centre / clinic

PSYCHO-PÉDAGOGIQUE
consultations psycho-pédagogiques
child guidance centre / clinic

PUBÈRE
fille pubère
girl of marriageable age

PUBERTÉ
puberty
puberté légale
marriageable age

PUBLIC
enseignement public
public education
santé publique
public health

PUBLICATION
publication des bans
publication of banns, intent to marry

PUÉRICULTRICE
infirmière puéricultrice
paediatric nurse
puéricultrice diplômée d'Etat
child care supervisor

PUÉRICULTURE
child / infant care; mothercraft

PUERPÉRAL
état puerpéral
postnatal / lying-in period; puerperium
mortalité puerpérale
puerperal mortality
période puerpérale
postnatal / lying-in period; puerperium
soins puerpéraux
maternal care

PUERPERIUM
puerperium

PUISSANCE
optimum de puissance
power optimum

PUPILLE
foster child

PUR
démographie pure
substantive / theoretical / pure demography

PYRAMIDE
pyramide des âges
age structure, population pyramid

Notes

Notes

QUADRUPLÉS
quadruplets

QUALIFICATION
qualification professionnelle
skill

QUALIFIÉ
ouvrier qualifié
skilled worker
sage-femme qualifiée
certified midwife

QUALITATIF
caractère qualitatif
attribute, characteristic
démographie qualitative
population quality

QUALITÉ
enquête de qualité
quality check
migration "de qualité"
movement of intellectuals

QUANTILE
quantile, order statistics

QUANTITATIF
démographie quantitative
formal demography

QUANTUM
indice du quantum
quantum index

QUARTIER
district, quarter, ward

QUARTILE
quartile
déviation quartile
quartile deviation, semi-interquartile range

QUATRIÈME
(personnes du) quatrième âge
(frail / old) elderly

QUESTION
question éliminatoire
screening question
question fermée
closed-ended question
question ouverte
open-ended question

QUESTIONNAIRE
questionnaire

QUINQUENNAL
groupe d'âge quinquennal
five-year / quinquennial age group
quotient quinquennal de mortalité
quinquennial death probability

QUINTILE
quintile

QUINTUPLÉS
quintuplets

QUITTER
ayant quitté l'école
out-of-school

QUOTA
quota
contingentement par quotas
quota system
sondage par quotas
quota sampling

QUOTE-PART
quota

QUOTIDIEN (adj.)
migrant quotidien
commuter
migration quotidienne
commuting, journey to work

QUOTIENT
probability

estimations tirées de la méthode de
l'inverse des quotients de survie
(taux de naissance - taux de mortalité)
reserve survival estimates
fonction quotient de mortalité
instantaneous death rate
fonction quotient de nuptialité
instantaneous nuptiality rate
quotient annuel de mortalité
annual death probability
quotient brut
crude probability
quotient de dissolution des mariages
marriage dissolution probability
quotient d'éventualité
crude probability
quotient de fécondité par parité
parity-specific birth probability
quotient instantané
instantaneous rate
quotient instantané de fécondité
instantaneous fertility rate
quotient instantané de mortalité
instantaneous death rate
quotient instantané de nuptialité
instantaneous nuptiality rate
quotient intellectuel (QI)
intelligence quotient (IQ)
quotient mensuel de conception
monthly conception probability
quotient mensuel de fécondité
monthly fertility / pregnancy probability
quotient mensuel de grossesse
monthly fertility / pregnancy probability
quotient de migration par rang
migration probability by order of
move
quotient de mortalité
probability of dying, death probability

quotient de mortalité infantile
probability of dying before age one,
adjusted infant mortality rate
quotient net
net probability
quotient de nuptialité
first marriage probability
quotient perspectif
perspective probability
quotient de première migration
first migration probability
quotient quinquennal de mortalité
quinquennial death probability

- 174 -

Notes

Notes

RACE
race

RACINE
radix

RACISME
racism

RACISTE
racist

RAJEUNISSEMENT
rajeunissement démographique
rejuvenation, younging
rajeunissement de la population
rejuvenation, younging

RAMENER
ramener à l'année
convert to an annual basis (to)
taux ramené à l'année
rate converted to an annual basis

RANG
fécondité selon le rang de naissance
birth order fertility
quotient de migration par rang
migration probability by order of move
rang d'accouchement
confinement order / rank
rang de grossesse
pregnancy order / rank
rang du mariage
order of marriage
rang de migration
order of migration
rang de naissance
birth order / rank
rang professionnel
professional / work status
somme des naissances réduites de rang
order-specific total fertility rate

statistiques de rang de naissance
birth order statistics
table de fécondité de rang
order-specific fertility table
table de migration de rang
order-specific migration table
table de migration de tous rangs
all orders migration table
taux de fécondité par rang
order-specific fertility rate
taux de migration de tous rangs
all orders migration rate

RAPATRIEMENT
repatriation
taux de rapatriement (migr.)
return rate

RAPATRIER
repatriate (to)

RAPPEL
follow-up

RAPPORT
ratio
fréquence des rapports sexuels
frequency of intercourse
méthode des rapports
ratio method
rapport de dépendance
dependency ratio
rapport de dépendance économique
economic dependency ratio
rapport de dépendance économique des personnes âgées
old age dependency ratio
rapport enfants-femmes
child-woman ratio
rapport de féminité
feminity
rapport inactifs/actifs
dependency ratio
rapport de masculinité
masculinity / sex ratio

rapport de masculinité des conceptions
primary sex ratio
rapport de masculinité des naissances
secondary sex ratio
rapport de mortalité foetale
foetal mortality ratio
rapport de mortinatalité
late foetal mortality ratio
rapport des naissances aux mariages
ratio of births to marriages
rapport de la population non adulte à la population adulte
age dependency ratio
rapport (en pourcentage) de la population de 65 ans et plus à la population de 15 à 64 ans
old age dependency ratio
rapport(s) sexuel(s)
sexual intercourse, coitus
rapports
returns

RASSEMBLEMENT
rassemblement de données
data collection / gathering

RATIO
ratio

RÉALISER
fécondité moyenne réalisée
average realised fertility

RÉCAPITULATIF
feuille récapitulative
institutional schedule
tableau récapitulatif
summary table

RECENSÉ (noun)
respondent, informant

RECENSEMENT
census
bulletin de rencensement
census schedule
calendrier des opérations (de recensement)
census calendar
district de recensement (DR)
census (enumeration) area (EA)
données de recensement
census data, census records
enquête de vérification du recensement
postenumeration survey
essai de recensement
census test
évaluation du recensement par de nouvelles entrevues
re-interview method of census evaluation
méthode de recensement
census procedure
opération de recensement
census operation
recensement complémentaire
supplementary census
recensement direct
direct interview, canvasser method
recensement d'essai
pilot survey
recensement général
general census
recensement partiel
partial census
recensement de la population
population census
recensement par voie postale
mail census
recensement préliminaire
pre-test
tableau de recensement
census tabulation

RECENSER
survey (to)
population recensée
census population

RECENSEUR
interviewer, field worker, enumerator
agent recenseur
interviewer, field worker, enumerator

RÉCENT
migration la plus récente
latest migration / change of residence

RECÉSSIF
recessive

RECONNAISSANCE
recognition

RECONNAÎTRE
acknowledge
parents reconnus (légalement comme parents) à charge
prescribed relatives

RECONSTITUER
famille reconstituée
reconstituted family

RECONSTITUTION
reconstitution des familles
family reconstitution

RECRUTEUR
pays recruteur (de main-d'oeuvre)
labour recruiting country

RECTIFIER
données non rectifiées
unadjusted data
taux rectifié
revised rate

RÉCUPÉRATION
récupération de naissances
making up of births

RÉDUIT (adj.)
divorces réduits
divorce frequency
événements réduits
event frequency
mariages réduits
marriage frequency
naissances légitimes réduites
legitimate birth frequency
naissances réduites
birth frequency
premiers mariages réduits
first marriage frequency
somme des divorces réduits
cumulated proportion divorced
somme des événements réduits
cumulated event frequency
somme des mariages réduits
cumulated marriage frequency
somme des naissances légitimes réduites
total legitimate fertility rate
somme des naissances réduites
total fertility (rate)
somme des naissances réduites de rang
order-specific total fertility rate
somme des premiers mariages réduits
cumulated first marriage frequency

RÉEL
revenu réel moyen par tête
real national income per capita

RÉFÉRENCE
base de référence
base; benchmark
date de référence
base date
indice de référence
reference index
période de référence
base period
point de référence
benchmark

situation de référence
basic / baseline data

RÉFUGIÉ (noun)
refugee
noyau résiduel de réfugiés
hardcore of refugees
réfugié statutaire
recognised refugee

REFUS
refusal
proportion de refus
proportion of refusals

RÉGIME
régime démographique ancien
pre-transitional stage
régime démographique moderne
post-transitional stage

RÉGION
region
région économique
economic region
région naturelle
natural region

REGISTRE
register
registre des décès
death registration
registre de l'état civil
vital / civil registration
registre des mariages
marriage registration
registre des naissances
birth registration
registre paroissial
parish / parochial register
registre de population
population register

RÈGLES
periods, menses
dernières règles
last menses

premières règles
menarche

RÉGRESSION
régression sociale
downward mobility

REGROUPEMENT
regroupement familial
family reunion, reunification of families

RÉGULATION
méthodes de régulation de la fécondité
fertility regulating methods
régulation de la fécondité
fertility control / regulation
régulation menstruelle
menstrual regulation / extraction
régulation du mouvement de la population
population control
régulation des naissances
birth control; responsible / voluntary parenthood

RÉGULIER
immigrant régulier
legal migrant
migrant régulier
legal migrant

RÉINSTALLATION
resettlement
camp de réinstallation
resettlement camp

RELAIS
migration avec relais
serial / stage / step migration

RELATIF
fréquence relative
relative frequency

indice d'intensité migratoire relative
migration preference index

RELATION(S)
relationship
âge des premières relations sexuelles
(initial) age at first intercourse
relations sexuelles préconjugales
premarital sex

RELEVER
extract (to)

RELEVÉ (noun)
return
feuille de relevé
transcription forme

RELIGIEUX
mariage religieux
religious marriage

RELIGION
religion

REMARIAGE
remarriage
fréquence du remariage
relative frequency of remarriage

REMARIÉ
remarried

REMPLACEMENT
fécondité en-dessous du taux de remplacement
below-replacement fertility
indice de remplacement
replacement index
non-remplacement des générations
generational non-replacement
remplacement des générations
generation replacement
taux de remplacement
replacement / reproduction rate

REMPLIR
complete (to)

RÉMUNÉRÉ
mère exerçant une activité rémunérée
working mother
personnes occupant des emplois rémunérés
gainfully occupied / economically active /working population, labour force
population occupant des emplois rémunérés
gainfully occupied / economically active /working population, labour force
travailleur rémunéré
gainful worker

RENOUVELABLE
événement non renouvelable
non renewable event
événement renouvelable
renewable event

RENOUVELLEMENT
renouvellement des générations
generation replacement
renouvellement de la population
population replacement, replacement of the population
taux de renouvellement
turnover rate

RENSEIGNEMENT
particular
renseignement numérique
numerical data

RENTIER
rentier, person of independent means

RÉPARTITION
distribution, breakdown, structure, composition
coefficient de répartition
separation factor
inégalité de la répartition de la population
skewness of the population
répartition (par âge) ajustée
smoothed age distribution
répartition par âges
age structure / distribution
répartition par âges initiale
initial age distribution
répartition par âges stable
stable age distribution
répartition géographique
geographical / spatial distribution
répartition professionnelle (de la population)
occupational classification
répartition par sexes
sex structure / distribution
répartition territoriale
geographical / spatial distribution

REPÈRE
benchmark
point de repère
benchmark

RÉPÉTÉ
accouchements répétés
constant childbearing
enquête à passages répétés
multiround survey
enquête répétée
call back
grossesses répétées
constant childbearing

REPEUPLEMENT
resettlement, redistribution of population

REPOPULATION
resettlement, redistribution of population

REPOS
repos de maternité
maternity leave

REPRENDRE
interruption de retraite pour reprendre un emploi
de-retirement
reprendre une activité
return to work (to)

REPRÉSENTATIF
échantillon représentatif
representative sample

REPRÉSENTATION
représentation graphique
graphic / diagrammatic representation

RÉPRESSIF
obstacle répressif
Malthusian / positive check

REPRISE
reprise d'activité
re-entry into the labour force

REPRODUCTION
reproduction, population replacement
âge de reproduction
reproductive / childbearing period
période de reproduction
reproductive / childbearing period
reproduction brute
gross reproduction / replacement
reproduction féminine
female reproduction
reproduction masculine
male reproduction
reproduction nette
net reproduction / replacement

taux brut de reproduction
gross reproduction rate
taux brut de reproduction du moment
current gross reproduction rate
taux net de reproduction
net reproduction rate
taux net de reproduction du moment
current net reproduction rate
taux de reproduction
replacement / reproduction rate
taux de reproduction brute
gross reproduction rate
taux de reproduction de génération
cohort / generation reproduction rate
taux de reproduction féminine
female / maternal reproduction rate
taux de reproduction masculine
male / paternal reproduction rate
taux de reproduction nette
net reproduction rate
taux de reproduction des années vécues
life years reproduction rate
taux de reproduction sexes combinés
joint reproduction rate

RÉPUDIATION
repudiation

RÉPUDIER
repudiate (to)

RÉPULSION
repulsion, push (factor)
    facteur de répulsion (migr.)
    push factor

RÉSECTION
    résection des trompes
    tubal ligation

RÉSERVE
native reserve / reservation

RÉSERVER
    postes réservés pour tenir compte du facteur population
    population reserve

RÉSIDANT
resident
    étranger résidant
    resident alien
    personne résidant à l'étranger
    non-resident
    population résidante
    resident / de jure population

RÉSIDENCE
place of residence
    changement de résidence
    change of residence
    dernier changement de résidence
    latest migration / change of residence
    durée de résidence
    duration of residence
    pays de résidence
    country of residence
    personne sans résidence fixe (SRF)
    vagrant
    population de résidence habituelle
    resident population
    résidence actuelle
    place of current residence
    résidence antérieure
    place of last previous residence
    résidence à une date antérieure
    place of residence at a fixed past date
    résidence à l'étranger
    residence abroad
    sans résidence fixe
    vagrant, person of no fixed abode

RÉSIDENT
resident
> *non-résident*
> non-resident
> *résident habituel*
> normal resident
> *résidents qui ne sont pas des nationaux*
> non-national residents
> *résidents qui sont des nationaux*
> national residents
> *résident permanent*
> permanent resident

RÉSIDENTIEL
> *mobilité résidentielle*
> local move, residential mobility

RÉSIDER
reside (to)

RÉSIDU
residue

RÉSIDUEL
> *fécondabilité résiduelle*
> residual fecundability
> *noyau résiduel de réfugiés*
> hardcore of refugees
> *variation résiduelle*
> irregular fluctuation

RESPONSABILITÉ
> *rôle et responsabilité qui incombent aux parents*
> parent-craft

RESPONSABLE
> *parenté responsable*
> responsible parenthood
> *procréation responsable*
> responsible / voluntary parenthood

RESSORTISSANT
national

RESSOURCES
resources

RÉSULTAT
> *édition des résultats*
> table preparation
> *résultat élaboré*
> result
> *résultats (chiffrés)*
> records

RÉSULTER
> *migration résultante*
> resulting migration

RETARDER
> *départ à la retraite retardé*
> deferred retirement
> *retarder le départ à la retraite*
> defer retirement (to)

RETIRER (se)
> *se retirer de la vie active*
> retire (from work) (to)

RETOUR
return migration
> *migration de retour*
> turnover / return migration, re-migration
> *retour au pays*
> turnover / return migration, re-migration

RETRAIT
withdrawal
> *retrait de la nationalité*
> revocation of the certificate of naturalisation

RETRAITE
retirement
> *en retraite*
> retired
> *âge légal de la retraite*
> prescribed pensionable age

âge de la mise à la retraite
pensionable age
âge normal de la retraite
normal retirement age
âge obligatoire de la retraite
automatic / mandatory retirement age
âge de la retraite
pensionable age
ajournement de la prise de retraite
deferred retirement
ajourner le départ à la retraite
defer retirement (to)
ajourner la prise de retraite
defer retirement (to)
anticipation de la prise de retraite
early retirement
départ à la/en retraite
retirement from labour force
départ à la retraite ajourné
deferred retirement
départ à la retraite anticipé
early retirement
départ à la retraite retardé
deferred retirement
être mis à la retraite d'office
compulsorily retired (to be)
interruption de retraite pour reprendre un emploi
de-retirement
maison de retraite
old people's home; nursing home (USA)
migration de/par retraite
retirement migration
mise à la retraite
retirement
mise à la retraite anticipée
advanced retirement
prendre sa retraite
retire (from work) (to)
retarder le départ à la retraite
defer retirement (to)
retraite anticipée
early retirement
retraite par limite d'âge
retirement on account of age

RETRAITÉ (noun)
pensioner, retired (person)

RÉTROJECTION
backward projection, retrojection

RÉTROSPECTIF
enquête rétrospective
retrospective survey
étude rétrospective
historical study
méthode de la projection rétrospective
"reverse-survival" method
observation rétrospective
retrospective observation
projection rétrospective
retrojection, backward projection

REVENU
catégorie de personnes à faibles revenus
low-income (population) group
deuxième apporteur de revenu
secondary family worker
famille à deux revenus
two-earner / two income family
groupe à faibles revenus
low-income (population) group
ménage à faibles revenus
low-income household
revenu réel moyen par tête
real national income per capita

RÉVISER
taux révisé
revised rate

RÉVOLU
âge en années révolues
age in complete years
année révolue
complete year
durée révolue
complete period

RÉVOLUTION
révolution démographique
demographic transition, vital revolution
révolution au profit de la survie et du développement des enfants
child survival and development revolution (CSDR)

RISQUE
chance, risk; level of significance
exposé au risque
exposed to risk
exposition au risque de conception
exposure to the risk of conception
groupe à haut risque
high-risk group
risque d'invalidité
risk of / probability of disability

RITE
rite

RÔLE
rôle d'imposition
hearth tax list
rôle et responsabilité qui incombent aux parents
parent-craft

ROND
round
attraction des âges ronds
round age preference
attraction des nombres ronds
heaping, digit preference
nombre rond
round number

ROTATION
taux de rotation
turnover rate

RUBRIQUE
heading

RUPTURE
rupture d'union
broken / dissolved marriage, termination of marriage

RURAL
rural
agglomération rurale
village
commune rurale
rural area
émigration rurale
rural-urban migration
exode rural
rural-urban migration, flight from the country
migration des populations rurales vers les zones urbaines
rural-urban migration
migration rurale
rural migration
population rurale
rural population
les ruraux
rural dwellers
service de santé rural
rural health service

RURALISATION
ruralisation

RYTHME
méthode du rythme
periodic abstinence, rhythm method
rythme de développement économique
economic growth / development
rythme optimal d'accroissement
optimum rate of growth

Notes

Notes

SAGE-FEMME
> *formation des sages-femmes*
> midwifery education
> *profession de sage-femme*
> midwifery
> *sage-femme brevetée*
> certified midwife
> *sage-femme diplômée*
> qualified midwife
> *sage-femme hospitalière*
> hospital midwife
> *sage-femme qualifiée*
> certified midwife
> *sage-femme visiteuse*
> community / domiciliary midwife
> *soins de sages-femmes*
> midwifery service

SAISONNIER (adj. / noun)
seasonal
> *déplacement saisonnier*
> seasonal move
> *migration saisonnière*
> seasonal movement / move
> *mouvement saisonnier*
> seasonal fluctuation
> *saisonnier agricole*
> seasonal agricultural labourer
> *variation saisonnière*
> seasonal fluctuation

SALARIÉ (adj. / noun)
earning; employee
> *membres salariés de la famille*
> earning members of the family
> *non-salariés des professions agricoles*
> self-employed agricultural workers
> *salarié agricole*
> agricultural labourer
> *salarié agricole permanent*
> full time agricultural labourer

SALLE
> *salle d'allaitement*
> nursing room

salle de classe
class-room

SANG
> *sang natif*
> native blood

SANITAIRE (adj.)
> *couverture sanitaire (de la population)*
> health care coverage
> *état sanitaire*
> health status
> *profil sanitaire (d'un pays)*
> health profile
> *service sanitaire destiné à la collectivité*
> community health service
> *statistiques sanitaires*
> health statistics

SANTÉ
> *espérance de vie en bonne santé*
> healthy life expectancy
> *état de santé*
> health status; health profile (of a population)
> *protection de la santé maternelle*
> maternal health
> *santé maternelle*
> maternal health
> *santé maternelle et infantile et espacement des naissances (SMI-/EN)*
> maternal and child health/child spacing (MCH/CS)
> *santé maternelle et infantile et planification familiale (SMI/PF)*
> maternal and child health/family planning (MCH/FP)
> *santé publique*
> public health
> *service de santé rural*
> rural health service
> *soins de santé maternelle et infantile*
> maternal and child health care

statistiques des services de santé
health service statistics

SCHÉMA
diagram

SCOLAIRE
âge scolaire
(compulsory) school age
effectif d'âge scolaire
school age population
effectif d'âge scolaire obligatoire
school age population
effectif scolaire
school enrolment
effectif scolaire inscrit
pupils enrolled
effectif scolaire présent
pupils in attendance
enfant d'âge scolaire
school age child
fréquentation scolaire
attendance ratio
indice de longévité scolaire
survival indice
obligation scolaire
compulsory education
population d'âge scolaire
school age population
population scolaire
school population, pupils enrolled
statistiques scolaires et universitaires
current school statistics
taux de fréquentation scolaire
attendance ratio, school attendance

SCOLARISATION
school attendance; school enrolment
taux de scolarisation
enrolment ratio

SCOLARISER
non scolarisé
out-of-school
population scolarisée
school age population

SCOLARITÉ
schooling; school attendance
âge en fin de scolarité
age at leaving school
âge de fin de scolarité obligatoire
school-leaving age
âge de scolarité obligatoire
(compulsory) school age
durée de scolarité accomplie
years of school completed, grade attainment
jeunes ayant achevé leur scolarité
school-leavers
scolarité obligatoire
compulsory schooling
taux de scolarité
enrolment ratio

SECOND
enseignement du second degré
secondary education

SECONDAIRE
actif secondaire
secondary worker
agglomération secondaire
secondary agglomeration
cause secondaire du décès
secondary cause of death
enseignement secondaire
secondary education
établissement secondaire
secondary school
migration secondaire
secondary / ancillary migration
noyau secondaire
secondary nucleus
secteur secondaire
secondary sector
stérilité secondaire
secondary / second sterility
unité secondaire
secondary unit

SECOURS
secours prénatal
aid to expectant mothers

soins de premier secours
primary care

SECTE
sect

SECTEUR
secteur d'activité économique
industry, branch of economic activity
secteur de dépouillement
census tract
secteur primaire
primary sector
secteur secondaire
secondary sector
secteur tertiaire
tertiary sector
secteur traditionnel
traditional sector

SECTION
ward

SECURITÉ
fichier de sécurité sociale
social security records
période de sécurité
safe period

SÉDENTAIRE (adj. / noun)
non-migrant; sedentary, settled
table de survie des sédentaires
survivorship schedule of non-migrants

SÉDENTARITÉ
table de sédentarité
non-migrant table

SÉDENTARISATION
settlement

SÉGRÉGATION
segregation

SÉJOUR
autorisation de séjour
residence permit
durée de séjour
duration of residence
séjour à l'étranger
abroad stay

SÉLECTIF
selective
immigration sélective
selective immigration
migration sélective
selectivity of migration
valeur sélective
selective / fitness value
valeur sélective moyenne
mean selective value, fitness

SÉLECTION
sélection des immigrants
selective immigration

SEMAINE
semaine présumée d'accouchement
expected week of confinement

SEMESTRE
half-year

SEMI-INTERQUARTILE
semi-interquartile range, quartile deviation

SEMI-LOGARITHMIQUE
graphique semi-logarithmique
semi-logarithmic graph

SEMI-MALTHUSIEN
population semi-malthusienne
semi-Malthusian / semi-stable population

SEMI-NOMADE
semi-nomadic

SEMI-QUALIFIÉ
ouvrier semi-qualifié
semi-skilled worker

SEMI-STABLE
population semi-stable
semi-Malthusian / semi-stable population

SEMI-URBAIN
population semi-urbaine
semi-urban population

SÉNESCENCE
senescence, (individual) ageing

SÉNILE
senile
dégenerescence sénile
senile decay
mortalité sénile
mortality of old age

SÉNILITÉ
senility

SÉPARATION
separation
séparation de corps et de biens
legal / judicial separation
séparation de fait
de facto separation
séparation légale
legal / judicial separation

SÉPAREMENT
vivant ensemble séparément
living apart together (LAT)

SÉPARER
époux séparés légalement
separated persons

SÉPULTURE
burial
fiche de sépulture
burial slip

SÉQUENCE
séquence migratoire
migratory sequence

SÉRIE
series
monogamie en série
serial monogamy
série chronologique
time series

SERVICE
infirmière du service de pédiatrie
paediatric nurse
service d'aide familiale
home-maker service
service d'aide maternelle
child care service
service d'aide aux mères
home-maker service
service de consultations pour enfants
child care / children's clinic
service de consultations infantiles
child care / children's clinic
service de consultations postnatales
postnatal clinic
service de consultations prénatales
prenatal clinic
service de consultations psychiatriques pour enfants
children's mental health / hygiene clinic
service de consultations psycho-médico-pédagogiques
child guidance centre / clinic
service de maternité (d'un hôpital)
lying-in clinic
service médico-pédagogique
child guidance centre / clinic
service d'obstétrique
midwifery service
service de protection infantile
infant / child welfare service
service de protection maternelle
maternity service

service de protection maternelle et infantile
maternal and child health service / care
service sanitaire destiné à la collectivité
community health service
service de santé rural
rural health service
service statistique
statistical department
services de conseils familiaux
family counselling, counselling for families
services de consultation et d'orientation familiales
counselling and guidance for families
services de consultations matrimoniales
marriage guidance / counselling
services de contraception
contraceptive services
statistiques des services de santé
health service statistics

SEUIL
threshold
indice de seuil
threshold index
seuil critique
threshold value
seuil de l'indigence
poverty line
seuil de pauvreté
poverty threshold
seuil de signification
level of significance

SEUL
femme seule chef de famille
single woman family head
les personnes seules et sans abri
the single homeless

SEVRAGE
aliment de sevrage
weaning food
sevrage précoce
early weaning

SEXE
sex
célibataire du sexe féminin
spinster
célibataire du sexe masculin
bachelor
différences inhérentes au sexe
sex-specific differences
enfant du sexe féminin
female child
enfant du sexe masculin
male child
individu du sexe féminin
woman; female
individu du sexe masculin
man; male
mortalité par sexe et par groupe d'âges
sex-age-specific death rate
répartition par sexes
sex structure / distribution
taux de mortalité par sexe et par (groupe d') âge
sex-age-specific death / mortality rate
taux de nuptialité par sexe
sex-specific marriage rate
taux de reproduction sexes combinés
joint reproduction rate

SEXUEL
âge des premières relations sexuelles
(initial) age at first intercourse
fréquence des rapports sexuels
frequency of intercourse
rapport(s) sexuel(s)
sexual intercourse, coitus
relations sexuelles préconjugales
premarital sex

SIGNIFICATIF
  différence significative
  significant difference

SIGNIFICATION
  niveau de signification
  level of significance
  seuil de signification
  level of significance

SIMPLE
  accouchement simple
  single birth / delivery
  cause simple de décès
  single cause of death
  sondage aléatoire simple
  simple random sampling
  sondage probabiliste simple
  simple random sampling
  table à simple extinction
  simple decrement table

SIMULATION
  simulation

SITUATION
  étranger en situation irrégulière
  illegal alien
  immigrant en situation irrégulière
  irregular status / undocumented migrant
  main-d'oeuvre immigrée en situation irrégulière
  illegal migrant labour
  migrant en situation irrégulière
  irregular status / undocumented migrant
  situation de base
  basic / baseline data
  situation familiale
  parental status
  situation de famille
  dependency status
  situation matrimoniale
  conjugal / marital status / condition

  situation dans la profession
  status in employment, industrial / work / employment status, position in industry
  situation professionnelle
  status in employment, industrial / work / employment status, position in industry
  situation de référence
  basic / baseline data

SOCIAL
  aide sociale aux personnes âgées
  provision for old age
  ascension sociale
  upward mobility (in the social hierarchy)
  assistante sociale de garderie
  child-minder
  capillarité sociale
  inter-generational social mobility
  catégorie sociale
  social status / socioeconomic group
  classe sociale
  social class
  démographie sociale
  social demography
  fichier de sécurité sociale
  social security records
  groupe social
  social status group
  migration sociale
  social mobility
  mobilité sociale
  social mobility
  mortalité sociale
  social mortality
  optimum social
  social optimum
  position sociale
  social status
  régression sociale
  downward mobility
  stratification sociale
  social stratification

SOCIALEMENT
famille socialement défavorisée
socially deprived family

SOCIO-PROFESSIONNEL
catégorie socio-professionnelle
social status / socioeconomic
group, social and economic category

SOEUR
sister

SOINS
infirmière spécialisée dans les
soins de maternité
maternity nurse
soins (donnés) aux accouchées
postpartum care
soins pendant l'accouchement
confinement care
soins (à donner) aux enfants
child care
soins de gériatrie
geriatric care
soins infirmiers néonatals
neonatal nursing
soins infirmiers pédiatriques
paediatric nursing
soins maternels
mothering
soins de maternité
maternal / maternity care
soins du ménage
household care
soins aux mères et aux enfants
mother and child care
soins obstétricaux
maternity care, midwifery
soins pédiatriques
child care
soins périnatals
perinatal care
soins postnatals
postnatal care
soins postpartum
postpartum care

soins aux prématurés
premature care
soins de premier secours
primary care
soins prénatals
antenatal / prenatal care
soins primaires
primary care
soins puerpéraux
maternal care
soins de sages-femmes
midwifery service
soins de santé maternelle et infan-
tile
maternal and child health care

SOL
densité générale par unité de sol
cultivable
density of population per unit of
cultivable area

SOLDE
solde migratoire
migration balance, balance of
migration, net migration
solde migratoire négatif
negative net migration count

SOMME
somme des divorces réduits
cumulated proportion divorced
somme des événements réduits
cumulated event frequency
somme des mariages réduits
cumulated marriage frequency
somme des naissances légitimes
réduites
total legitimate fertility rate
somme des naissances réduites
total fertility (rate)
somme des naissances réduites de
rang
order-specific total fertility rate
somme des premiers mariages
réduits
cumulated first marriage frequency

SONDAGE
spot check / survey; sampling (procedure), sample
  base de sondage
  sampling frame
  contrôle par sondage
  sampling check
  enquête par sondage
  sample survey
  fraction de sondage
  sampling fraction
  plan de sondage
  sampling scheme / plan
  sondage aléatoire
  random / probability sampling
  sondage aléatoire simple
  simple random sampling
  sondage aréolaire
  area sampling
  sondage à plusieurs degrés
  multi-stage sampling
  sondage en grappes
  cluster sampling
  sondage au hasard
  random / probability sampling
  sondage par quotas
  quota sampling
  sondage probabiliste
  random / probability sampling
  sondage probabiliste simple
  simple random sampling
  sondage stratifié
  stratified random sampling
  taux de sondage
  sampling fraction / ratio
  unité de sondage
  sampling unit
  vérification par sondage
  sampling check, spot audit

SONDER
  fraction sondée
  sampling fraction

SORTIE
  âge de sortie de l'école
  school-leaving age

  sorties (migr.)
  outflow, departures
  table de sortie du système d'enseignement
  table of school life
  visa de sortie
  exit visa / permit

SORTIR
  jeunes sortant de l'école
  school-leavers
  jeunes déjà sortis de l'école
  school-leavers

SOUS-DEVÉLOPPÉ
underdeveloped, low-income

SOUS-ÉCHANTILLON
sub-sample

SOUS-EMPLOI
underemployment

SOUS-ENREGISTREMENT
underregistration, underenumeration

SOUS-ESTIMATION
underestimation

SOUS-FÉCONDITÉ
sub-fecundity
  sous-fécondité des adolescentes
  adolescent sub-fecundity

SOUS-GROUPE
  sous-groupe de population
  population subgroup

SOUS-LOCATAIRE
sub-tenant

SOUS-PEUPLÉ
underpopulated
  logement sous-peuplé
  insufficiently occupied dwelling

SOUS-PEUPLEMENT
underpopulation

SOUS-POPULATION
sub-population

SOUTIEN
earner, breadwinner
principal soutien économique
principal earner

SPATIAL
migration spatiale
migration
mobilité spatiale
geographic / spatial mobility

SPÉCIALISÉ
infirmière spécialisée dans les
soins de maternité
maternity nurse
ouvrier spécialisé
semi-skilled worker
taux spécialisé
specific rate

SPÉCIFIQUE
specific
taux spécifique
specific rate

SPERMATOZOÏDE
spermatozoon, sperm cell

SPERME
insémination avec le sperme du
mari
homologous insemination

SPERMICIDE
produit spermicide
spermicide

SPONTANÉ
avortement spontané
spontaneous / unintentional abortion, miscarriage

migration spontanée
spontaneous / voluntary / free migration

SPRAGUE
multiplicateurs de Sprague
Sprague multipliers

STABLE
population stable
stable population
population stable équivalente
stable population equivalent
population quasi stable
quasi-stable population
répartition par âges stable
stable age distribution

STATIONNAIRE
stationary
phénomène stationnaire
stationary phenomenon
population stationnaire
stationary population
taux de mortalité de la population
stationnaire
life table death rate, death rate of
the stationary population

STATIQUE
modèle statique
static model

STATISTICIEN
statistician

STATISTIQUE (adj.)
carte statistique
map
données statistiques de population
population data
estimation statistique
statistical estimation
famille statistique
statistical / census / composite
family

office statistique
statistical department
paramètre statistique
population parameter
service statistique
statistical department
unité statistique
statistical unit

STATISTIQUE(S)

statistics; returns
bureau de statistique
statistical department
institut de statistique
statistical department
statistiques de base
benchmark statistics
statistiques suivant le degré d'instruction
educational attainment / literacy statistics
statistiques démographiques
demographic / population statistics
statistiques descriptives
descriptive statistics
statistiques sur les émigrés
statistics on out-migrants
statistiques épidémiologiques
epidemiological statistics
statistiques de l'état civil
registration / vital statistics
statistiques de l'état de la population
current population statistics, statistics of population change / movement
statistiques des familles
family statistics
statistiques sur les immigrés
statistics on in-migrants
statistiques sur le lieu de naissance
place-of-birth statistics
statistiques linguistiques
statistics of language
statistiques sur les migrants
statistics on migrants

statistiques de migration
migration statistics
statistiques migratoires
migration statistics
statistiques de morbidité
sickness / morbidity statistics
statistiques de la mortalité
death statistics
statistiques du mouvement de la population
statistics of population change / movement
statistiques de la population
population statistics
statistiques de la population active
labour force statistics
statistiques de rang de naissance
birth order statistics
statistiques sanitaires
health statistics
statistiques scolaires et universitaires
current school statistics
statistiques des services de santé
health service statistics

STATUS

status animarum
status animarum

STATUT

statut professionnel
status in employment, professional / industrial / work / employment status, position in industry

STATUTAIRE

réfugié statutaire
recognised refugee

STÉRILE

sterile, infecund

STÉRILET

loop, coil, cooper T, intra-uterine device

STÉRILISATION
sterilisation
  stérilisation eugénique
  eugenic sterilisation

STÉRILITÉ
infecundity, infertility, sterility
  stérilité des adolescentes
  adolescent sterility
  stérilité définitive
  permanent sterility
  stérilité partielle
  secondary / second sterility
  stérilité postpartum
  postpartum sterility
  stérilité primaire
  primary sterility
  stérilité secondaire
  secondary / second sterility
  stérilité temporaire
  temporary sterility
  stérilité totale
  primary sterility

STÉROÏDE
  contraception par stéroïdes
  contraception by steroids

STOCHASTIQUE
  modèle stochastique
  stochastic model

STRATE
stratum
  groupé en trois strates
  stratified into three strata

STRATÉGIE
  stratégie comportementale
  behavioural strategy

STRATIFICATION
stratification
  stratification sociale
  social stratification

STRATIFIER
stratify (to)
  sondage stratifié
  stratified random sampling

STRUCTURE
structure
  effet de structure
  structure effect
  structure par âges
  age structure
  structure familiale
  family pattern
  structure génique
  gene structure
  structure génotypique
  genotypic structure

STRUCTUREL
  tendances structurelles
  trends over time
  variations structurelles interfamiliales
  between family structural variation

SUBALTERNE
  cadres subalternes
  executive staff

SUBSISTANCE
  moyens de subsistance
  means of subsistence
  niveau de subsistance
  subsistence level

SUBSISTANT
  migration subsistante
  subsisting / remaining migration

SUBSTITUTION
substitution

SUBURBAIN
suburban
  zone suburbaine
  suburb

SUBURBANISATION
suburbanisation

SUCCESSIF
 intervalle entre générations successives
 interval between successive generations
 migration par bonds successifs
 step by step migration

SUFFIRE (se)
 incapable de se suffire à soi-même
 helpless

SUICIDE
suicide
 tentative de suicide
 attempted suicide

SUITE
 suites de couches
 sequelae

SUIVI (adj.)
 observation suivie
 consistent observation

SUJET
subject
 sujet de l'acte
 subject of record

SUPERFICIE
 superficie cultivable
 cultivable area
 superficie cultivée
 cultivated area

SUPÉRIEUR
 cadres supérieurs
 managerial staff
 enseignement supérieur
 higher education
 limite supérieure
 upper limit

SUPPORTER
 charge supportée par la population active
 dependency ratio

SURESTIMATION
overestimation

SURFACE
 surface habitable
 surface area
 surface de mortalité
 mortality surface

SURMORTALITÉ
excess mortality
 surmortalité masculine
 excess male mortality

SURPEUPLÉ
overpopulated
 logement surpeuplé
 overcrowded dwelling

SURPEUPLEMENT
overpopulation

SURPOPULATION
overpopulation

SURVENANCE
 survenance d'enfant
 subsequent birth of a child

SURVIE
survival
 coefficient de survie
 survival ratio, ageing factor
 courbe de survie
 survival curve
 estimations tirées de la méthode de l'inverse des quotients de survie (taux de naissance - taux de mortalité)
 reserve survival estimates
 fonction survie
 survivorship function

méthode des coefficients de survie (migr.)
survival ratio method
probabilité perspective de survie
survival ratio
probabilité de survie
probability of survival
probabilité de survie en état de célibat
probability of single survival
révolution au profit de la survie et du développement des enfants
child survival and development revolution (CSDR)
survie et développement de l'enfant (SDE)
child survival and development (CSD)
survie du groupe
group survival
table de survie
survivorship function, life table
table de survie en état de célibat
net nuptiality table
table de survie des mariages
marriage life table
table de survie des sédentaires
survivorship schedule of non-migrants

SURVIVANT (adj.)
migration survivante
surviving migration

SURVIVANT (noun)
survivor
conjoint survivant
surviving spouse
nombre de survivants en état de célibat
single survivors
survivant en état de célibat
single survivor
survivant en état de non-célibat
ever-married survivor

SYNTHÈSE
synthesis

SYNTHÉTIQUE
indice synthétique de fécondité (ISF)
synthetic measure of fertility, total fertility rate

SYSTÉMATIQUE
échantillon systématique
systematic sample

SYSTÈME
système éducatif
education system
système d'enseignement
education system
table de sortie du système d'enseignement
table of school life

Notes

TABLE
table

  fonction des tables de mortalité
  life table function
  population de la table de mortalité
  stationary population
  premier mariage de la table
  number of first marriages
  table abrégée
  abridged table
  table d'activité
  table of working life
  table brute
  crude table
  table de célibat
  numbers remaining single
  table de cohorte
  cohort / generation table
  table complète
  complete table
  table complète de mortalité
  complete life table
  table de décès
  death function
  table de dissolution des mariages
  marriage dissolution table
  table de divortialité
  divorce table
  table à double extinction
  double decrement / attrition table
  table d'entrée en invalidité
  disability table
  table à extinction
  decrement table
  table d'extinction des mariages
  marriage extinction table
  table à extinction multiple
  multiple decrement table
  table de fécondité
  fertility schedule / table
  table de fécondité générale
  general fertility table
  table de fécondité générale du moment
  current general fertility rate
  table de fécondité des mariages
  marriage fertility table

  table de fécondité de rang
  order-specific fertility table
  table de génération
  cohort / generation table
  table d'invalidité
  disability table
  table longitudinale
  cohort / generation table
  table de migration
  migration table
  table de migration de rang
  order-specific migration table
  table de migration de tous rangs
  all orders migration table
  table de mobilité
  mobility table
  table du moment
  calendar year / period / current table
  table de mortalité
  life / mortality table
  table de mortalité abrégée
  abridged life table
  table de mortalité en l'absence d'une cause
  mortality table setting aside one cause of death
  table de mortalité actuarielle
  life table for selected heads
  table de mortalité biologique limite
  endogenous mortality table
  table de mortalité démographique
  general life table
  table de mortalité détaillée
  complete life table
  table de mortalité des enfants de moins d'un an
  mortality table of children under one year of age
  table de mortalité de génération
  generation / cohort life table
  table de mortalité intra-utérine
  intra-uterine mortality table
  table de mortalité du moment
  calendar year / period / current life table

table de mortalité de têtes choisies
life table for selected heads
table à multiple extinction
multiple decrement table
table nette
net table
table nette de fécondité
net fertility table
table nette de fécondité générale
net general fertility table
table nette de fécondité des mariages
net marriage fertility table
table nette de nuptialité des célibataires
net nuptiality table
table de nuptialité
(gross) nuptiality table
table de nuptialité des divorcés
remarriage table for divorced persons
table de nuptialité nette des célibataires
net nuptiality table
table de nuptialité des veufs et des veuves
remarriage table for widowed persons
table de promotion
cohort / generation table
table de sédentarité
non-migrant table
table à simple extinction
simple decrement table
table de sortie du système d'enseignement
table of school life
table de survie
survivorship function, life table
table de survie en état de célibat
net nuptiality table
table de survie des mariages
marriage life table
table de survie des sédentaires
survivorship schedule of non-migrants

table de têtes choisies
table for selected heads
table transversale
calendar year / period / current table
table type
model table
table type de fécondité
model fertility table
table type de mortalité
model life table
table type de nuptialité des célibataires
model net nuptiality table
table de vie active
working life table

TABLEAU
table
   mise en tableaux
   tabulation
   tableau à multiples entrées
   cross-tabulations, contingency table
   tableau numérique
   statistical table
   tableau partiel
   individual table
   tableau récapitulatif
   summary table
   tableau de recensement
   census tabulation
   tableaux de morbidité
   disease patterns

TABULATRICE
tabulator

TAILLE
size
   taille de la famille
   size of the family, (average) family size
   taille du ménage
   household size

TAMPON

tampon vaginal
tampon, sponge

TARDIF

grossesse tardive
late birth
mariage tardif
late marriage
mort foetale tardive
late foetal death
mortalité foetale tardive
late foetal mortality
taux de mortalité foetale tardive
late foetal mortality / stillbirth rate,
rate of stillbirths

TAUX
rate

dimension d'un taux
time interval of a rate
enquête sur les taux démographiques
vital rate enquiry
fécondité en-dessous du taux de remplacement
below-replacement fertility
méthode des taux types
indirect method of standardisation
taux d'acceptation (de la contraception)
proportion of new acceptors, acceptance rate
taux d'accroissement
growth rate
taux d'accroissement naturel
rate of natural increase
taux d'accroissement optimal
optimum growth rate
taux d'activité
activity ratio, labour force participation ratio / rate
taux d'activité des femmes
female participation rate
taux d'activité masculine
male participation rate

taux d'actualisation
updating rate
taux par âge
age-specific rate
taux annuel
annual rate
taux annuel de migration
annual migration rate
taux annuel de migration nette
annual rate of net migration
taux annuel de migration totale
annual rate of total migration
taux annuel moyen
mean / average annual rate
taux annuel moyen d'accroissement
mean annual rate of growth
taux d'avortement
abortion rate
taux de Boeck
net reproduction rate
taux de Boeck-Kuczynski
net reproduction rate
taux brut
crude rate
taux brut annuel de divortialité
crude divorce rate
taux brut annuel de mortalité générale
crude death rate
taux brut annuel de natalité effective
crude birth rate
taux brut annuel de nuptialité générale
crude marriage rate
taux brut de divortialité
crude divorce rate
taux brut instantané de mortalité
crude instantaneous mortality rate
taux brut instantané de natalité
crude instantaneous birth rate
taux brut de mortalité
crude mortality / death rate
taux brut de natalité
crude birth rate

taux brut de nuptialité
crude marriage / nuptiality rate
taux brut de reproduction
gross reproduction rate
taux brut de reproduction du moment
current gross reproduction rate
taux de célibat
celibacy rate
taux de cessation d'activité
rate of separation from the labour
force
taux de chef de ménage
head of household rate
taux de cohorte
cohort / generation rate
taux comparatif
standardised / adjusted rate
taux comparatif de mortalité
standardised / adjusted mortality
rate
taux comparatif de natalité
standardised birth rate
taux de conception
conception rate
taux corrigé (de)
corrected rate
taux de croissance
growth rate
taux définitif
final rate
taux démographiques
vital (statistic) rates
taux de dépendance
dependency ratio
taux de dépendance démographique
demographic dependency ratio
taux de deuxième catégorie
second category rate
taux de divorce
(total period) divorce rate
taux de divortialité
(total period) divorce rate
taux de divortialité par âge
age-specific divorce rate

taux de divortialité par durée de
mariage
duration-specific divorce rate
taux de divortialité des mariés
divorce rate for married persons
taux par durée
duration-specific rate
taux d'échec de la contraception
contraceptive failure rate
taux par rapport à l'effectif initial
rate in relation to the initial population size
taux d'entrée en activité
rate of accession to the labour
force
taux de fécondité
fertility rate
taux de fécondité par âge
age-specific fertility / birth rate
taux de fécondité tous âges
general fertility rate
taux de fécondité par durée de
mariage
marriage duration-specific fertility
rate
taux de fécondité féminine
female fertility rate
taux de fécondité générale
overall fertility rate
taux de fécondité générale par âge
age-specific overall fertility rate
taux de fécondité illégitime
illegitimate / non-marital fertility
rate
taux de fécondité légitime
legitimate / marital fertility rate
taux de fécondité légitime par âge
age-specific marital fertility rate
taux de fécondité masculine
male fertility rate
taux de fécondité par parité
parity-specific fertility / birth rate
taux de fécondité par rang
order-specific fertility rate
taux de féminité
feminity

taux de féminité des naissances
female child rate of birth
taux de fréquentation scolaire
attendance ratio, school attendance
taux général
general rate
taux général d'avortements
total abortion rate
taux de génération
cohort / generation rate
taux global de fécondité
general fertility rate
taux global de fécondité générale
total general fertility rate
taux d'incidence
incidence rate
taux instantané
instantaneous rate
taux instantané d'accroissement
instantaneous rate of growth
taux instantané de conception
instantaneous conception rate
taux instantané de fécondité
instantaneous fertility rate
taux instantané de mortalité
instantaneous death rate
taux instantané de nuptialité
instantaneous nuptiality rate
taux intrinsèque d'accroissement naturel
true / intrinsic rate of natural increase
taux intrinsèque de mortalité
intrinsic / stable death rate
taux intrinsèque de natalité
intrinsic / stable birth rate
taux de Kuczynski
net reproduction rate
taux de létalité
(case) fatality rate
taux de Lotka
true rate of natural increase
taux de masculinité
masculinity proportion

taux de masculinité des conceptions
sex ratio at conception, primary sex ratio
taux mensuel
monthly rate
taux de migration
migration rate
taux de migration interne
rate of internal migration
taux de migration nette (migration nette/population totale)
rate of net migration
taux de migration de tous rangs
all orders migration rate
taux de migration totale (migration totale/population totale)
rate of total migration
taux de mobilité interne
rate of internal mobility
taux du moment
cohort / generation rate
taux de morbidité
disease incidence rate
taux de morbidité incidente
ill-health incidence rate
taux de morbidité prévalente
ill-health prevalence rate
taux de mortalité
death / mortality rate
taux de mortalité par âge
age-specific mortality / death rate
taux de mortalité par cause
cause-specific death rate
taux de mortalité clinique
(case) fatality rate
taux de mortalité foetale
foetal mortality rate
taux de mortalité foetale tardive
late foetal mortality / stillbirth rate, rate of stillbirths
taux de mortalité infantile (TMI)
infant mortality rate (IMR)
taux de mortalité infantile endogène
endogenous infant mortality rate

taux de mortalité infantile exogène
exogenous infant mortality rate
taux de mortalité intra-utérine
foetal death rate
taux de mortalité juvénile
child mortality rate
taux de mortalité maternelle
maternal mortality / death rate
taux de mortalité liée à la mater-
nité
maternal mortality / death rate
taux de mortalité néonatale
neonatal mortality rate
taux de mortalité néonatale pré-
coce
early neonatal mortality rate
taux de mortalité périnatale
perinatal mortality rate
taux de mortalité de la population
stationnaire
life table death rate, death rate of
the stationary population
taux de mortalité postinfantile
postinfantile child death rate
taux de mortalité postnéonatale
postneonatal mortality rate
taux de mortalité par sexe et par
(groupe d') âge
sex-age-specific death / mortality
rate
taux de mortinatalité
late foetal mortality / stillbirth rate,
rate of stillbirths
taux moyen annuel
mean / average annual rate
taux moyen de conception
pregnancy / conception rate
taux moyen de mortalité
central death rate
taux de natalité
birth rate
taux de natalité illégitime
illegitimate birth rate
taux de natalité légitime
legitimate birth rate
taux de natalité totale
total birth rate

taux net
net rate
taux net de reproduction
net reproduction rate
taux net de reproduction du mo-
ment
current net reproduction rate
taux de nuptialité
marriage / nuptiality rate
taux de nuptialité par âge
age-specific marriage rate
taux de nuptialité des célibataires
total first marriage rate
taux de nuptialité par sexe
sex-specific marriage rate
taux de nuptialité des veufs ou
divorcés
remarriage rate
taux observé
trend rate
taux de participation
proportion of new acceptors, acceptance rate
taux de persévérance
continuation rate
taux perspectif
perspective rate
taux de polygamie
polygamy rate
taux de première catégorie
first category rate
taux de prévalence
prevalence rate
taux de productivité des mariages
selon leur durée
marriage duration-specific fertility
rate
taux provisoire
provisional rate
taux ramené à l'année
rate converted to an annual basis
taux de rapatriement (migr.)
return rate
taux rectifié
revised rate
taux de remplacement
replacement / reproduction rate

taux de renouvellement
turnover rate
taux de reproduction
replacement / reproduction rate
taux de reproduction des années vécues
life years reproduction rate
taux de reproduction brute
gross reproduction rate
taux de reproduction féminine
female / maternal reproduction rate
taux de reproduction de génération
cohort / generation reproduction rate
taux de reproduction masculine
male / paternal reproduction rate
taux de reproduction nette
net reproduction rate
taux de reproduction sexes combinés
joint reproduction rate
taux révisé
revised rate
taux de rotation
turnover rate
taux de scolarisation
enrolment ratio
taux de scolarité
enrolment ratio
taux de sondage
sampling fraction / ratio
taux spécialisé
specific rate
taux spécifique
specific rate
taux trimestriel
quarterly rate
taux type de mortalité
standard mortality rate

TECHNIQUE (adj.)
enseignement technique
technical education

TECHNIQUE (noun)
technique de fécondation assistée
technique of assisted fertilisation
technique d'insémination
(artificial) insemination technique
technique de procréation artificielle
technique for assisted reproduction

TÉMOIN
witness
groupe témoin
control group

TEMPÉRAMENT
par tempérament
constitutionally

TEMPÉRATURE
méthode des températures
basal body temperature method

TEMPORAIRE
absent temporaire
temporary absentee
déplacement temporaire
temporary move
migration temporaire
temporary migration
stérilité temporaire
temporary sterility
travailleur immigré temporaire
guest worker

TEMPS
temps mort
nonsusceptible period

TENDANCE
trend
tendance ascendante
upward trend
tendance à la hausse
upward trend
tendances structurelles
trends over time

TENIR
tenir à jour
maintain (to), update (to)

TENTATIVE
tentative de suicide
attempted suicide

TERME
accouchement à terme
full-term delivery
accouchement avant terme
premature delivery / confinement /
birth
enfant né avant terme
premature baby
naissance à terme
birth at term, full-term birth
naissance après terme
post-term birth
naissance avant terme
pre-term / premature birth
prévision à court terme
short-term forecast

TERMINAL
cause terminale du décès
immediate cause of death

TERMINER
jeunes ayant terminé leurs études
school-leavers

TERRAIN
enquête sur le terrain
field inquiry / survey

TERRITORIAL
division territoriale
sub-area
répartition territoriale
geographical / spatial distribution

TERTIAIRE
secteur tertiaire
tertiary sector

TÊTE
head, individual, person
dénombrement par tête
head count
revenu réel moyen par tête
real national income per capita
table de mortalité de têtes choisies
life table for selected heads
table de têtes choisies
table for selected heads
têtes choisies
selected heads

THÉORIE
théorie démographique
population theory
théorie malthusienne de la popula-
tion
Malthusian population theory
théorie de la population
population theory

THÉORIQUE
décès théorique
expected death
démographie théorique
substantive / theoretical / pure
demography
efficacité théorique
theoretical effectiveness

THÉRAPEUTIQUE
avortement thérapeutique
therapeutic abortion

TITRE
occupant sans titre
squatter

TOIT
vivre sous le même toit
live in the same house (to)

TOTAL (adj.)
overall, total
accroissement total de la population
population growth
courant total (migr.)
gross interchange / stream
fécondabilité totale
total fecundability
fécondité totale
total fertility
migration totale
volume of migration, migration turnover, gross migration
naissances totales
total number of births
natalité totale
total fertility
stérilité totale
primary sterility
taux annuel de migration totale
annual rate of total migration
taux de migration totale (migration totale/population totale)
rate of total migration
taux de natalité totale
total birth rate
volume total des migrations
volume of migration, migration turnover

TOURISTIQUE
déplacement touristique
tourist traffic, vacationing
mouvements touristiques
tourist flows

TOURNÉE
méthode de la tournée
canvasser method

TOXÉMIE
toxémie gravidique
toxaemia of pregnancy

TRADITIONNEL
accoucheuse traditionnelle
birth attendant, traditional midwife
secteur traditionnel
traditional sector

TRAFIC (migr.)
gross interchange / stream

TRANCHE
tranche de la population
population band

TRANSCRIPTION
bulletin de transcription
transcript (from the register)

TRANSCRIRE
divorce transcrit
registered divorce

TRANSFERT
transfert linguistique
linguistic transfer
transfert de population
displacement of population, population transfer

TRANSIT
tourist traffic
migration de transit
transit

TRANSITION
transition démographique
demographic / population transition

TRANSITOIRE
accroissement transitoire
transitional growth

TRANSMISSIBLE
maladie transmissible
communicable disease

TRANSMISSION
> *transmission d'un bien par héritage*
> filial relation; descent

TRANSOCÉANIQUE
> *migrations transocéaniques*
> overseas migration

TRANSVERSAL
> *analyse transversale*
> period / cross-section(al) analysis
> *indice transversal*
> period index
> *mesure de fécondité transversale*
> transversal fertility measure
> *table transversale*
> calendar year / period / current table

TRAUMATISME
injury

TRAVAIL
> *âge d'entrée au travail*
> age at accession to the labour force / at entry into employment
> *autorisation de travail*
> labour permit
> *cessation du travail*
> retirement
> *décès dû à un accident du travail ou à une maladie professionnelle*
> death from employment injury
> *force de travail*
> labour force
> *incapacité de travail*
> working incapacity / disability
> *migration de travail*
> labour migration
> *travail (méd.)*
> labour (med.)

TRAVAILLER
> *en âge de travailler*
> of working age

> *femme mariée qui travaille*
> working wife

TRAVAILLEUR
worker
> *travailleur à domicile*
> home / cottage worker
> *travailleur ayant un emploi*
> employed worker
> *travailleur sans emploi*
> unemployed worker
> *travailleur familial*
> family worker / helper
> *travailleur frontalier*
> frontier worker
> *travailleur immigré*
> immigrant worker
> *travailleur immigré temporaire*
> guest worker
> *travailleur indépendant*
> worker on own account, independent worker
> *travailleur manuel*
> manual worker
> *travailleur non manuel*
> non-manual / clerical / office worker
> *travailleur marginal*
> marginal worker
> *travailleur migrant*
> migrant labourer / worker
> *travailleur rémunéré*
> gainful worker
> *travailleurs d'âge très actif*
> prime age workers
> *travailleurs appartenant aux classes d'âge de forte activité*
> prime age workers
> *travailleurs immigrés clandestins*
> illegal migrant labour
> *travailleuse familiale (France)*
> housewife; home-maker, mother's help

TRIMESTRIEL
> *taux trimestriel*
> quarterly rate

TRIPLE
accouchement triple
plural / multiple birth / delivery

TRIPLÉS
triplets

TRISEXUÉ
three-sex

TROISIÈME
enseignement du troisième degré
higher education
troisième âge
old age, old people, the aged

TROMPES
ligature des trompes
hysterectomy
occlusion des trompes
tubal ligation
résection des trompes
tubal ligation

TRONCATURE
effet de troncature
truncating effect

TROP-PLEIN
trop-plein de population
overspill

TROUBLE
troubles de l'enfance
childhood history
troubles de la grossesse
childbearing history

TYPE
calendrier type
model calendar
écart type
standard deviation
erreur type
standard error
méthode du calendrier type
model calendar method

méthode de la mortalité type
indirect method of standardisation
méthode de la population type
direct method of standardisation
méthode des taux types
indirect method of standardisation
mortalité type
standard mortality
mouvement type
movement pattern
population type
standard population
table type
model table
table type de fécondité
model fertility table
table type de mortalité
model life table
table type de nuptialité des célibataires
model net nuptiality table
taux type de mortalité
standard mortality rate

Notes

UNIFAMILIAL
ménage unifamilial
one-family household

UNION
union
fin d'union
end of union
légaliser l'union
formalise the union (to)
première union
first marriage
rupture d'union
broken / dissolved marriage, termination of marriage
union consensuelle
consensual union, companionate marriage
union dysgénique
dysgenic marriage
union illégitime
free union
union légitime
marriage
union libre
free / non-marital union
union temporaire
temporary union

UNIQUE
famille à enfant unique
one-child family
famille à parent unique
one-parent / lone-parent family

UNITÉ
densité générale par unité de sol cultivable
density of population per unit of cultivable area
population de l'unité
population of unit
unité administrative
administrative unit
unité de dénombrement
listing unit

unité d'enregistrement
listing unit
unité de logement
dwelling unit
unité de personnel enquêteur
investigating unit
unité primaire
primary unit
unité secondaire
secondary unit
unité de sondage
sampling unit
unité statistique
statistical unit
unité urbaine
urban unit

UNIVERS
universe

UNIVERSITAIRE
grade universitaire
university degree
statistiques scolaires et universitaires
current school statistics

UNIVERSITÉ
university

UNIVITELLIN
jumeaux univitellins
identical / monozygotic / uniovular twins

URBAIN
urban
agglomération urbaine
town, city
commune urbaine
urban area
migration des populations rurales vers les zones urbaines
rural-urban migration
migration urbaine
urban migration

    noyau urbain
    central city
    population urbaine
    urban population
    unité urbaine
    urban unit

URBANISATION
urbanisation

USAGE
    efficacité d'usage
    use effectiveness
    langue d'usage
    usual language

USUEL
    langue usuelle
    usual language

UTÉRIN
uterine

UTERO (in)
    enfant in utero
    unborn child
    mortalité in utero
    foetal mortality

UTÉRUS
uterus

Notes

Notes

VACANCES
déplacement de vacances
tourist traffic, vacationing

VACANT
logement vacant
unoccupied dwelling

VAGINAL
éponge vaginale
tampon, sponge
injection vaginale
douche
tampon vaginal
tampon, sponge

VALABLE
mariage valable
valid marriage

VALEUR
valeur estimée
estimate
valeur sélective
selective / fitness value
valeur sélective moyenne
mean selective value, fitness

VALIDITÉ
contrôle de validité
consistency / validity check
validité du mariage
validity of marriage

VARIABILITÉ
variability

VARIABLE (adj. / noun)
variable, variate
variable intermédiaire
intermediate variate

VARIANCE
variance
variance de la fécondité
fertility variance

variance du nombre d'enfants
child number variation

VARIANTE
projection démographique établie
sur la base de la variante moyenne
medium variant population projection
variante moyenne de fécondité
medium fertility variant

VARIATION
variation, fluctuation, deviation
variation accidentelle
irregular fluctuation
variation aléatoire
chance / random fluctuation
variation résiduelle
irregular fluctuation
variation saisonnière
seasonal fluctuation
variations structurelles interfamiliales
between family structural variation

VASECTOMIE
vasectomy

VENTILATION
structure, distribution, breakdown

VÉRIFICATION
verification
enquête de vérification du recensement
post-enumeration survey
vérification par sondage
sampling check, spot audit

VÉRIFIER
verify (to)

VEUF (adj. / noun)
widower
marié, veuf ou divorcé
ever-married

personne veuve
widowed person
table de nuptialité des veufs et veuves
remarriage table for widowed persons
taux de nuptialité des veufs ou divorcés
remarriage rate

VEUVAGE
widowhood
durée moyenne de veuvage
mean interval between widowhood and remarriage

VEUVE
widow
table de nuptialité des veufs et veuves
remarriage table for widowed persons

VIABILITÉ
viability

VIABLE
viable
non viable
non-viable

VICE
vice de conformation morphologique
anatomical defect

VIDUITÉ
délai de viduité
widowhood delay

VIE
âge d'entrée dans la vie active
age at accession to the labour force / at entry into employment
âge de la vie
stage of life, age period

allongement de la vie humaine
increased longevity
certificat de vie
life certificate
choix de vie
life style option
conditions de vie
living conditions
coût de la vie
cost of living
cycle de vie
life cycle
dans les derniers âges de la vie
in late years
durée moyenne de la vie active
mean duration of working life
durée de la vie active
working life
durée de la vie humaine
length of life, human longevity
entrer dans la vie active
enter into economic life (to)
espérance brute de vie active
gross expectation of working life
espérance nette de vie active
net expectation of working life
espérance de vie
life expectancy, expectation of life
espérance de vie active
expectation of working life
espérance de vie en bonne santé
healthy life expectancy
espérance de vie corrigée en fonction du bien-être
quality-adjusted life-year (QUALY)
espérance de vie en état de célibat
expectation of unmarried life
espérance de vie sans incapacité
life expectancy free of deficiency (LEFD)
espérance de vie à la naissance
expectation of life at birth
ligne de vie
life line
mode de vie
living arrangement

mode de vie préconjugal
premarital pattern
monogamie à vie
lifelong monogamy
niveau de vie
level / standard of living
période de la vie
stage of life, age period
potentiel-vie d'une population
potential life of a population
(dans les) premiers âges de la vie
(in) early life
se retirer de la vie active
retire (from work) (to)
table de vie active
working life table
vie active
working life
vie conjugale
conjugal / married life
vie de couple
partner relationship
vie médiane
median length of life
vie moyenne
mean length of life
vie normale
normal age at death
vie probable
probable length of life
vie professionnelle
working life

VIEILLARD
the elderly, the very old
assistance aux vieillards
relief of old people
grand vieillard
aged, elderly
les personnes âgées et les vieillards
(the) aged and the elderly

VIEILLESSE
old age
maladie de la vieillesse
geriatric disorder

VIEILLISSEMENT
ageing
période de vieillissement
period of ageing
vieillissement démographique
ageing of the population
vieillissement individuel
individual ageing, senescence
vieillissement de la population
ageing of the population

VIEUX
old people, the aged, the elderly
population vieille
old population

VILLAGE
village

VILLE
town, city
mouvement campagne-ville
rural-urban migration

VIOLENCE
violence

VIOLENT
violent

VISA
visa d'entrée
visa, entry permit
visa de sortie
exit visa / permit

VISITEUR
sage-femme visiteuse
community / domiciliary midwife

VITAL
index vital
vital index
indice vital
vital index
minimum vital
poverty line

VITRO (in)
in vitro
  embryon fécondé in vitro
  in vitro fertilised embryo
  fécondation artificielle in vitro
  in vitro artificial insemination
  ovule artificiellement fécondé in vitro
  in vitro artificially fertilised egg

VIVRE
  enfant né vivant
  live-born child
  naissance d'enfant vivant
  live birth
  naissance vivante
  live birth
  né vivant
  live born
  population vivant de
  population dependent on
  population vivant de l'agriculture
  agricultural / farm population, population dependent on agriculture
  taux de reproduction des années vécues
  life years reproduction rate
  vivant ensemble séparément
  living apart together (LAT)
  vivre maritalement
  cohabit (to)
  vivre sous le même toit
  live in the same house (to)

VOLONTAIRE
  homicide volontaire
  homicide
  infécondité volontaire
  voluntary sterility / infertility
  maintien volontaire à un niveau inférieur à la fécondité potentielle
  voluntarily below potential fertility

VOLUME
  volume total des migrations
  volume of migration, migration turnover

VOULU
  absence d'enfants voulue
  voluntary childlessness

VOYAGEUR
traveller

VRAI
  durée vraie de grossesse
  true duration of pregnancy
  vrais jumeaux
  identical / monozygotic / uniovular twins

Notes

Notes

ZÉRO

croissance zéro
zero population growth

ZONE
zone

migration des populations rurales
vers les zones urbaines
rural-urban migration, flight from
the country
zone d'accueil
in-migration area
zone d'arrivée
in-migration area
zone d'attraction (migr.)
attraction area
zone de départ
out-migration area
zone de destination
in-migration area
zone d'émigration
out-migration area
zone hôte
in-migration area
zone d'immigration
in-migration area
zone migratoire
migration area
zone d'origine
out-migration area
zone de peuplement
settlement
zone de provenance
out-migration area
zone suburbaine
suburb

ZYGOTE
zygote

Notes

II. ANGLAIS - FRANÇAIS

ABODE
person of no fixed abode
sans domicile, (personne) sans résidence fixe (SRF), sans domicile fixe (SDF)

ABORIGINAL
aborigène

ABORT (to)
avorter

ABORTION
avortement, interruption de (la) grossesse; abortif
abortion by curettage
avortement par curetage
abortion by dilatation and curettage
avortement par curetage
abortion by suction
avortement par aspiration
abortion by vacuum aspiration
avortement par aspiration
abortion rate
taux d'avortement
abortion ratio
nombre d'avortements par naissance
criminal abortion
avortement clandestin / criminel / illicite / illégal
early abortion
avortement précoce
illegal abortion
avortement clandestin / criminel / illicite / illégal
induced abortion
avortement provoqué
intentional abortion
avortement provoqué
late abortion
avortement intermédiaire
legal abortion
avortement légal / licite
spontaneous abortion
avortement spontané, fausse couche
therapeutic abortion
avortement thérapeutique
total abortion rate
taux général d'avortements
unintentional abortion
avortement spontané, fausse couche

ABORTIONIST
avorteur, avorteuse

ABORTUS
avorton

ABRIDGE (to)
abridged life table
table de mortalité abrégée
abridged table
table abrégée

ABROAD
abroad stay
séjour à l'étranger
person abroad
personne à l'étranger
residence abroad
résidence à l'étranger

ABSENCE
absence
length of absence
durée d'absence

ABSENT
absent

ABSENTEE
absent
temporary absentee
absent temporaire

ABSOLUTE
absolute frequency
fréquence absolue
absolute number
nombre absolu

ABSORPTION (migr.)
acclimatation, accommodation
absorption of immigrants
accommodation des immigrants

ABSTINENCE
continence
periodic abstinence
méthode Ogino, méthode du rythme, continence périodique

ACCEPTANCE
acceptance rate (of contraception)
taux d'acceptation / de participation, proportion de participants

ACCEPTOR
utilisateur de moyens anticonceptionnels
proportion of new acceptors (of contraception)
taux d'acceptation / de participation, proportion de participants

ACCESSION
accession to the labour force
entrée en activité
age at accession to the labour force
âge d'entrée en activité / d'entrée au travail / d'entrée dans la vie active
first accession to the labour force
première entrée en activité
mean age at accession to the labour force
âge moyen d'entrée en activité
probability of accession to the labour force
probabilité d'entrée en activité
rate of accession to the labour force
taux d'entrée en activité

ACCIDENT
accident

ACCOUNT (subst.)
worker on own account
travailleur indépendant

ACCULTURATION
acculturation

ACCURACY
précision

ACKNOWLEDGE (to)
reconnaître

ACQUIRE (to)
acquired characteristic
caractère acquis

ACTIVE
actif
active workers
actifs
economically active persons
personnes actives, actifs
economically active population
population (économiquement) active, population active ayant un emploi, les actifs, (effectifs de) main-d'oeuvre (qqfs); personnes / population occupant des emplois rémunérés, personnes ayant une activité lucrative (qqfs)
size of economically active population
effectif de la population active

ACTIVITY
activité
activity ratio
taux d'activité, proportion d'actifs
branch of economic activity
branche / secteur d'activité économique, groupe / branche professionnel(le), métier, profession / activité (collective / individuelle)
economic activity
activité lucrative / économique

ACTUAL
actual date of confinement
date d'accouchement
actual population
population présente, population existante, population de fait

ACUTE
acute disease
maladie aiguë

ADJUST (to)
adjusted infant mortality rate
quotient de mortalité infantile
adjusted mortality rate
taux comparatif de mortalité
adjusted rate
taux comparatif
quality-adjusted life-year (QUALY)
espérance de vie corrigée en fonction du bien-être

ADMINISTRATIVE
administrative area
division / unité administrative
administrative district
division / unité administrative
administrative unit
division / unité administrative

ADOLESCENCE
adolescence

ADOLESCENT
adolescent
adolescent sterility
stérilité des adolescentes
adolescent sub-fecundity
sous-fécondité des adolescentes

ADOPT (to)
adopted child
enfant adoptif, enfant adopté

ADOPTEE
adopté

ADOPTER
adoptant

ADOPTION
adoption

ADOPTIVE
adoptive parents
parents d'adoption / adoptifs

ADULT
adulte
adult age
âge adulte
adult dependant
adulte à charge
adult mortality
mortalité adulte
dependent adult
adulte à charge
transition to adult life
passage à l'âge adulte

ADVANCED
advanced retirement
(mise à la) retraite anticipée

AFFINAL
affinal relationship
alliance

AFTERBIRTH
délivre

AGE
âge (chronologique)
of age
majeur
adult age
âge adulte
age at accession to the labour force
âge d'entrée en activité / d'entrée au travail / d'entrée dans la vie active
age at the birth of the last child
âge à la dernière maternité

age in complete years
âge en années révolues
age dependency ratio
rapport de la population non adulte
à la population adulte
age difference between spouses
différence d'âge entre époux
age distribution
structure / composition / répartition
par âges, pyramide des âges
age effect
effet d'âge
age at entry into employment
âge d'entrée en activité, âge d'entrée au travail, âge d'entrée dans
la vie active
age at first birth
âge à la naissance du premier
enfant
age at first intercourse
âge des premières relations sexuelles
age group
groupe d'âges
age at last birthday
âge au dernier anniversaire
age at leaving school
âge en fin d'études / en fin de
scolarité
age limit
limite d'âge
age at marriage
âge au mariage
age at next birthday
âge au prochain anniversaire
age period
âge / période de la vie
age reached during the year
âge atteint dans l'année
age-related
selon l'âge
age at separation from the labour
force
âge de (la) cessation d'activité
age-specific birth rate
taux de fécondité par âge

age-specific death rate
taux de mortalité par âge
age-specific divorce rate
taux de divortialité par âge
age-specific fertility rate
taux de fécondité par âge
age-specific marital fertility rate
taux de fécondité légitime par âge
age-specific marriage rate
taux de nuptialité par âge
age-specific mortality
mortalité par âge
age-specific mortality rate
taux de mortalité par âge
age-specific overall fertility rate
taux de fécondité générale par âge
age-specific rate
taux par âge
age structure
structure / composition / répartition
par âges, pyramide des âges
age at withdrawal
âge de (la) cessation d'activité
attain the age (to)
arriver à l'âge
automatic retirement age
âge obligatoire de la retraite
average age at marriage
âge moyen des mariés
broad age group
grand groupe d'âges
childbearing age
âge de la maternité
of childbearing age
en âge d'avoir des enfants
combined ages
âges combinés
compulsory school age
âge scolaire, âge de scolarité obligatoire
death under one year of age
décès de moins d'un an
depleted age group
classe creuse
dispersion of ages
dispersion des âges

exact age
âge exact
five-year age group
groupe d'âge quinquennal, groupe
de cinq années d'âge
girl of marriageable age
fille nubile, fille pubère, fille d'âge
à se marier
index of age preference
indice d'attraction
individual year of age
année d'âge
late middle age
dernières années de l'âge mûr
mandatory retirement age
âge obligatoire de la retraite
marriageable age
puberté légale, âge nubile
married women of reproductive
age
femmes mariées en âge de procréer
/ de procréation
mean age
âge moyen
mean age at accession to the labour force
âge moyen d'entrée en activité
mean age at childbirth
âge moyen à la maternité
mean age of fathers
âge moyen des pères
mean age at first marriage
âge moyen au premier mariage
mean age at marriage
âge moyen des mariés
mean age of mothers
âge moyen des mères
mean age at separation from the
labour force
âge moyen de cessation d'activité
median age
âge médian
median age at first marriage
âge médian au premier mariage
mental age
âge mental

minimum age at marriage
âge de nubilité, âge minimum au
mariage
mortality of old age
mortalité sénile
mortality table of children under
one year of age
table de mortalité des enfants de
moins d'un an
net mean age at childbirth
âge moyen net à la maternité
normal age at death
âge modal / normal au décès; vie
normale
normal retirement age
âge normal de la retraite
old age
vieillesse, troisième âge
old age dependency ratio
rapport de dépendance économique
des personnes âgées, rapport (en
pourcentage) de la population de
65 ans et plus à la population de
15 à 64 ans
pensionable age
âge ouvrant droit à pension, âge du
droit à pension, âge d'admission à
pension, âge de pension, âge de la
(mise à la) retraite
of pensionable age
qui a atteint l'âge de pension
physiological age
âge physiologique
prescribed pensionable age
âge légal de la retraite
prime age workers
travailleurs d'âge très actif, travailleurs appartenant aux classes d'âge
de forte activité
probability of dying before age one
quotient de mortalité infantile
provision for old age
aide sociale / assistance aux personnes âgées
quinquennial age group
groupe d'âge quinquennal, groupe
de cinq années d'âge

reported age
âge déclaré
at reproductive age
en âge de procréer
of reproductive age
en âge de procréer
retirement on account of age
retraite par limite d'âge
round age preference
attraction des âges ronds
school age
âge scolaire, âge de scolarité obligatoire
school age child
enfant d'âge scolaire
school age population
effectifs / population d'âge scolaire (obligatoire); population scolarisée
school-leaving age
âge de fin de scolarité obligatoire, âge de sortie de l'école
sex-age-specific death rate
taux de mortalité par sexe et par (groupe d') âge
sex-age-specific mortality rate
taux de mortalité par sexe et par (groupe d') âge
smoothed age distribution
répartition par âges ajustée
stable age distribution
répartition par âges stable
stated age
âge déclaré
under-age
mineur
under-age child
enfant mineur
very young age
petite enfance
working age
âge / période d'activité, âge / période actif(ve)
of working age
en âge de travailler, d'âge actif, en période active

working age population
population d'âge actif / en âge d'activité

AGED
grand vieillard
the aged
personne âgée, "ancien", "aîné", vieux, âgé; troisième âge
aged dependants
personnes âgées à charge
the aged and the elderly
les personnes âgées et les vieillards

AGEING
vieillissement, sénescence
ageing factor
probabilité perspective de survie, coefficient de survie
ageing of the population
vieillissement démographique, vieillissement de la population
individual ageing
vieillissement individuel, sénescence
period of ageing
période de vieillissement

AGGLOMERATION
population agglomérée, agglomération (multicommunale)
secondary agglomeration
agglomération secondaire

AGGREGATION
population agglomérée, agglomération

AGRICULTURAL
agricultural household
ménage agricole
agricultural labourer
salarié / ouvrier agricole
agricultural population
population agricole / vivant de l'agriculture
agricultural workers
population active agricole

density of the agricultural population per unit of cultivable area
densité agraire
full-time agricultural labourer
salarié agricole permanent, domestique de culture
non-agricultural population
population (active) non agricole
non-agricultural workers
population (active) non agricole
seasonal agricultural labourer
saisonnier agricole
self-employed agricultural workers
non-salariés des professions agricoles

AGRICULTURE
population dependent on agriculture
population agricole / vivant de l'agriculture

AID
aid to expectant mothers
aide / secours prénatal(e)

ALIEN
étranger
alien visitor
étranger de passage, pérégrin
being an alien
extranéité
illegal alien
étranger en situation irrégulière
resident alien
étranger résidant
status of being an alien
extranéité
visiting alien
étranger de passage, pérégrin

ALLELE
allèle, classe d'allélisme

ALLOCATION
allocation of population
classement de la population

ALLOWANCE
allocation
children's allowance
allocation familiale
family allowance
allocation familiale
prenatal allowance
allocation prénatale

AMENORRHEA
aménorrhée
postpartum amenorrhea
aménorrhée postgravidique / postpartum
pregnancy amenorrhea
aménorrhée gravidique

ANALYSIS
analyse
cohort analysis
analyse longitudinale, analyse de / par cohorte, analyse par génération
cross-section analysis
analyse du moment, analyse par période, analyse transversale
cross-sectional analysis
analyse du moment, analyse par période, analyse transversale
data analysis
analyse des données
demographic analysis
analyse démographique
generational analysis
analyse longitudinale, analyse de / par cohorte, analyse par génération
longitudinal migration analysis
analyse longitudinale des migrations
period analysis
analyse du moment, analyse par période, analyse transversale
population analysis
analyse démographique

ANATOMICAL
anatomical defect
vice de conformation morphologique

ANCESTOR
ascendant (en ligne directe)

ANCILLARY
ancillary migration
migration secondaire; migration
induite (par celle du chef de famille, par ex.)

ANIMARUM
status animarum
status animarum

ANNUAL
annual average
moyenne annuelle
annual death probability
quotient annuel de mortalité
annual migration rate
taux annuel de migration
annual rate
taux annuel
annual rate of net migration
taux annuel de migration nette
annual rate of total migration
taux annuel de migration totale
average annual rate
taux moyen annuel, taux annuel
moyen
convert to an annual basis (to)
ramener à l'année
mean annual rate
taux moyen annuel, taux annuel
moyen
mean annual rate of growth
taux annuel moyen d'accroissement
rate converted to an annual basis
taux ramené à l'année

ANNULMENT
annulment of marriage
annulation de mariage

ANOMALY
anomalie
congenital anomaly
anomalie congénitale

ANOVULATORY
anovulatory cycle
cycle anovulaire

ANTENATAL
antenatal card
fiche prénatale
antenatal care
soins prénatals
antenatal clinic
dispensaire prénatal

ANTIMALTHUSIAN
antimalthusien

ANTINATAL
antinatal

ANTINATALIST
antinataliste

APART
living apart together (LAT)
vivant ensemble séparément

APPLIANCE (contrac.)
appliance method
méthode à adjuvant
non-appliance method
méthode sans adjuvant

APPRENTICE
apprenti

APPROACH
building block approach
approche modulaire, "méthode des
composants"

AREA
territoire
administrative area
division / unité administrative
area sampling
sondage aréolaire
attraction area (migr.)
zone d'attraction
census (enumeration) area (EA)
district de recensement (DR)
cultivable area
superficie cultivable
density of the agricultural population per unit of cultivable area
densité agraire
density of population per unit of cultivable area
densité générale par unité de sol cultivable, densité physiologique
in-migration area
zone d'arrivée / d'immigration / d'accueil / de destination, zone hôte
metropolitan area
conurbation
migration area
zone / espace migratoire
natural area
aire naturelle
out-migration area
zone de départ / d'émigration / d'origine / de provenance
rural area
commune rurale
sub-area
division territoriale
surface area
surface habitable
urban area
commune urbaine

ARITHMETIC
arithmetic average
moyenne arithmétique
arithmetic mean
moyenne arithmétique

ARMED
member of the armed forces
militaire

ARRIVAL (migr.)
entrée, arrivée
country of arrival
pays d'arrivée
place of arrival
lieu d'arrivée / de destination

ARTIFICIAL
artificial fertilisation
fécondation artificielle
artificial insemination (AI)
insémination artificielle (IA)
(artificial) insemination centre
centre d'insémination
artificial insemination by a donor
insémination artificielle à partir d'un / avec un donneur
(artificial) insemination method
méthode d'insémination
(artificial) insemination technique
technique d'insémination
artificial procreation
procréation artificielle
in vitro artificial insemination
fécondation artificielle in vitro
in vivo artificial insemination
fécondation artificielle intracorporelle

ARRANGEMENT
living arrangement
mode de vie

ASCENDING
relative in the ascending line
ascendant (en ligne directe)

ASPIRATION
abortion by vacuum aspiration
avortement par aspiration

ASSESSMENT
basic needs assessment (BNA)
évaluation des besoins essentiels

ASSIMILATION
assimilation

ASSIST (to)
technique of assisted fertilisation
technique de fécondation assistée
technique for assisted reproduction
technique de procréation artificielle

ASSISTANCE
person receiving public assistance
assisté

ASSOCIATE (to)
associated cause of death
cause contributive / cause associée
du décès

ASSUMPTION
hypothèse

ASYLUM-SEEKER
demandeur d'asile

ATHEIST
athée

ATTAIN (to)
attain the age (to)
arriver à l'âge

ATTAINMENT
educational attainment statistics
statistiques suivant le degré d'ins-
truction
grade attainment
durée de scolarité accomplie, durée
des études

ATTEMPT (to)
attempted suicide
tentative de suicide

ATTENDANCE
attendance ratio
(taux de) fréquentation scolaire
pupils in attendance
effectif scolaire présent
school attendance
scolarisation, (taux de) fréquenta-
tion scolaire, scolarité

ATTENDANT
birth attendant
accoucheuse (empirique / tradition-
nelle)

ATTITUDINAL
de comportement

ATTRACTION (migr.)
attraction (factor)
attraction
attraction area
zone d'attraction

ATTRIBUTE (subst.)
caractère qualitatif

ATTRITION
extinction
double attrition table
table à double extinction

AUDIT
spot audit
vérification par sondages

AUTOCHTONOUS
autochtone

AUTOMATIC
automatic retirement age
âge obligatoire de la retraite

AVERAGE
moyen; moyenne
annual average
moyenne annuelle

arithmetic average
moyenne arithmétique
average age at marriage
âge moyen des mariés
average annual rate
taux moyen annuel, taux annuel moyen
average completed fertility per mother
fécondité finale moyenne par mère
average deviation
écart absolu moyen
average duration per case (of disease)
durée moyenne des cas de maladie
(average) family size
dimension / taille de (la) famille
average increase
augmentation moyenne
average marriage duration at dissolution
durée moyenne des mariages au moment de leur dissolution
average parity
nombre moyen d'enfants par femme
average population
effectif / population moyen(ne)
average realised fertility
fécondité moyenne réalisée
geometric average
moyenne géométrique
moving average
moyenne mobile
simple average
moyenne arithmétique
weighted average
moyenne pondérée
weighted average method
méthode de la moyenne pondérée

AVERT (to)
birth averted
naissance évitée

Notes

BABY
enfant du premier âge / en bas âge;
nourrisson, bébé
  baby boom
  explosion nataliste, "baby boom"
  baby clinic
  consultation(s) psycho-pédagogi-
  que(s), (centre de / service de)
  consultations psycho-médico-péda-
  gogiques, centre / service médico-
  pédagogique, centre de guidance
  infantile
  baby food
  aliments pour nourrissons
  premature baby
  enfant né avant terme, (enfant)
  prématuré

BACHELOR
célibataire du sexe masculin

BACK (adv.)
  call back
  enquête répétée

BACKWARD
  backward projection
  rétrojection, projection rétrospec-
  tive

BALANCE (subst.)
  balance of births and deaths
  balance des naissances et des décès
  balance of migration
  accroissement par migration; solde
  / balance / bilan migratoire
  migration balance
  solde / balance / bilan migratoire

BAND
  population band
  tranche de la population

BANNS
  publication of banns
  publication des bans

BAPTISM
baptême
  baptism slip
  fiche de baptême

BAR
  bar chart
  diagramme en bâtons

BASAL
  basal body temperature method
  méthode des températures

BASE (subst.)
base (de référence); base cent
  base date
  point de départ, date de référence
  base figure
  donnée brute / de base / de départ,
  situation de référence / de base
  base period
  période de référence

BASELINE
  baseline data
  donnée brute / de base / de départ,
  situation de référence / de base
  baseline event
  événement-origine

BASIC
de base, fondamental, brut
  basic data
  donnée brute, donnée de base,
  données de départ, situation de
  référence, situation de base
  basic needs assessment (BNA)
  évaluation des besoins essentiels

BASIN
  migratory basin
  bassin migratoire (zone de migra-
  tion traditionnelle)

BASIS
    convert to an annual basis (to)
    ramener à l'année
    rate converted to an annual basis
    taux ramené à l'année

BEAR (to)
    bearing (of a child)
    mise au monde (d'un enfant)

BEHAVIOUR
    behaviour indicator
    indicateur comportemental
    reproductive behaviour
    comportement procréateur

BEHAVIOURAL
    behavioural strategy
    stratégie comportementale

BELOW-REPLACEMENT
    below-replacement fertility
    fécondité en-dessous du taux de
    remplacement, fécondité déficitaire

BELT
    metropolitan belt
    mégalopole

BENCHMARK
point / base de référence, (point de)
repère
    benchmark statistics
    statistiques de base

BENEFIT (subst.)
allocation

BETROTHAL
fiançailles

BETROTHED
fiancé

BIAS
    interviewer bias
    biais de l'enquêteur

BILINGUAL
bilingue

BILL (subst.)
    bill of mortality
    liste mortuaire

BIOGRAPHY
biographie

BIOLOGICAL
    biological family
    famille biologique

BIOMETRIC
biométrique

BIOMETRICIAN
biométricien

BIOMETRICS
biométrie

BIOMETRY
biométrie

BIOVULAR
    biovular twins
    faux jumeaux, jumeaux bivitellins,
    jumeaux fraternels

BIRTH
naissance
    age at the birth of the last child
    âge à la dernière maternité
    age at first birth
    âge à la naissance du premier
    enfant
    age-specific birth rate
    taux de fécondité par âge
    balance of births and deaths
    balance des naissances et des décès
    birth attendant
    accoucheuse (empirique / tradition-
    nelle)
    birth averted
    naissance évitée

birth certificate
acte / bulletin de naissance, extrait (d'acte) de naissance
birth cohort
cohorte de naissance
birth control
régulation / contrôle / prévention / limitation des naissances, planning familial, planification de la famille; antinatal
birth control method
méthode anticonceptionnelle / anti-natale / contraceptive
birth defect
anomalie congénitale
birth frequency
naissances réduites
birth grant
prime à la naissance
birth history
histoire génésique
birth injuries
lésions obstétricales
birth interval
intervalle génésique
birth order
rang de naissance
birth order fertility
fécondité selon le rang de naissance
birth order statistics
statistiques de rang de naissance
birth pill
pilule (anticonceptionnelle), pilule contraceptive
birth rank
rang de naissance
birth rate
taux de natalité
birth record
acte / bulletin de naissance, extrait (d'acte) de naissance
birth registration
registre des naissances
birth spacing
espacement des naissances

birth spacing contraception
contraception d'espacement
birth at term
naissance à terme
birth timing
échelonnement / espacement des naissances; calendrier des naissances
birth in wedlock
naissance / filiation / descendance légitime
birth out of wedlock
filiation / descendance naturelle, naissance illégitime
birth weight
poids à la naissance
births per maternity
naissances par accouchement
crude birth rate
taux brut annuel de natalité effecti-ve, taux brut de natalité
crude instantaneous birth rate
taux brut instantané de natalité
date of birth
date de naissance
excess of births
excédent de naissances
excess of births over deaths
balance des naissances et des décès, excédent des naissances sur les décès, accroissement / mouvement naturel
expectation of life at birth
espérance de vie à la naissance
extra-marital birth
naissance hors mariage
female child rate of birth
taux de féminité des naissances
full-term birth
naissance à terme
illegitimate birth
naissance illégitime
illegitimate birth rate
taux de natalité illégitime
instantaneous birth rate
naissances instantanées

interval between marriage and the
first birth
intervalle entre le mariage et la
première naissance, intervalle
protogénésique
interval between marriage and the
nth birth
durée de mariage à la nième naissance
interval between successive births
intervalle entre naissances, intervalle intergénésique
intrinsic birth rate
taux intrinsèque de natalité
late birth
grossesse tardive
legitimate birth
naissance légitime
legitimate birth frequency
naissances légitimes réduites
legitimate birth rate
taux de natalité légitime
lifetime births
descendance finale / complète
live birth
naissance vivante, naissance d'enfant vivant
making up of births
récupération des naissances
mean number of births per marriage
nombre moyen de naissances par
mariage
multiple birth
accouchement multiple (double,
triple, gémellaire), naissance multiple / gémellaire
notify a birth (to)
déclarer une naissance; dresser un
acte de naissance
open birth interval
intervalle génésique ouvert
parity-specific birth probability
quotient de fécondité par parité
parity-specific birth rate
taux de fécondité par parité

place of birth
lieu de naissance
place-of-birth statistics
statistiques sur le lieu de naissance
plural birth
accouchement multiple (double,
triple, gémellaire), naissance multiple / gémellaire
postponement of births
ajournement des naissances
post-term birth
naissance après terme
premature birth
accouchement / naissance avant
terme, accouchement prématuré
pre-term birth
naissance avant terme
previous births to the mother
enfants nés de la même mère
rank-specific birth control
limitation des naissances au niveau
de la parité / portant sur la parité
ratio of births to marriages
rapport des naissances aux mariages
register a birth (to)
déclarer une naissance; dresser un
acte de naissance
single birth
accouchement simple
stable birth rate
taux intrinsèque de natalité
standardised birth rate
taux comparatif de natalité
subsequent birth of a child
survenance d'enfant
total birth rate
taux de natalité totale
total number of births
naissances totales
untimed birth
naissance non programmée
year of birth
année de naissance

BIRTHDAY
anniversaire
  age at last birthday
  âge au dernier anniversaire
  age at next birthday
  âge au prochain anniversaire

BLOCK (subst.)
îlot
  block of flats
  immeuble (d'habitation collective)
  building block approach
  approche modulaire, "méthode des composants"

BLOOD
  blood relatives
  parents, apparentés
  mixed blood
  métis
  native blood
  sang natif

BOARDER
pensionnaire

BOARDING
  boarding parents
  parents nourriciers, les nourriciers

BODY
  basal body temperature method
  méthode des températures

BOOM
  baby boom
  explosion nataliste, "baby boom"

BORDER
  border traffic
  navette frontalière

BORN
né
  child born out of the present marriage
  enfant né du mariage actuel

  child born out of wedlock
  enfant né hors mariage, enfant naturel / illégitime
  live-born
  né vivant
  live-born child
  enfant né vivant
  native-born
  né dans le pays
  new born
  nouveau-né

BOY
garçon

BRACKET
groupe (d'âge), classe (d'âge)

BRANCH
  branch of economic activity
  branche / secteur d'activité économique, groupe /branche professionnel(le), métier, profession / activité (collective / individuelle)

BREADWINNER
soutien

BREAK (to)
  broken marriage
  rupture d'union; couple / ménage dissocié

BREAKDOWN
répartition, partage, ventilation, échelonnement, distribution

BREAST
  child at the breast
  nourrisson

BREASTFEEDING
allaitement; nourrisson

BROAD
  broad age group
  grand groupe d'âges

BREAK (to)
    broken marriage
    rupture d'union; couple dissocié,
    ménage dissocié

BROTHER
frère

BUILD (to)
    building block approach
    approche modulaire, "méthode des
    composants"
    family building process
    projet parental

BURIAL
sépulture
    burial slip
    fiche de sépulture

Notes

Notes

CALCULATE (to)
calculer

CALCULATION
calcul

CALCULUS
calculus of finite differences
calcul des différences finies

CALENDAR
calendar year
année civile
calendar year life table
table de mortalité du moment
calendar year table
table du moment, table transversale
census calendar
calendrier des opérations
historical calendar
calendrier historique
model calendar
calendrier type
model calendar method
méthode du calendrier type

CALL (subst.)
call back
enquête répétée

CAMP
resettlement camp
camp de réinstallation

CANDIDATE
candidate to marriage
candidat au mariage

CANVASSER
démarcheur
canvasser method
méthode de la tournée / de l'entre-vue / de l'interrogatoire, recense-ment / dénombrement direct

CAP
cervical cap
préservatif féminin, pessaire occlu-sif, cape

CAPABILITY
matrimonial capability
majorité matrimoniale, nubilité

CAPACITY
population carrying capacity
densité maximale, densité poten-tielle

CAPITAL
capitale

CARD
fiche
antenatal card
fiche prénatale

CARE (subst.)
antenatal care
soins prénatals
child care
soins (à donner) aux enfants, soins pédiatriques, puériculture; protec-tion de l'enfance, protection infan-tile, aide à l'enfance
child care clinic
(service de) consultations pour enfants / consultations infantiles
child care service
service d'aide maternelle
child care supervisor
puéricultrice diplômée d'Etat
confinement care
soins pendant l'accouchement
day-care nursery
pouponnière
foster home care
placement familial (dans un foyer nourricier)
geriatric care
soins de gériatrie

health care coverage
couverture sanitaire (de la population)
household care
soins du ménage
infant care
puériculture
maternal and child health care
soins de santé maternelle et infantile, (services de) protection maternelle et infantile
maternal care
soins puerpéraux, soins de maternité
maternity care
protection de la maternité, protection maternelle, soins de maternité, soins obstétricaux
mother and child care
soins / assistance aux mères et aux enfants
perinatal care
soins périnatals
postnatal care
soins postnatals
postpartum care
soins postpartum, soins donnés aux accouchées
premature care
soins aux prématurés
prenatal care
soins prénatals
primary care
soins primaires / de premier secours

CARRY (to)
population carrying capacity
densité maximale / potentielle

CASE
average duration per case (of disease)
durée moyenne des cas de maladie
case of disease
cas de maladie

case fatality rate
taux de létalité / de mortalité clinique

CASTE
caste

CATEGORY
catégorie
first category rate
taux de première catégorie
second category rate
taux de deuxième catégorie
social and economic category
catégorie socio-professionnelle

CAUSE (subst.)
cause
associated cause of death
cause contributive / associée du décès
cause of death
cause de / du décès
cause-specific death rate
taux de mortalité par cause
cause-specific death ratio
proportion des décès par cause
cause-specific mortality
mortalité par cause
contributory cause of death
cause contributive / associée du décès
death from any cause
décès dû à quelque cause que ce soit
immediate cause of death
cause directe / immédiate / terminale du décès
joint causes of death
causes complexes / multiples de décès
mortality table setting aside one cause of death
table de mortalité en l'absence d'une cause

multiple causes of death
causes complexes du décès, causes multiples de décès
primary cause of death
cause initiale du décès
principal cause of death
cause initiale du décès
secondary cause of death
cause secondaire du décès
single cause of death
cause simple de décès
underlying cause of death
cause antécédente / concomitante du décès

CELIBACY
célibat
celibacy function
fonction célibat
celibacy rate
taux de célibat

CELIBATE
célibataire (définitif), isolé

CELL
sperm cell
spermatozoïde

CENSUS
recensement, dénombrement
census area
district de recensement (DR)
census calendar
calendrier des opérations (de recensement)
census data
données de recensement
census (enumeration) area (EA)
district de recensement (DR)
census family
famille statistique
census moment
moment du dénombrement
census operation
opération de recensement

census population
population recensée
census procedure
méthode de recensement
census record
donnée de recensement
census schedule
bordereau, feuillebulletin (de recensement)
census tabulation
tableau de recensement
census test
essai de recensement
census tract
secteur de dépouillement
general census
recensement général
mail census
recensement par voie postale
partial census
recensement partiel
population census
dénombrement / recensement de la population
re-interview method of census evaluation
évaluation du recensement par de nouvelles entrevues

CENTILE
centile

CENTRAL
central city
noyau urbain
central death rate
taux moyen de mortalité

CENTRE
(artificial) insemination centre
centre d'insémination
child guidance centre
consultation de nourrissons
consulting centres for child health
consultations de protection infantile

counselling centres for child health
consultations de protection infantile
infant welfare centre
consultation psycho-pédagogique, (centre de / service de) consultations psycho-médico-pédagogiques, centre / service médico-pédagogique, centre de guidance infantile
maternity centre
maternité
maternity child welfare centre
centre de protection maternelle et infantile
population centre
centre de population

CENSUS
supplementary census
recensement complémentaire

CERTIFICATE
diplôme
birth certificate
acte / bulletin de naissance, extrait (d'acte) de naissance
certificate of confinement
certificat d'accouchement
coding of death certificates
codification des constats de décès
death certificate
acte / bulletin de décès, extrait (d'acte) de décès
life certificate
certificat de vie
marriage certificate
certificat de mariage (délivré à l'issue de la cérémonie); (extrait d') acte de mariage
medical certificate of death
certificat de décès
revocation of the certificate of naturalisation
retrait de la nationalité

CERTIFY (to)
certified midwife
sage-femme qualifiée / brevetée
certified nurse
infirmière diplômée d'Etat

CERVICAL
cervical cap
préservatif féminin, pessaire occlusif, cape

CHAIN
chain migration
migration en chaîne
migratory chain
chaîne migratoire

CHANCE
risque
chance fluctuation
variation / fluctuation aléatoire

CHANGE (subst.)
change of occupation
changement de profession
change of residence
changement de résidence
change of track
changement d'orientation
latest change of residence
dernier changement de résidence, dernière migration, migration la plus récente
natural changes of population
mouvement naturel de la population
population change
mouvement (général) de la population
statistics of population change
statistiques de l'état / du mouvement de la population

CHARACTERISTIC
caractère qualitatif
acquired characteristic
caractère acquis

hereditary characteristic
caractère héréditaire
lethal characteristic
caractère létal

CHART (subst.)
bar chart
diagramme en bâtons

CHECK (subst.)
opération de contrôle
consistency check
contrôle de cohérence / de validité
Malthusian check
obstacle malthusien / répressif
positive check
obstacle malthusien / répressif / concret (à la croissance de la population)
post-enumeration field check schedule
bulletin de contrôle local de dénombrement
preventive check
obstacle préventif
quality check
enquête de qualité
sampling check
contrôle / vérification par sondage
spot check
sondage
validity check
contrôle de cohérence / de validité

CHILD
enfant
adopted child
enfant adoptif, enfant adopté
age at the birth of the last child
âge à la dernière maternité
child born out of the present marriage
enfant né du mariage actuel
child born out of wedlock
enfant né hors mariage, enfant naturel / illégitime

child at the breast
nourrisson
child care
soins (à donner) aux enfants, soins pédiatriques, puériculture; protection de l'enfance, protection infantile, aide à l'enfance
child care clinic
(service de) consultations pour enfants / consultations infantiles
child care service
service d'aide maternelle
child care supervisor
puéricultrice diplômée d'Etat
child guidance
guidance infantile
child guidance centre
consultation de nourrissons
child guidance clinic
consultation de nourrissons
child health
hygiène infantile
child health doctor
médecin d'hygiène infantile, médecin de la protection maternelle et infantile
child mortality
mortalité postinfantile
child mortality rate
taux de mortalité juvénile
child number variation
variance du nombre d'enfants
child nutrition
nutrition de l'enfant
child psychiatry
psychiatrie infantile
child spacing (CS)
espacement des naissances
child survival and development (CSD)
survie et développement de l'enfant (SDE)
child survival and development revolution (CSDR)
révolution au profit de la survie et du développement des enfants

child welfare
protection de l'enfance, protection
infantile
child welfare officer
agent de protection de l'enfance
child welfare service
service de protection infantile
child-woman ratio
rapport enfants-femmes
children's allowance
allocation familiale
children's clinic
(service de) consultations pour
enfants / consultations infantiles
children's mental health clinic
(service de) consultations psychiatriques pour enfants
children's mental hygiene clinic
(service de) consultations psychiatriques pour enfants
consulting centres for child health
consultations de protection infantile
counselling centres for child
health
consultations de protection infantile
dependent child
enfant à charge
desired number of children
nombre idéal d'enfants
family and child welfare
protection de la famille et de l'enfance
female child
fille; enfant du sexe féminin
female child rate of birth
taux de féminité des naissances
foster child
enfant placé dans une famille,
enfant en famille d'accueil / en
nourrice; enfant adopté, enfant
adoptif, pupille (qqfs)
homeless child
enfant sans foyer
illegitimate child
enfant naturel / illégitime
infant and child mortality
mortalité infantile et postinfantile

intended number of children
nombre idéal d'enfants
legitimate child
enfant légitime
legitimated child
enfant légitimé
legitimised child
enfant légitimé
live-born child
enfant né vivant
male child
garçon; enfant du sexe masculin
maternal and child health care
soins de santé maternelle et infantile, (services de) protection maternelle et infantile
maternal and child health / child
spacing (MCH / CS)
santé maternelle et infantile et
espacement des naissances (SMI /
EN)
maternal and child health / family
planning (MCH / FP)
santé maternelle et infantile et
planification familiale (SMI / PF)
maternal and child health service
service de protection maternelle et
infantile
maternity child welfare centre
centre de protection maternelle et
infantile
mean number of children ever
born per woman
nombre moyen d'enfants par femme
mortality table of children under
one year of age
table de mortalité des enfants de
moins d'un an
mother and child care
soins / assistance aux mères et aux
enfants
number of children wanted
nombre d'enfants désiré
one-child family
famille à enfant unique
orphan child
orphelin

posthumous child
enfant posthume
postinfantile child death rate
taux de mortalité postinfantile
pre-school child
jeune enfant, enfant d'âge préscolaire
school age child
enfant d'âge scolaire
subsequent birth of a child
survenance d'enfant
unborn child
enfant conçu, enfant in utero
under-age child
enfant mineur

CHILDBEARING
accouchement, couches, délivrance;
gestation, grossesse
childbearing age
âge de la maternité
of childbearing age
en âge d'avoir des enfants
childbearing function
fonction maternité
childbearing history
troubles de la grossesse
childbearing period
âge / période de procréation / de
reproduction, âge fertile
constant childbearing
accouchements / grossesses répété-
(e)s
**contraception designed to prevent
further childbearing**
contraception d'arrêt
delay childbearing (to)
espacer les naissances
postpone childbearing (to)
différer les naissances

CHILDBIRTH
accouchement, couches, délivrance;
gestation, grossesse
mean age at childbirth
âge moyen à la maternité

net mean age at childbirth
âge moyen net à la maternité

CHILDHOOD
enfance
childhood history
troubles de l'enfance
infections of childhood
maladies infectieuses de l'enfance

CHILDLESS
childless family
famille sans enfants

CHILDLESSNESS
stérilité, infécondité
voluntary childlessness
absence d'enfants voulue

CHILD-MINDER
assistante sociale de garderie; assistante
maternelle (France)

CHILD-MINDING
garde d'un enfant / d'enfants
child-minding place
garderie

CHRISOM
ondoyé décédé

CHROMOSOME
chromosome

CHRONIC
chronic disease
maladie chronique

CIRCULAR
circular migration
migration circulaire

CITIZEN
citoyen
naturalised citizen
naturalisé

senior citizen
personne âgée, "ancien", "aîné", vieux, âgé; troisième âge

CITIZENSHIP
citoyenneté, nationalité

CITY
agglomération urbaine, ville
central city
noyau urbain

CIVIL
civil marriage
mariage civil
civil registration
registre de l'état civil
civil status
état civil

CLASS (subst.)
promotion, cohorte, classe, année
class frequency
fréquence absolue, effectif de classe
depleted class
classe creuse
occupational class
groupe professionnel
social class
classe sociale

CLASSIFICATION
nomenclature
classification error
erreur de classement
double classification
double classement
occupational classification
répartition professionnelle (de la population)

CLEAN (to)
apurer (fichier)

CLERICAL
clerical worker
travailleur non manuel

CLIMACTERIC
ménopause

CLINIC
dispensaire, consultation(s), clinique (qqfs)
antenatal clinic
dispensaire prénatal
baby clinic
consultation psycho-pédagogique, (centre de / service de) consultations psycho-médico-pédagogiques, centre / service médico-pédagogique, centre de guidance infantile
child care clinic
(service de) consultations pour enfants / consultations infantiles
child guidance clinic
consultation de nourrissons
children's clinic
(service de) consultations pour enfants / consultations infantiles
children's mental health clinic
(service de) consultations psychiatriques pour enfants
children's mental hygiene clinic
(service de) consultations psychiatriques pour enfants
infant clinic
consultation psycho-pédagogique, (centre de / service de) consultations psycho-médico-pédagogiques, centre / service médico-pédagogique, centre de guidance infantile
lying-in clinic
centre d'accouchement; service de maternité (d'un hôpital)
postnatal clinic
(service de) consultations postnatales
prenatal clinic
dispensaire prénatal, (service de / dispensaire de) consultations prénatales

CLOSED
closed population
population fermée

CLOSED-ENDED
closed-ended question
question fermée

CLOSURE
error of closure
écart de fermeture

CLUSTER
grappe
cluster sampling
sondage en grappes

CODE (subst.)
code

CODE (to)
coder, codifier, chiffrer
coding of death certificates
codification des constats de décès
coding scheme
codage

COEFFICIENT
coefficient of inbreeding
coefficient alpha de Bernstein,
coefficient moyen de consanguinité
coefficient of kinship
coefficient moyen de parenté

COEXIST (to)
coexister

COEXISTENCE
coexistence

COHABIT (to)
vivre maritalement, cohabiter
cohabiting
en concubinage

COHABITANT
concubin(e), "cohabitant(e)"

COHABITATION
cohabitation, communauté d'habitation

COHORT
promotion, cohorte, classe
birth cohort
cohorte de naissance
cohort analysis
analyse longitudinale, analyse de /
par cohorte, analyse par génération
cohort-component method
méthode des composantes
cohort effect
effet de cohorte
cohort fertility
descendance finale / complète,
fécondité d'une cohorte
cohort index
indice longitudinal
cohort life table
table de mortalité de génération
cohort measure
indice de génération / de cohorte
cohort rate
taux de cohorte / de génération,
taux du moment
cohort reproduction rate
taux de reproduction de génération
cohort table
table de cohorte / de promotion,
table longitudinale
cumulative fertility of a cohort
descendance actuelle d'une cohorte
hypothetical cohort
génération / cohorte fictive / hypothétique
marriage cohort
cohorte / promotion de mariages
period and cohort fertility
fécondité par période et par cohorte
synthetic cohort
génération / cohorte fictive / hypothétique

COIL
stérilet

COITUS
rapport sexuel, coït
   coitus interruptus
   coït interrompu

COLLECT (to)
collecter

COLLECTION
collecte
   data collection
   collecte / rassemblement de données

COLLECTIVE
   collective household
   collectivité, ménage collectif, ménage non familial
   collective migration
   migration collective

COLONIST
colon

COLONISE (to)
coloniser

COLONY
colonie

COLOUR
couleur

COLOURED
   coloured person
   personne de couleur

COMBINE (to)
   combined ages
   âges combinés

COMMON LAW
   common law marriage
   mariage de facto / coutumier

COMMUNICABLE
   communicable disease
   maladie transmissible

COMMUNICANT
   list of communicants
   liste de communiants

COMMUNITY
   community health service
   service sanitaire destiné à la collectivité
   community midwife
   sage-femme visiteuse

COMMUTER
migrant quotidien, migrant alternant, navetteur

COMMUTING
migration alternante / pendulaire / quotidienne, navette

COMPANION
concubin(e), "cohabitant(e)"

COMPANIONATE
   companionate marriage
   mariage / union consensuel(le)

COMPARATIVE
   comparative density index
   indice comparatif de densité
   comparative index
   indice comparatif
   comparative mortality index
   indice comparatif de mortalité

COMPLETE (adj.)
exhaustif
   age in complete years
   âge en années révolues
   complete life table
   table complète de mortalité, table de mortalité détaillée
   complete period
   durée révolue

complete table
table complète
complete year
année accomplie / révolue

COMPLETE (to)
remplir
average completed fertility per mother
fécondité finale moyenne par mère
completed fertility (rate)
descendance finale / complète
completed parity
nombre moyen d'enfants par famille complète
marriage of completed fertility
famille complète
years of school completed
durée de scolarité accomplie, durée des études

COMPLETENESS
complétude

COMPLEX
complex household
ménage complexe

COMPONENT
(cohort-)component method
méthode des composantes
illegitimate component
composante illégitime
legitimate component
composante légitime

COMPOSITE
composé, composite, mixte
composite family
famille composite / statistique
composite household
ménage complexe

COMPOSITION
composition, répartition, ventilation, structure

COMPULSORILY
compulsorily retired (to be)
être mis à la retraite d'office

COMPULSORY
obligatoire
compulsory education
obligation scolaire
compulsory school age
âge scolaire, âge de scolarité obligatoire
compulsory schooling
scolarité obligatoire

COMPUTATION
calcul

CONCEIVE (to)
concevoir
inability to conceive
infécondabilité
inable to conceive
infécondable

CONCEPTION
conception
conception control
procédés anticonceptionnels
conception delay
(premier) intervalle gravidique, délai de conception
conception rate
taux (moyen) de conception
conception rate first insemination
insémination première fécondante
exposure to the risk of conception
exposition au risque de conception
instantaneous conception rate
taux instantané de conception
monthly conception probability
quotient mensuel de conception
premarital conception
conception antenuptiale / prénuptiale
prenuptial conception
conception antenuptiale / prénuptiale

product of conception
produit de conception
sex ratio at conception
taux de masculinité des conceptions

CONDITION
continuity condition
condition de continuité
independence condition
condition d'indépendance
living conditions
conditions de vie
marital condition
état / situation matrimonial(e)

CONDOM
préservatif (masculin), condom

CONFIDENCE
confidence interval
intervalle de confiance

CONFINE (to)
confined (to be)
accoucher, être en couches
confined wife
femme en couches

CONFINEMENT
accouchement, couches, délivrance;
gestation, grossesse
actual date of confinement
date d'accouchement
certificate of confinement
certificat d'accouchement
confinement care
soins pendant l'accouchement
confinement order
rang d'accouchement
confinement rank
rang d'accouchement
expected date of confinement
date présumée de l'accouchement
expected week of confinement
semaine présumée d'accouchement
home confinement
accouchement à domicile

premature confinement
accouchement avant terme / prématuré

CONFIRMATION
confirmation list
liste de confirmation

CONGENITAL
congenital anomaly
anomalie congénitale
congenital disease
maladie / affection congénitale
congenital disorder
maladie / affection congénitale
congenital malformation
malformation congénitale

CONGENITALLY
congenitally disabled
invalide de naissance

CONGLOMERATION
population agglomérée, agglomération
population conglomeration
agglomération de population

CONJECTURE
évaluation

CONJUGAL
conjugal life
vie conjugale
conjugal status
état / situation matrimonial(e)

CONSANGUINEOUS
consanguineous marriage
mariage consanguin

CONSANGUINITY
degree of consanguinity
degré de consanguinité

CONSCRIPTION
military conscription list
liste de conscription

CONSENSUAL
consensual union
mariage / union consensuel(le)

CONSISTENCY
consistency check
contrôle de cohérence / de validité

CONSISTENT
consistent observation
observation suivie

CONSTANT
constant childbearing
accouchements / grossesses répété-(e)s

CONSTITUTIONAL
constitutional factors
facteurs physiologiques

CONSTITUTIONALLY
par tempérament, par nature, congéni-talement

CONSULT (to)
consulting centres for child health
consultations de protection infantile

CONSUMMATE (to)
consommer

CONSUMMATION
consummation of marriage
consommation du mariage

CONTAGIOUS
contagious disease
maladie contagieuse

CONTINGENCY
contingency table
tableau à multiples entrées

CONTINUATION
continuation rate
taux de persévérance

CONTINUITY
continuité
continuity condition
condition de continuité
inter-generational continuity
continuité des générations

CONTINUOUS
continu
continuous observation
observation continue
continuous registration
fichier permanent de population

CONTRACEPTION
contraception
birth spacing contraception
contraception d'espacement
contraception designed to prevent further childbearing
contraception d'arrêt
contraception by steroids
contraception par stéroïdes
hormonal contraception
contraception hormonale
postcoital contraception
contraception postcoïtale
proportion of current users of contraception
proportion de contracepteurs

CONTRACEPTIVE
(moyen) contraceptif / anticonception-nel
contraceptive devices
matériel contraceptif
contraceptive effectiveness
efficacité de la contraception
contraceptive failure
échec de la contraception
contraceptive failure rate
taux d'échec de la contraception
contraceptive by injection
contraceptif injectable
contraceptive jelly
pommade / gelée contraceptive

contraceptive method
méthode anticonceptionnelle / anti-
natale / contraceptive
contraceptive pill
pilule (anticonceptionnelle / contraceptive)
contraceptive services
services de contraception
contraceptive skill
méthode anticonceptionnelle / anti-
natale / contraceptive
contraceptive technology
méthode anticonceptionnelle / anti-
natale / contraceptive
oral contraceptive
contraceptif oral

CONTRACEPTOR
contracepteur

CONTRIBUTORY
contributory cause of death
cause contributive / associée du
décès

CONTROL (subst.)
birth control
régulation /contrôle / prévention /
limitation des naissances, planning
familial, planification de la famille;
antinatal
birth control method
méthode anticonceptionnelle / anti-
natale / contraceptive
conception control
procédés anticonceptionnels
control group
groupe témoin
disease control
lutte contre la/ les maladie(s) /
contre la morbidité
fertility control
régulation / maîtrise de la fécondité
mortality control
maîtrise de la mortalité

population control
régulation du mouvement de la
population; malthusianisme
rank-specific birth control
limitation des naissances au niveau
de la parité / portant sur la parité

CONTROL (to)
controlled fertility
fécondité dirigée
fertility controlling drugs
médicaments anticonceptionnels

CONURBATION
conurbation

CONVENTIONAL
*conventional duration of preg-
nancy*
durée conventionnelle de grossesse

CONVERT (to)
convert to an annual basis (to)
ramener à l'année
rate converted to an annual basis
taux ramené à l'année

COOPER
cooper T
stérilet

CORRECT (to)
corrected rate
taux corrigé (de)

COST (subst.)
cost of living
coût de la vie

COTTAGE
cottage worker
travailleur à domicile

COUNSELLING

counselling and guidance for families
services de consultation et d'orientation familiales
counselling centres for child health
consultations de protection infantile
counselling for families
(services de) conseils familiaux, consultations familiales
family counselling
(services de) conseils familiaux, consultations familiales
genetic counselling
consultations de génétique
marriage counselling
(services de) consultations matrimoniales / conjugales
premarital counselling
consultations prénuptiales

COUNT (subst.)
dénombrement de groupes, comptage
double count
double emploi; double collecte
head count
dénombrement par tête
negative net migration count
solde migratoire négatif
population count
dénombrement

COUNT (to)
compter
double counting
double comptage, double compte
multiple counting
comptage multiple

COUNTERSTREAM
contre-courant

COUNTRY
pays
country of arrival
pays d'arrivée

country of reception
pays d'accueil, pays destinataire / bénéficiaire
country of residence
pays de résidence
flight from the country
exode rural, émigration rurale, migration des populations rurales vers les zones urbaines, mouvement campagne-ville
home country
pays d'origine, métropole
host country
pays d'accueil, pays destinataire / bénéficiaire
labour recruiting country
pays recruteur (de main-d'oeuvre)
receiving country
pays d'accueil, pays destinataire / bénéficiaire

COUNTY
comté; canton
county seat
chef-lieu
county town
chef-lieu

COUPLE
couple
couple-month
couple-mois
married couple
couple (marié); ménage (qqfs)
married couple family
couple marié avec enfants
newly married couple
nouveaux mariés
young couples
jeunes ménages

COVERAGE
functional coverage
couverture fonctionnelle (de la population)

geographical coverage
couverture géographique (de la population)
health care coverage
couverture sanitaire (de la population)
physical coverage
couverture physique (de la population)

CRIMINAL
criminal abortion
avortement clandestin / criminel / illicite / illégal

CROSS-SECTION
coupe (de la population), profil, échantillon, échantillonnage
cross-section analysis
analyse du moment, analyse par période, analyse transversale
cross-section of the population
échantillonnage caractéristique de la population

CROSS-SECTIONAL
cross-sectional analysis
analyse du moment, analyse par période, analyse transversale

CROSS-TABULATIONS
tableau à multiples entrées

CROWDING
degree of crowding
degré d'occupation
generational crowding
classes d'âges pléthoriques

CRUDE
brut
crude birth rate
taux brut annuel de natalité effective, taux brut de natalité
crude data
donnée brute / de base / de départ, situation de référence / de base

crude death rate
taux brut annuel de mortalité générale, taux brut de mortalité
crude divorce rate
taux brut annuel de divortialité, taux brut de divortialité
crude instantaneous birth rate
taux brut instantané de natalité
crude instantaneous mortality rate
taux brut instantané de mortalité
crude marriage rate
taux brut annuel de nuptialité générale, taux brut de nuptialité
crude mortality rate
taux brut de mortalité
crude nuptiality rate
taux brut de nuptialité
crude probability
quotient brut, quotient d'éventualité
crude rate
taux brut
crude table
table brute

CULTIVABLE
cultivable area
superficie cultivable
density of the agricultural population per unit of cultivable area
densité agraire
density of population per unit of cultivable area
densité générale par unité de sol cultivable, densité physiologique

CULTIVATE (to)
cultivated area
superficie cultivée

CUMULATE (to)
cumulated event frequency
somme des événements réduits
cumulated first marriage frequency
somme des premiers mariages réduits

cumulated marriage frequency
somme des mariages réduits
cumulated proportion divorced
somme des divorces réduits

CUMULATIVE
cumulative fertility
descendance; descendance brute
cumulative fertility of a cohort
descendance actuelle d'une cohorte
cumulative net fertility
descendance nette

CURETTAGE
abortion by curettage
avortement par curetage
abortion by dilatation and curettage
avortement par curetage

CURRENT
current general fertility rate
table de fécondité générale du moment
current gross reproduction rate
taux brut de reproduction du moment
current life table
table de mortalité du moment
current marriage
mariage actuel / en cours
current net reproduction rate
taux net de reproduction du moment
current population statistics
statistiques de l'état de la population
current school statistics
statistiques scolaires et universitaires
current table
table du moment, table transversale
place of *current residence*
résidence actuelle
proportion of current users of contraception
proportion de contracepteurs

CURVE
curve fitting
ajustement analytique
survival curve
courbe de survie

CUSTOM
marriage custom
coutume matrimoniale

CUSTOMARY
customary marriage
mariage coutumier

CYCLE
cycle, période, durée
anovulatory cycle
cycle anovulaire
family life cycle
constitution de la famille; cycle familial
life cycle
cycle de vie
menstrual cycle
cycle menstruel
ovulatory cycle
cycle ovarien

CYCLICAL
cyclique
cyclical fluctuation
mouvement cyclique / périodique

Notes

DAILY
    daily movement
    migration journalière

DATA
donnée
    baseline data
    donnée brute / de base / de départ,
    situation de référence / de base
    basic data
    donnée brute / de base / de départ,
    situation de référence / de base
    census data
    données de recensement
    crude data
    donnée brute / de base / de départ,
    situation de référence / de base
    data analysis
    analyse des données
    data collection
    collecte / rassemblement de don-
    nées
    data entry
    entrée des données
    data gathering
    collecte / rassemblement de don-
    nées
    data input
    entrée des données
    numerical data
    renseignement / donnée numérique
    period fertility data
    indice de fécondité
    population data
    données statistiques de population
    raw data
    donnée brute / de base / de départ,
    situation de référence / de base
    registration data
    données d'état civil
    unadjusted data
    données non rectifiées

DATE
    actual date of confinement
    date d'accouchement

    base date
    point de départ, date de référence
    date of birth
    date de naissance
    date of death
    date de / du décès
    date of marriage
    date de / du mariage
    expected date of confinement
    date présumée de l'accouchement
    fertility to date
    descendance actuelle
    place of residence at a fixed past
    date
    résidence à une date antérieure

DAUGHTER
fille

DAY
    day labourer
    journalier agricole
    day-care nursery
    pouponnière
    mean number of days of illness
    nombre moyen de journées de
    maladie

DEAD
décédé; mort

DEATH
décès, mort
    age-specific death rate
    taux de mortalité par âge
    annual death probability
    quotient annuel de mortalité
    associated cause of death
    cause contributive / associée du
    décès
    balance of births and deaths
    balance des naissances et des décès
    cause of death
    cause de / du décès
    cause-specific death rate
    taux de mortalité par cause

cause-specific death ratio
proportion des décès par cause
central death rate
taux moyen de mortalité
coding of death certificates
codification des constats de décès
contributory cause of death
cause contributive / associée du décès
crude death rate
taux brut annuel de mortalité générale, taux brut de mortalité
date of death
date de / du décès
death from any cause
décès dû à quelque cause que ce soit
death certificate
acte / bulletin de décès, extrait (d'acte) de décès
death from employment injury
décès dû à un accident du travail ou à une maladie professionnelle
death function
table de décès, fonction décès
death due to operations of war
décès (par fait) de guerre
death probability
quotient de mortalité
death rate
taux de mortalité
death rate of the stationary population
taux de mortalité de la population stationnaire
death ratio
proportion des décès par cause
death record
acte de décès
death registration
registre des décès
death statistics
statistiques de la mortalité
death under one year of age
décès de moins d'un an
early death
mort précoce, décès prématuré

early foetal death
mort foetale précoce
early neonatal death
décès / mort néonatal(e) précoce
endogenous death
décès endogène
excess of births over deaths
balance des naissances et des décès, excédent des naissances sur les décès, accroissement / mouvement naturel
excess of deaths
excédent de décès
exogenous death
décès exogène
expected death
décès calculé / hypothétique / théorique
foetal death
mort foetale, décès intra-utérin
foetal death rate
taux de mortalité foetale / intra-utérine
immediate cause of death
cause directe / immédiate / terminale du décès
infant death
mort infantile, décès de moins d'un an
instantaneous death rate
taux / quotient instantané de mortalité, fonction quotient de mortalité, force de mortalité, décès instantanés
intermediate foetal death
mort foetale intermédiaire
intra-uterine death
décès intra-utérin
intrinsic death rate
taux intrinsèque de mortalité
joint causes of death
causes complexes / multiples de décès
late foetal death
mort foetale tardive

life table death rate
taux de mortalité de la population
stationnaire
maternal death rate
taux de mortalité maternelle, taux
de mortalité liée à la maternité
medical certificate of death
certificat de décès
**mortality table setting aside one
cause of death**
table de mortalité en l'absence
d'une cause
multiple causes of death
causes complexes du décès, causes
multiples de décès
neonatal death
décès / mort néonatal(e)
normal age at death
âge modal / normal au décès; vie
normale
observed death
décès observé
perinatal death
mort périnatale
point of death
point mortuaire
postinfantile child death rate
taux de mortalité postinfantile
postneonatal death
décès / mort postnéonatal(e)
primary cause of death
cause initiale du décès
principal cause of death
cause initiale du décès
quinquennial death probability
quotient quinquennal de mortalité
secondary cause of death
cause secondaire du décès
sex-age-specific death rate
taux de mortalité par sexe et par
(groupe d') âge
single cause of death
cause simple de décès
stable death rate
taux intrinsèque de mortalité

underlying cause of death
cause antécédente du décès, cause
concomitante du décès
war death
décès (par fait) de guerre

DEBILITY
débilité congénitale

DECAY
senile decay
dégénérescence sénile

DECEASED (adj. / subst.)
décédé; mort
deceased person
défunt

DECILE
décile

DECLINE (subst.)
population decline
population décroissante

DECREE
decree of nullity
annulation de mariage

DECREMENT (subst.)
decrement table
table à extinction
double decrement table
table à double extinction
multiple decrement table
table à extinction multiple / à multiple extinction
simple decrement table
table à simple extinction

DEFECT
anatomical defect
vice de conformation morphologique
birth defect
anomalie congénitale

hereditary defect
maladie héréditaire

DEFER (to)
defer retirement (to)
ajourner /retarder la prise de retraite / le départ à la retraite
deferred retirement
départ à la retraite ajourné/ retardé, ajournement de la prise de
retraite

DEFICIT
migratory deficit
déficit migratoire, émigration nette

DEGENERATIVE
degenerative disease
maladie / affection dégénérative

DEGREE
degré; diplôme
degree of consanguinity
degré de consanguinité
degree of crowding
degré d'occupation
degree of occupation
densité d'habitation
degree of relationship
degré de parenté
university degree
grade universitaire

DEFICIENCY
life expectancy free of deficiency
(LEFD)
espérance de vie sans incapacité

DELAY (subst.)
conception delay
(premier) intervalle gravidique,
délai de conception
widowhood delay
délai de viduité

DELAY (to)
delay childbearing (to)
espacer les naissances

DELIVERY
accouchement, couches, délivrance;
gestation, grossesse
full-term delivery
accouchement à terme
premature delivery
accouchement avant terme / prématuré
single delivery
accouchement simple

DEMOGRAPHER
démographe

DEMOGRAPHIC
démographique
demographic analysis
analyse démographique
demographic dependency ratio
taux de dépendance démographique
demographic estimation
estimation démographique
demographic investments
investissements démographiques
demographic model
modèle démographique
demographic phenomenon
phénomène démographique
demographic pressure
poussée démographique
demographic statistics
statistiques démographiques
demographic study
étude démographique
demographic transition
transition / révolution démographique
demographic trend
conjoncture démographique

DEMOGRAPHY
démographie
  economic demography
  démographie économique
  descriptive demography
  démographie descriptive
  formal demography
  démographie quantitative
  historical demography
  démographie historique
  mathematical demography
  démographie mathématique
  medical demography
  démographie médicale
  potential life demography
  démographie potentielle
  pure demography
  démographie pure / proprement
  dite / théorique
  social demography
  démographie sociale
  substantive demography
  démographie pure / proprement
  dite / théorique
  theoretical demography
  démographie pure / proprement
  dite / théorique

DEMOMETRICS
démométrie

DENOMINATION
culte

DENSE
dense

DENSELY
  densely populated
  très peuplé, à forte densité de population

DENSITY
densité
  comparative density index
  indice comparatif de densité

  density index
  densité arithmétique, densité de la
  population
  density of population
  intensité du peuplement
  *density of the agricultural popula-
  tion per unit of cultivable area*
  densité agraire
  *density of population per unit of
  cultivable area*
  densité générale par unité de sol
  cultivable, densité physiologique
  maximum potential density
  densité maximale / potentielle
  optimum density
  densité optimale
  population density
  intensité du peuplement, densité de
  population
  residential density
  densité d'occupation

DEPARTMENT
  statistical department
  service / office statistique, bureau /
  institut de statistique

DEPARTURE (migr.)
sortie, départ
  place of departure
  lieu d'origine / de départ

DEPENDANT
dépendant, à la charge de; personne à
charge
  adult dependant
  adulte à charge
  aged dependants
  personnes âgées à charge

DEPENDENCY
dépendance
  age dependency ratio
  rapport de la population non adulte
  à la population adulte
  demographic dependency ratio
  taux de dépendance démographique

dependency ratio
taux / rapport de dépendance, rapport inactifs / actifs, charge supportée par la population active, poids des inactifs
dependency status
situation de famille
economic dependency ratio
rapport de dépendance économique
old age dependency ratio
rapport de dépendance économique des personnes âgées, rapport (en pourcentage) de la population de 65 ans et plus à la population de 15 à 64 ans

DEPENDENT
dépendant, à la charge de; personne à charge
dependent adult
adulte à charge
dependent child
enfant à charge
dependent spouse
conjoint à charge
population dependent on
population dépendant de / vivant de
population dependent on agriculture
population agricole / vivant de l'agriculture

DEPLETE (to)
depleted age group
classe creuse
depleted class
classe creuse
depleted generation
classe creuse

DEPOPULATION
dépeuplement, dépopulation, dénatalité

DEPORT (to)
déporter

DEPORTATION
déportation

DEPORTEE
déporté, personne déplacée

DEPRIVE (to)
socially deprived family
famille socialement défavorisée

DE-RETIREMENT
interruption de retraite pour reprendre un emploi

DERIVE (to)
derived (population) forecast
perspective dérivée

DESCENDANT
descendant

DESCENT
descendance, filiation; descendance brute; transmission d'un bien par héritage
descent from mother
filiation maternelle
illegitimate descent
filiation / descendance naturelle
lawful descent
filiation / descendance légitime
legitimate descent
descendance légitime
natural descent
filiation / descendance naturelle
proof of relationship by descent
établissement de la filiation

DESCRIPTIVE
descriptive demography
démographie descriptive
descriptive statistics
statistiques descriptives

DESERT (to)
deserted mother
mère abandonnée
deserted wife
épouse abandonnée

DESERTION
abandon

DESTINATION
place of destination
lieu d'arrivée / de destination

DETERMINISTIC
deterministic model
modèle déterministe

DEVELOP (to)
developing
insuffisamment développé
less developed
insuffisamment développé

DEVELOPMENT
child survival and development (CSD)
survie et développement de l'enfant (SDE)
child survival and development revolution (CSDR)
révolution au profit de la survie et du développement des enfants
economic development
(rythme de) développement économique
level of development
degré de développement
ontogenetic development
ontogenèse
population development
évolution de la population

DEVIATION
écart, variation, mouvement particulier
average deviation
écart absolu moyen

mean deviation
écart absolu moyen
quartile deviation
déviation quartile, semi-interquartile
standard deviation
écart type

DEVICE
contraceptive devices
matériel contraceptif
intra-uterine device (IUD)
dispositif intra-utérin (DIU), stérilet

DIAGRAM
schéma
Lexis diagram
diagramme / graphique de Lexis

DIAGRAMMATIC
diagrammatic representation
représentation graphique

DIALECT
parler, patois, dialecte

DIALECTAL
dialectal

DIAPHRAGM
diaphragme

DIE (to)
mourir, décéder
dead
décédé; mort
orphan whose father is dead
orphelin de père
orphan whose mother is dead
orphelin de mère
orphan whose parents are dead
orphelin de père et de mère, orphelin complet / double
probability of dying
quotient de mortalité
probability of dying before age one
quotient de mortalité infantile

DIFFERENCE
écart
 age difference between spouses
 différence d'âge entre époux
 calculus of finite differences
 calcul des différences finies
 mortality differences
 mortalité différentielle
 sex-specific differences
 différences inhérentes au sexe
 significant difference
 différence significative

DIFFERENTIAL (adj.)
 differential fertility
 fécondité différentielle
 differential mortality
 mortalité différentielle

DIFFERENTIAL (subst.)
 index of migration differentials
 indice différentiel
 sexual differential in longevity
 *écart entre la longévité masculine
et féminine*

DIGIT
 digit preference
 attraction des nombres ronds

DILATATION
 abortion by dilatation and curettage
 avortement par curetage

DINK (DUAL INCOME WITH NO KIDS)
ménage bi-actif sans enfants

DIPLOMA
diplôme

DIRECT (adj.)
 direct interview
 recensement / dénombrement direct
 direct method of standardisation
 méthode de la population type

DISABILITY
 disability table
 table d'(entrée en) invalidité
 permanent disability
 incapacité permanente
 probability of disability
 risque d'invalidité
 risk of disability
 risque d'invalidité
 working disability
 incapacité de travail

DISABLED
 congenitally disabled
 invalide de naissance

DISCONTINUITY
discontinuité

DISCONTINUOUS
discontinu

DISCRETE
discret

DISEASE
maladie, affection, morbidité
 acute disease
 maladie aiguë
 case of disease
 cas de maladie
 chronic disease
 maladie chronique
 communicable disease
 maladie transmissible
 congenital disease
 maladie / affection congénitale
 contagious disease
 maladie contagieuse
 degenerative disease
 maladie / affection dégénérative
 disease control
 *lutte contre la / les maladie(s) /
contre la morbidité*
 disease incidence rate
 taux de morbidité

disease patterns
tableaux de morbidité
endemic disease
endémie
epidemic disease
maladie épidémique
incidence of disease
morbidité incidente
infectious disease
maladie infectieuse
notifiable disease
maladie à déclaration obligatoire
occupational disease
maladie professionnelle
prevalence of disease
morbidité prévalente

DISORDER
congenital disorder
maladie / affection congénitale
geriatric disorder
maladie de la vieillesse

DISPERSAL
dispersal of population
desserrement de la population

DISPERSE (to)
dispersed settlement
habitat dispersé

DISPERSION
dispersion of ages
dispersion des âges
measure of dispersion
indice / caractéristique de dispersion

DISPLACE (to)
displaced person
déporté, personne déplacée

DISPLACEMENT
displacement of population
transfert de population

DISSOLUTION
average marriage duration at dissolution
durée moyenne des mariages au moment de leur dissolution
dissolution of marriage
dissolution du mariage
marriage dissolution probability
quotient de dissolution des mariages
marriage dissolution table
table de dissolution des mariages

DISSOLVE (to)
dissolved marriage
rupture d'union; couple / ménage dissocié

DISTANCE
distance

DISTRIBUTION
répartition, partage, ventilation, échelonnement, distribution, composition, structure
age distribution
structure / composition / répartition par âges, pyramide des âges
frequency distribution
répartition, partage, ventilation, échelonnement, distribution
geographical distribution
répartition géographique / territoriale
geographical distribution of the population
localisation du peuplement
sex distribution
répartition par sexes
smoothed age distribution
répartition (par âge) ajustée
spatial distribution
répartition géographique / territoriale
spatial distribution of the population
localisation du peuplement

stable age distribution
répartition par âges stable

DISTRICT
comté; canton; arrondissement, district, quartier
   administrative district
   division / unité administrative

DIVISION
   legal division
   division / unité administrative
   political division
   division / unité administrative

DIVORCE
divorce; divortialité
   age-specific divorce rate
   taux de divortialité par âge
   crude divorce rate
   taux brut (annuel) de divortialité
   divorce frequency
   divorces réduits
   divorce rate
   taux de divorce / de divortialité
   divorce rate for married persons
   taux de divortialité des mariés
   divorce table
   table de divortialité
   duration-specific divorce rate
   taux de divortialité par durée de mariage
   mean interval between divorce and remarriage
   intervalle moyen entre divorce et mariage
   number of divorces per new marriage
   nombre moyen de divorces par mariage
   registered divorce
   divorce transcrit
   total divorce rate
   indicateur conjoncturel de divortialité

(total period) divorce rate
taux de divorce / de divortialité, indice général des divorces

DIVORCE (to)
divorcer
   cumulated proportion divorced
   somme des divorces réduits
   divorced (person)
   personne divorcée, divorcé(e)
   remarriage table for divorced persons
   table de nuptialité des divorcés

DIZYGOTIC
   dizygotic twins
   faux jumeaux, jumeaux bivitellins, jumeaux fraternels

DOCTOR
   child health doctor
   médecin d'hygiène infantile, médecin de la protection maternelle et infantile

DOMICILIARY
   domiciliary midwife
   sage-femme visiteuse

DOMINANT
dominant
   dominant stream
   courant dominant

DONOR
donneur
   artificial insemination by a donor
   insémination artificielle à partir d'un / avec un donneur (IAD)
   donor insemination
   insémination artificielle par donneur étranger

DOUBLE (adj.)
   double attrition table
   table à double extinction

double classification
double classement
double count
double emploi; double collecte
double counting
double comptage, double compte
double decrement table
table à double extinction
double insemination
double insémination
double logarithmic graph
graphique double logarithmique

DOUCHE
injection vaginale

DOWNWARD
downward mobility
régression sociale
downward trend
baisse, fléchissement

DRIFT (subst.)
drift of population
courant / flux migratoire
genetic drift
dérive génétique

DROPOUT
dropout rate
probabilité de cessation des études

DRUG
fertility controlling drugs
médicaments anticonceptionnels

DUAL
DINK (dual income with no kids)
ménage bi-actif sans enfants
dual nationality
double nationalité

DURATION
average duration per case (of disease)
durée moyenne des cas de maladie

average marriage duration at dissolution
durée moyenne des mariages au moment de leur dissolution
conventional duration of pregnancy
durée conventionnelle de grossesse
duration effect
effet de durée
duration of marriage
durée de mariage
duration of pregnancy
durée de gestation / de grossesse
duration of residence
durée de résidence / de séjour
duration-specific divorce rate
taux de divortialité par durée de mariage
duration-specific rate
taux par durée
duration of stay
durée de présence
life duration
longévité
marriage duration-specific fertility rate
taux de fécondité par durée de mariage, taux de productivité des mariages selon leur durée
mean duration of working life
durée moyenne de la vie active
true duration of pregnancy
durée vraie de grossesse

DWELLER
rural dwellers
les ruraux
urban dwellers
les citadins

DWELLING
(unité de) logement
dwelling unit
(unité de) logement
furnished dwelling
(logement) meublé

insufficiently occupied dwelling
logement sous-peuplé
overcrowded dwelling
logement surpeuplé
unoccupied dwelling
logement vacant

DYNAMIC
    dynamic model
    modèle dynamique

DYNAMICS
    population dynamics
    dynamique / évolution de la population

DYSGENIC
    dysgenic marriage
    union dysgénique

Notes

Notes

EARLY

early abortion
avortement précoce
early death
mort précoce, décès prématuré
early foetal death
mort foetale précoce
early foetal mortality
mortalité foetale précoce
early infancy
période néonatale
in early life
dans les premiers âges de la vie
early marriage
mariage précoce
early neonatal death
décès / mort néonatal(e) précoce
early neonatal mortality
mortalité néonatale précoce
early neonatal mortality rate
taux de mortalité néonatale précoce
early retirement
retraite anticipée, départ à la retraite anticipé, anticipation de la prise de retraite
early weaning
sevrage précoce

EARN (to)

earning members of the family
membres salariés de la famille

EARNER

soutien
principal earner
principal soutien économique
two-earner family
famille à deux revenus, ménage bi-actif

ECOLOGICAL

écologique

ECOLOGIST

écologiste

ECOLOGY

écologie
human ecology
écologie humaine

ECONOMIC

branch of economic activity
branche / secteur d'activité économique, groupe /branche professionnel(le), métier, profession / activité (collective / individuelle)
economic activity
activité lucrative / activité économique
economic demography
démographie économique
economic dependency ratio
rapport de dépendance économique
economic development
(rythme de) développement économique
economic growth
(rythme de) développement économique
economic optimum
optimum économique
economic region
région économique
enter into economic life (to)
entrer dans la vie active
social and economic categories
catégories socio-professionnelles

ECONOMICALLY

economically active persons
personnes actives, actifs
economically active population
population (économiquement) active, population active ayant un emploi, les actifs, (effectifs de) main-d'oeuvre (qqfs); personnes / population occupant des emplois rémunérés, personnes ayant une activité lucrative (qqfs)
economically inactive population
population (économiquement) inactive, population non active

size of economically active population
effectif de la population active

EDUCATION
compulsory education
obligation scolaire
education system
système d'enseignement, système éducatif
higher education
enseignement du troisième degré, enseignement supérieur
level of education
degré d'enseignement
mean length of education
nombre moyen d'années d'étude, durée moyenne des études
midwifery education
formation des sages-femmes
nursery education
éducation préscolaire
pre-school education
enseignement préprimaire
primary education
enseignement du premier degré, enseignement primaire
private education
enseignement privé
public education
enseignement public
secondary education
enseignement du second degré, enseignement secondaire
technical education
enseignement technique
vocational education
enseignement professionnel

EDUCATIONAL
educational attainment statistics
statistiques suivant le degré d'instruction
educational institution
établissement d'enseignement
educational status
degré d'instruction

EFFECT
age effect
effet d'âge
cohort effect
effet de cohorte
duration effect
effet de durée
generation effect
effet de génération
structure effect
effet de structure
truncating effect
effet de troncature

EFFECTIVE
effective fecundability
fécondabilité effective
effective fertility
natalité / fécondité effective

EFFECTIVENESS
contraceptive effectiveness
efficacité de la contraception
effectiveness index (migr.)
indice de compensation (migration nette / migration totale)
effectiveness of migration streams
indice de compensation des courants
physiological effectiveness
efficacité clinique
theoretical effectiveness
efficacité théorique
use effectiveness
efficacité d'usage / pratique

EFFICIENCY
efficiency index (migr.)
indice de compensation (migration nette / migration totale)

EGG
oeuf, ovule
fertilised human egg
fécondation de l'ovule

in vitro artificially fertilised egg
ovule artificiellement fécondé in vitro

EKISTIC
Ekistic Logarithmic Scale (ELS)
échelle ékistique logarithmique

EKISTICS
ékistique

ELDERLY
the aged and the elderly
les personnes âgées et les vieillards
the elderly
personne âgée, "ancien", "aîné", vieux, âgé, (grand) vieillard; troisième âge
frail elderly
(personnes du) quatrième âge
(old) elderly
(personnes du) quatrième âge
young elderly
personne âgée, "ancien", "aîné", vieux, âgé; troisième âge

ELECTRONIC
electronic equipment
machine électronique

ELEMENT
élément

ELEMENTARY
elementary school
école élémentaire, école primaire

EMBRYO
embryon
in vitro fertilised embryo
embryon fécondé in vitro

EMBRYOLOGY
embryologie

EMBRYONIC
embryonnaire

EMIGRANT
émigrant (récent); émigré (plus ancien)

EMIGRATE (to)
émigrer

EMIGRATION
émigration
net emigration
émigration nette

EMPLOY (to)
employed population
population active
employed worker
travailleur ayant un emploi
self-employed agricultural workers
non-salariés des professions agricoles

EMPLOYEE
salarié

EMPLOYER
patron, employeur, chef d'établissement

EMPLOYMENT
emploi
age at entry into employment
âge d'entrée en activité / d'entrée au travail / d'entrée dans la vie active
death from employment injury
décès dû à un accident du travail ou à une maladie professionnelle
employment status
situation dans la profession, statut / situation professionnel(le)
status in employment
situation dans la profession, statut / situation professionnel(le), hiérarchie d'emploi

END (subst.)
end of union
fin d'union

END (to)
  closed-ended question
  question fermée
  open-ended question
  question ouverte

ENDEMIC
  endemic disease
  endémie

ENDOGAMOUS
endogame

ENDOGAMY
endogamie

ENDOGENOUS
  endogenous death
  décès endogène
  endogenous infant mortality
  mortalité infantile endogène
  endogenous infant mortality rate
  taux de mortalité infantile endogène
  endogenous mortality
  mortalité biologique / endogène
  endogenous mortality table
  table de mortalité biologique limite

ENDOWMENT
  genetic endowment
  patrimoine génétique

ENGAGED
fiancé

ENGAGEMENT
fiançailles

ENROL (to)
  pupils enrolled
  effectif scolaire inscrit, population
  scolaire

ENROLMENT
  enrolment ratio
  taux de scolarisation / de scolarité

school enrolment
nombre d'élèves inscrits, effectif
(scolaire); scolarisation (qqfs)

ENTER (to)
  enter into economic life (to)
  entrer dans la vie active

ENTRANT
entrant, nouvel arrivant

ENTRY
  age at entry into employment
  âge d'entrée en activité / d'entrée
  au travail / d'entrée dans la vie
  active
  data entry
  entrée des données
  entry into the labour force
  début d'activité, première entrée en
  activité
  entry permit
  visa d'entrée
  re-entry into the labour force
  reprise d'activité

ENUMERATE (to)
énumérer
  separately enumerated population
  population comptée à part

ENUMERATION
énumération
  census enumeration area (EA)
  district de recensement (DR)
  *post-enumeration field checks
  schedules*
  bulletins de contrôle local de dénombrement
  post-enumeration survey
  enquête de vérification du recensement
  post-enumeration test
  enquête de contrôle
  self-enumeration
  autorecensement, autodénombrement

ENUMERATOR
enquêteur, (agent) recenseur

ENVIRONMENT
family environment
milieu familial, ambiance familiale

EPIDEMIC
épidémie
epidemic disease
maladie épidémique

EPIDEMIOLOGICAL
épidémiologique
epidemiological statistics
statistiques épidémiologiques

EPIDEMIOLOGY
épidémiologie

EQUILIBRIUM
population equilibrium
équilibre démographique

EQUIPMENT
electronic equipment
machine électronique

EQUIVALENT
stable population equivalent
population stable équivalente

ERROR
classification error
erreur de classement
error of closure
écart de fermeture
observation error
erreur d'observation
response error
erreur d'observation
sampling error
erreur d'échantillonnage
standard error
erreur type

ESTABLISHMENT
entreprise, établissement, exploitation

ESTIMATE (subst.)
estimation, valeur estimée
estimate of the population
estimation de la population
intercensal estimate
estimation intercensitaire
reserve survival estimates
estimations tirées de la méthode de l'inverse des quotients de survie (taux de naissance - taux de mortalité)

ESTIMATE (to)
estimer

ESTIMATION
estimation
demographic estimation
estimation démographique
statistical estimation
estimation statistique

ETHNIC
ethnique
ethnic group
groupe ethnique, ethnie
ethnic minority
minorité ethnique
ethnic nationality
nationalité ethnique
ethnic origin
origine ethnique

EUGENIC
eugénique
eugenic sterilisation
stérilisation eugénique

EUGENICS
eugénisme
negative eugenics
eugénisme négatif
positive eugenics
eugénisme positif

EUGENIST
eugéniste

EVALUATION
re-interview method of census evaluation
évaluation du recensement par de nouvelles entrevues

EVENT
événement
baseline event
événement-origine
cumulated event frequency
somme des événements réduits
event frequency
événements réduits
event-origin
événement-origine
independent events
phénomènes indépendants
mean number of events
nombre moyen d'événements
non renewable event
événement non renouvelable
perturbating event
événement perturbateur
renewable event
événement renouvelable
vital event
événement démographique; fait d'état civil

EVER-MARRIED
ever-married (person)
marié, veuf ou divorcé, non célibataire
ever-married survivor
survivant en état de non-célibat

EXACT
exact age
âge exact

EXAMINATION
premarital examination
certificat prénuptial

EXCESS (adj./subst.)
excess of births
excédent de naissances
excess of births over deaths
balance des naissances et des décès, excédent des naissances sur les décès, accroissement / mouvement naturel
excess of deaths
excédent de décès
excess male mortality
surmortalité masculine
excess mortality
surmortalité
undesired excess fertility
hyperfécondité involontaire

EXCHANGE (subst.)
population exchange
échange de population

EXECUTIVE
executive staff
cadres moyens, cadres subalternes

EXERCISE (subst.)
postpartum exercise
exercice postpartum

EXIT
exit permit
visa de sortie
exit visa
visa de sortie

EXODUS
exode

EXOGAMOUS
exogame

EXOGAMY
exogamie

EXOGENOUS
exogenous death
décès exogène

exogenous infant mortality
mortalité infantile exogène
exogenous infant mortality rate
taux de mortalité infantile exogène
exogenous mortality
mortalité exogène

EXPAND (to)
expanding population
population en constante progression

EXPECTANCY
healthy life expectancy
espérance de vie en bonne santé
life expectancy
espérance de vie; longévité; durabilité
life expectancy free of deficiency (LEFD)
espérance de vie sans incapacité

EXPECTANT
aid to expectant mothers
secours / aide prénatal(e)
expectant mother
femme enceinte, future mère

EXPECTATION
expectation of life
espérance de vie; longévité; durabilité
expectation of life at birth
espérance de vie à la naissance
expectation of unmarried life
espérance de vie en état de célibat
expectation of working life
espérance de vie active
gross expectation of working life
espérance brute de vie active
net expectation of working life
espérance nette de vie active

EXPECT (to)
expected date of confinement
date présumée de l'accouchement

expected death
décès calculé / hypothétique / théorique
expected fecundity
fertilité attendue / théorique / calculée
expected week of confinement
semaine présumée d'accouchement

EXPEL (to)
expulser

EXPELLEE
expulsé

EXPONENTIAL
exponential growth
croissance exponentielle / géométrique
exponential population
population exponentielle

EXPOSE (to)
exposed to risk
exposé au risque

EXPOSURE
exposure to the risk of conception
exposition au risque de conception

EXPULSION
expulsion

EXTEND (to)
extended family
famille élargie

EXTERMINATE (to)
exterminer

EXTERMINATION
extermination

EXTERNAL
external insemination
insémination externe

external migration
migration externe / extérieure

EXTINCT (adj.)
method of extinct generations
méthode des générations éteintes

EXTINCTION
marriage extinction table
table d'extinction des mariages

EXTRA-MARITAL
hors mariage
extra-marital birth
naissance hors mariage

EXTRACT (to)
relever, dépouiller

EXTRACTION
dépouillement (des bulletins de recensement)
menstrual extraction
régulation menstruelle

EXTRAPOLATE (to)
extrapoler

EXTRAPOLATION
extrapolation

Notes

Notes

FACTO (de)
de facto population
population présente / existante / de fait / de facto
de facto separation
séparation de fait

FACTOR
ageing factor
probabilité perspective de survie, coefficient de survie
attraction factor (migr.)
attraction
constitutional factors
facteurs physiologiques
population factor
facteur population
pull factor (migr.)
facteur d'attraction
push factor (migr.)
facteur de répulsion
separation factor
coefficient de répartition
weighting factor
poids, (coefficient de) pondération

FAILURE
contraceptive failure
échec de la contraception
contraceptive failure rate
taux d'échec de la contraception

FALSE
false stillbirth
faux mort-né

FAMILY
famille
(average) family size
dimension / taille de la famille
between family structural variation
variations structurelles interfamiliales
biological family
famille biologique
census family
famille statistique

childless family
famille sans enfants
composite family
famille composite / statistique
counselling for families
(services de) conseils familiaux, consultations familiales
counselling and guidance for families
services de consultation et d'orientation familiales
earning members of the family
membres salariés de la famille
extended family
famille élargie
family allowance
allocation familiale
family building process
projet parental
family and child welfare
protection de la famille et de l'enfance
family counselling
(services de) conseils familiaux, consultations familiales
family environment
milieu / ambiance familial(e)
family formation
constitution de la famille
family guidance
conseils à la famille, orientation familiale
family head
chef de famille
family helper
travailleur / aide / auxiliaire familial
family history
antécédents familiaux
family household
ménage ordinaire
family life cycle
constitution de la famille; cycle familial

family limitation
planification / planning familial(e), planification de la famille / des naissances
family migration
migration familiale
family nucleus
élément familial principal
family pattern
structure familiale
family planning
planification / planning familial(e), planification de la famille / des naissances
family planning programme
programme de planification de la famille
family reconstitution
reconstitution des familles
family reunion
regroupement familial
family spacing - food supplements - female literacy (FFF)
espacement des naissances - alimentation complémentaire - alphabétisation des femmes
family statistics
statistiques des familles
family unit
cellule familiale
family welfare
protection de la famille
family worker
travailleur / aide / auxiliaire familial
foster family
famille nourricière
head of (the) family
chef de famille
joint family
famille composite
large family
famille nombreuse
lone-parent family
famille monoparentale / à parent unique; monoparentalité

married couple family
couple marié avec enfants
maternal and child health / family planning (MCH / FP)
santé maternelle et infantile et planification familiale (SMI / PF)
member of the family
membre de la famille
multi-family household
ménage multifamilial
multiple family household
ménage multifamilial
non-family household
collectivité, ménage collectif, ménage non familial
nuclear family
famille biologique/ nucléaire, noyau familial
one-child family
famille à enfant unique
one-family household
ménage unifamilial
one-parent family
famille monoparentale / à parent unique; monoparentalité
parity-related family limitation
limitation des naissances au niveau de la parité / portant sur la parité
person with family responsibilities
personne ayant des charges familiales, chargé de famille
reconstituted family
famille reconstituée
reunification of families
regroupement familial
secondary family worker
deuxième apporteur de revenu
single woman family head
femme seule chef de famille
size of the family
dimension / taille de la famille
small family
famille peu nombreuse
socially deprived family
famille socialement défavorisée
statistical family
famille statistique

two-earner family
famille à deux revenus, ménage bi-actif
two-income family
famille à deux revenus, ménage bi-actif

FARM
farm operator
exploitant (agricole), fermier, cultivateur (exploitant), agriculteur (exploitant)
farm-owner
propriétaire exploitant
farm population
population agricole, population vivant de l'agriculture
non-farm population
population (active) non agricole

FARMER
exploitant (agricole), fermier, cultivateur (exploitant), agriculteur (exploitant)

FATALITY
(case) fatality rate
taux de létalité / de mortalité clinique

FATHER
père
mean age of fathers
âge moyen des pères
orphan whose father is dead
orphelin de père

FECUND
fertile
fecund period
période de fécondité

FECUNDABILITY
fécondabilité
effective fecundability
fécondabilité effective

instantaneous fecundability
fécondabilité instantanée
natural fecundability
fécondabilité naturelle
residual fecundability
fécondabilité résiduelle
total fecundability
fécondabilité totale

FECUNDABLE
fécondable

FECUNDITY
fertilité
expected fecundity
fertilité attendue / théorique / calculée
sub-fecundity, subfecundity
sous-fécondité; hypofertilité

FEMALE
individu du sexe féminin, femme
family spacing - food supplements - female literacy (FFF)
espacement des naissances - alimentation complémentaire - alphabétisation des femmes
female child
fille; enfant du sexe féminin
female child rate of birth
taux de féminité des naissances
female fertility
fécondité féminine
female fertility rate
taux de fécondité féminine
female generation
génération féminine
female labour (force)
main-d'oeuvre féminine
female nuptiality
nuptialité féminine
female participants
les actives
female participation rate
taux d'activité des femmes
female reproduction
reproduction féminine

female reproduction rate
taux de reproduction féminine

FEMINITY
taux / rapport de féminité

FERTILE
fécond

FERTILITY
fécondité
  age-specific fertility rate
  taux de fécondité par âge
  age-specific marital fertility rate
  taux de fécondité légitime par âge
  age-specific overall fertility rate
  taux de fécondité générale par âge
  average completed fertility per mother
  fécondité finale moyenne par mère
  average realised fertility
  fécondité moyenne réalisée
  below-replacement fertility
  fécondité en-dessous du taux de remplacement, fécondité déficitaire
  birth order fertility
  fécondité selon le rang de naissance
  cohort fertility
  descendance finale / complète, fécondité d'une cohorte
  completed fertility
  descendance finale / complète / atteinte
  completed fertility rate
  descendance finale / complète / atteinte
  controlled fertility
  fécondité dirigée
  cumulative fertility
  descendance; descendance brute
  cumulative fertility of a cohort
  descendance actuelle d'une cohorte
  cumulative net fertility
  descendance nette

current general fertility rate
table de fécondité générale du moment
differential fertility
fécondité différentielle
effective fertility
natalité / fécondité effective
female fertility
fécondité féminine
female fertility rate
taux de fécondité féminine
fertility control
régulation / maîtrise de la fécondité
fertility controlling drugs
médicaments anticonceptionnels
fertility to date
descendance actuelle
fertility history
fiche de famille
fertility rate
taux de fécondité
fertility regulating methods
méthodes de régulation de la fécondité
fertility regulation
régulation / contrôle / prévention / limitation des naissances, planning familial, planification de la famille, régulation / maîtrise de la fécondité
fertility schedule
table de fécondité
fertility survey
enquête de fécondité
fertility table
table de fécondité
fertility variance
variance de la fécondité
general fertility rate
taux global de fécondité, taux de fécondité tous âges
general fertility table
table de fécondité générale
illegitimate fertility
fécondité illégitime
illegitimate fertility rate
taux de fécondité illégitime

incomplete fertility
descendance inachevée
instantaneous fertility rate
quotient / taux instantané de fécondité, fonction fécondité / descendance
legitimate fertility
fécondité légitime
legitimate fertility rate
taux de fécondité légitime
lifetime fertility
descendance finale / complète / atteinte
longitudinal fertility measure
mesure de fécondité longitudinale
male fertility
fécondité masculine
male fertility rate
taux de fécondité masculine
marital fertility
productivité / fécondité des mariages, fécondité légitime
marital fertility rate
taux de fécondité légitime
marriage of completed fertility
famille complète
marriage duration-specific fertility rate
taux de fécondité par durée de mariage, taux de productivité des mariages selon leur durée
marriage fertility table
table de fécondité des mariages
medium fertility variant
variante moyenne de fécondité
model fertility table
table type de fécondité
monthly fertility probability
quotient mensuel de fécondité / de grossesse
natural fertility
fécondité naturelle
net fertility table
table nette de fécondité
net general fertility table
table nette de fécondité générale

net marriage fertility table
table nette de fécondité des mariages
non-marital fertility
fécondité illégitime
non-marital fertility rate
taux de fécondité illégitime
order-specific fertility rate
taux de fécondité par rang
order-specific fertility table
table de fécondité de rang
order-specific total fertility rate
somme des naissances réduites de rang
overall fertility
fécondité générale
overall fertility rate
taux de fécondité générale
parity-specific fertility rate
taux de fécondité par parité
period and cohort fertility
fécondité par période et par cohorte
period fertility
fécondité du moment
period fertility data
indice de fécondité
probability fertility survey
enquête de probabilité sur la fécondité
synthetic measure of fertility
indice synthétique de fécondité (ISF)
total fertility
natalité / fécondité totale, indicateur conjoncturel de fécondité, somme des naissances réduites, fécondité cumulée
total fertility rate
indice synthétique de fécondité (ISF), natalité / fécondité totale, indicateur conjoncturel de fécondité, somme des naissances réduites, fécondité cumulée
total general fertility rate
taux global de fécondité générale

total legitimate fertility rate
somme des naissances légitimes réduites
transversal fertility measure
mesure de fécondité transversale
undesired excess fertility
hyperfécondité involontaire
voluntarily below potential fertility
maintien volontaire à un niveau inférieur à la fécondité potentielle

FERTILISATION
fécondation
artificial fertilisation
fécondation artificielle
ex vivo fertilisation method
méthode de fécondation extracorporelle
fertilisation of ovocytes after freezing
fécondation des ovocytes après congélation
natural fertilisation
fécondation par voie naturelle
technique of assisted fertilisation
technique de fécondation assistée

FERTILISE (to)
féconder
fertilised human egg
fécondation de l'ovule
in vitro artificially fertilised egg
ovule artificiellement fécondé in vitro
in vitro fertilised embryo
embryon fécondé in vitro

FIELD
field inquiry
enquête sur le terrain
field survey
enquête sur le terrain
field worker
enquêteur, (agent) recenseur
migration field
champ migratoire

post-enumeration field checks schedules
bulletins de contrôle local de dénombrement

FIGURE (subst.)
diagramme
base figure
donnée brute / de base / de départ, situation de référence / de base

FILIAL
filial relation
filiation, descendance; transmission d'un bien par héritage

FINAL
définitif
final migration
migration définitive
final parity
nombre moyen d'enfants par famille complète
final rate
taux définitif

FINITE
calculus of finite differences
calcul des différences finies

FIRST
age at first birth
âge à la naissance du premier enfant
age at first intercourse
âge des premières relations sexuelles
conception rate first insemination
insémination première fécondante
cumulated first marriage frequency
somme des premiers mariages réduits
first accession to the labour force
première entrée en activité
first category rate
taux de première catégorie

first marriage
première union, premier mariage
first marriage frequency
premiers mariages réduits
first marriage probability
quotient de nuptialité
first migration probability
quotient de première migration
first pregnancy interval
(premier) intervalle gravidique, délai de conception
interval between marriage and the first birth
intervalle entre le mariage et la première naissance, intervalle protogénésique
mean age at first marriage
âge moyen au premier mariage
median age at first marriage
âge médian au premier mariage
number of first marriages
premier mariage de la table
total first marriage rate
taux de nuptialité des célibataires, indicateur conjoncturel des premiers mariages
total period first marriage rate
indice général de primo-nuptialité

FITNESS
valeur sélective moyenne
fitness value
valeur sélective

FITTING
curve fitting
ajustement analytique

FIX (to)
fixed weight
coefficient de pondération constant
person of no fixed abode
sans domicile, (personne) sans résidence fixe (SRF), sans domicile fixe (SDF)

place of residence at a fixed past date
résidence à une date antérieure

FLAT (subst.)
block of flats
immeuble (d'habitation collective)

FLIGHT
flight from the country
exode / émigration rural(e), migration des populations rurales vers les zones urbaines, mouvement campagne-ville

FLOOR
ground floor
rez-de-chaussée

FLOW
migration flow
courant / flux migratoire
tourist flows
mouvements touristiques

FLUCTUATION
fluctuation, variation, mouvement particulier
chance fluctuation
variation / fluctuation aléatoire
cyclical fluctuation
mouvement cyclique / périodique
irregular fluctuation
variation accidentelle / résiduelle
period fluctuation
mouvement cyclique / périodique
random fluctuation
variation / fluctuation aléatoire
seasonal fluctuation
mouvement / variation saisonnier (ère)

FOAM
foam tablet
comprimé / poudre effervescent(e)

FOETAL
foetal
>early foetal death
>mort foetale précoce
>early foetal mortality
>mortalité foetale précoce
>foetal death
>mort foetale, décès intra-utérin
>foetal death rate
>taux de mortalité foetale / intra-utérine
>foetal mortality
>mortalité foetale / in utero / intra-utérine
>foetal mortality rate
>taux de mortalité foetale / intra-utérine
>foetal mortality ratio
>rapport de mortalité foetale
>intermediate foetal death
>mort foetale intermédiaire
>intermediate foetal mortality
>mortalité foetale intermédiaire
>late foetal death
>mort foetale tardive
>late foetal mortality
>mortalité foetale tardive; mortinatalité
>late foetal mortality rate
>taux de mortalité foetale tardive, taux de mortinatalité
>late foetal mortality ratio
>rapport de mortinatalité

FOETUS
foetus

FOLLOW-UP (subst.)
rappel

FOOD
>baby food
>aliments pour nourrissons

>family spacing - food supplements - female literacy (FFF)
>espacement des naissances - alimentation complémentaire - alphabétisation des femmes
>weaning food
>aliment de sevrage

FORCE (subst.)
>member of the armed forces
>militaire
>work force
>main-d'oeuvre

FORECAST (subst.)
>derived (population) forecast
>perspective dérivée
>population forecast
>perspective / prévision démographique, perspective / prévision de population
>short-term forecast
>prévision à court terme

FOREIGN-BORN
né à l'étranger, d'origine étrangère

FOREIGNER
étranger

FOREMAN
agent de maîtrise, contremaître

FORM (subst.)
formule, imprimé; fiche d'acte; année
>transcription form
>feuille de relevé

FORMAL
>formal demography
>démographie quantitative

FORMALISE (to)
>formalise the union (to)
>légaliser l'union

FORMATION
family formation
constitution de la famille

FORMER
former husband
ex-mari

FOSTER
foster child
enfant placé dans une famille, enfant en famille d'accueil / en nourrice; enfant adopté, enfant adoptif, pupille (qqfs)
foster family
famille nourricière
foster home
foyer de placement familial / d'adoption / nourricier, famille d'accueil
foster home care
placement familial (dans un foyer nourricier)
foster mother
mère nourricière, gardienne; assistante maternelle (France)
foster parents
parents nourriciers, les nourriciers

FRACTION
sampling fraction
fraction de sondage, fraction sondée

FRAIL
frail elderly
(personnes du) quatrième âge

FRAME
sampling frame
base de sondage

FREE
free migration
migration spontanée
free union
union libre / illégitime

life expectancy free of deficiency (LEFD)
espérance de vie sans incapacité

FREETHINKER
athée, libre penseur

FREQUENCY
fréquence
absolute frequency
fréquence absolue
birth frequency
naissances réduites
class frequency
fréquence absolue, effectif de classe
cumulated event frequency
somme des événements réduits
cumulated first marriage frequency
somme des premiers mariages réduits
cumulated marriage frequency
somme des mariages réduits
divorce frequency
divorces réduits
event frequency
événements réduits
first marriage frequency
premiers mariages réduits
frequency distribution
répartition, partage, ventilation, échelonnement, distribution
frequency of intercourse
fréquence des rapports sexuels
frequency polygon
polygone de fréquence
legitimate birth frequency
naissances légitimes réduites
marriage frequency
mariage réduit
relative frequency
fréquence relative
relative frequency of remarriage
fréquence du remariage
ultimate frequency
fréquence finale

FREEZE (to)
congeler
fertilisation of ovocytes after free-zing
fécondation des ovocytes après congélation

FRONTIER
frontier migration
migration frontalière
frontier worker
(travailleur) frontalier

FULL
full orphan
orphelin de père et de mère, orphe-lin complet / double
full year
année pleine

FULL-TERM
full-term birth
naissance à terme
full-term delivery
accouchement à terme

FULL-TIME
full-time agricultural labourer
salarié agricole permanent, domes-tique de culture

FUNCTION (subst.)
celibacy function
fonction célibat
childbearing function
fonction maternité
death function
table de décès, fonction décès
life table function
fonction des tables de mortalité
marriage function
fonction mariage
material need function
fonction nourricière
survivorship function
fonction survie, table de survie

FUNCTIONAL
functional coverage
couverture fonctionnelle (de la population)
functional illiteracy
analphabétisme fonctionnel, illet-trisme

FURNISH (to)
furnished dwelling
(logement) meublé

FUSION
fusion

Notes

Notes

GAIN (subst.) (migr.)
net gain
immigration nette

GAINFUL
gainful occupation
activité lucrative / économique
gainful worker
travailleur rémunéré (qqfs)

GAINFULLY
gainfully occupied population
population (économiquement) acti-ve, population active ayant un emploi, les actifs, (effectifs de) main-d'oeuvre (qqfs); personnes / population occupant des emplois rémunérés, personnes ayant une activité lucrative (qqfs)

GAMETE
gamète

GAP
sexual gap in longevity
décalage entre la longévité des hommes et des femmes

GATHER (to)
data gathering
collecte / rassemblement de don-nées

GENE
gène
gene structure
structure génique
identical gene
gène identique

GENEALOGY
généalogie

GENERAL
général
current general fertility rate
table de fécondité générale du moment
general census
recensement général
general fertility rate
taux global de fécondité, taux de fécondité tous âges
general fertility table
table de fécondité générale
general life table
table de mortalité démographique
general mortality
mortalité générale
general population
ensemble de la population
general rate
taux général
net general fertility table
table nette de fécondité générale
total general fertility rate
taux global de fécondité générale

GENERATION
génération
depleted generation
classe creuse
female generation
génération féminine
generation effect
effet de génération
generation life table
table de mortalité de génération
generation rate
taux de cohorte / de génération / du moment
generation replacement
renouvellement / remplacement des générations
generation reproduction rate
taux de reproduction de génération
generation table
table de génération / de promotion, table longitudinale

interval between successive gene-
rations
intervalle entre générations succes-
sives
male generation
génération masculine
maternal generation
génération féminine
method of extinct generations
méthode des générations éteintes
paternal generation
génération masculine
second generation migrant
migrant de la deuxième génération

GENERATIONAL
generational analysis
analyse longitudinale, analyse de /
par cohorte, analyse par génération
generational crowding
classes d'âges pléthoriques
generational non-replacement
non-remplacement des générations
inter-generational continuity
continuité des générations
inter-generational social mobility
capillarité sociale

GENETIC
génétique
genetic counselling
consultations de génétique
genetic drift
dérive génétique
genetic endowment
patrimoine génétique
genetic load
fardeau génétique

GENETICIST
généticien

GENETICS
génétique
human genetics
génétique humaine

population genetics
génétique démographique, généti-
que des populations

GENOCIDE
génocide

GENOTYPE
génotype

GENOTYPIC
genotypic structure
structure génotypique

GEOGRAPHIC
geographic mobility
mobilité géographique / physique /
spatiale

GEOGRAPHICAL
geographical coverage
couverture géographique (de la
population)
geographical distribution
répartition géographique / territo-
riale
geographical distribution of the
population
localisation du peuplement

GEOMETRIC
geometric average
moyenne géométrique
geometric mean
moyenne géométrique

GERIATRIC
geriatric care
soins de gériatrie
geriatric disorder
maladie de la vieillesse
geriatric home
foyer pour personnes âgées

GERIATRICS
gériatrie

GERONTOLOGIST
gérontologue

GERONTOLOGY
gérontologie

GESTATION
gestation, gravidité, grossesse
period of gestation
durée de gestation / de grossesse

GIRL
fille
girl of marriageable age
fille nubile, fille pubère, fille d'âge
à se marier

GODFATHER
parrain

GODMOTHER
marraine

GRADE (subst.)
grade attainment
durée de scolarité accomplie, durée
des études

GRADUATION
ajustement, lissage (de données statistiques)
graphic graduation
ajustement graphique

GRANT (subst.)
prime
birth grant
prime à la naissance
maternity grant
prime à la naissance

GRAPH (subst.)
graphique
double logarithmic graph
graphique double logarithmique
logarithmic graph
graphique logarithmique

semi-logarithmic graph
graphique semi-logarithmique

GRAPHIC
graphic graduation
ajustement graphique
graphic representation
représentation graphique

GRAVID
gravide, gravidique

GRAVITY
gravity model
modèle de type Pareto, modèle
gravitaire

GROSS
current gross reproduction rate
taux brut de reproduction du mo-
ment
gross expectation of working life
espérance brute de vie active
gross interchange (migr.)
courant total, trafic
gross migration
migration totale
gross nuptiality table
table de nuptialité
gross replacement
reproduction brute
gross reproduction
reproduction brute
gross reproduction rate
taux de reproduction brut, taux
brut de reproduction
gross stream (migr.)
courant total, trafic

GROUP (subst.)
groupe; catégorie (de personnes)
age group
groupe d'âges
broad age group
grand groupe d'âges
control group
groupe témoin

depleted age group
classe creuse
ethnic group
groupe ethnique, ethnie
five-year age group
groupe d'âge quinquennal, groupe
de cinq années d'âge
group migration
migration collective
group survival
survie du groupe
high-risk group
groupe à haut(s) risque(s), groupe
le plus exposé
kinship group
apparenté
linguistic group
groupe linguistique
low-income (population) group
catégorie de personnes / groupe à
faibles revenus
the lower income group
les économiquement faibles
the lowest income group
les économiquement faibles
occupation group
catégorie professionnelle
occupational group
groupe professionnel
quinquennial age group
groupe d'âge quinquennal, groupe
de cinq années d'âge
social status group
groupe / catégorie social(e) / socio-
professionnel(le)
socioeconomic group
groupe / catégorie social(e) / socio-
professionnel(le)

GROUP (to)
grouped settlement
habitat groupé

GROWTH
economic growth
(rythme de) développement économique

exponential growth
croissance exponentielle / géométrique
growth potential
potentiel d'accroissement
growth rate
taux d'accroissement / de croissance
**instantaneous growth (of the po-
pulation)**
accroissement instantané (d'une
population)
instantaneous rate of growth
taux instantané d'accroissement
mean annual rate of growth
taux annuel moyen d'accroissement
migratory growth
accroissement migratoire
negative growth
accroissement négatif
optimum growth rate
taux d'accroissement optimal
optimum rate of growth
rythme optimal d'accroissement,
accroissement optimal
population growth
accroissement (total) de la population; mouvement (général) de la
population
statement on population growth
manifeste / déclaration sur l'accroissement de la population
total growth of a population
accroissement brut d'une population
transitional growth
accroissement transitoire
zero population growth (ZPG)
accroissement démographique nul,
croissance nulle / zéro

GUEST
guest worker
travailleur immigré temporaire

GUIDANCE

child guidance
guidance infantile
child guidance centre
consultation de nourrissons
child guidance clinic
consultation de nourrissons
counselling and guidance for families
services de consultation et d'orientation familiales
family guidance
conseils à la famille, orientation familiale
marriage guidance
(services de) consultations matrimoniales / conjugales

Notes

HALF-BROTHER
demi-frère

HALF-SISTER
demi-soeur

HALF-YEAR
semestre

HALLEY
Halley method
méthode des décès

HAMLET
hameau

HANDICAP
infirmité, invalidité
mental handicap
infirmité mentale
physical handicap
infirmité physique

HANDICAPPED
infirme, personne invalide / handicapée

HARDCORE
hardcore of refugees
noyau résiduel de réfugiés

HEAD (subst.)
tête
family head
chef de famille
head count
dénombrement par tête
head of (the) family
chef de famille
head of the household
chef de ménage
head of household rate
taux de chef de ménage
life table for selected heads
table de mortalité actuarielle / de
mortalité de têtes choisies
selected heads
têtes choisies

single woman family head
femme seule chef de famille
table for selected heads
table de têtes choisies

HEADING
rubrique, poste

HEALTH
child health
hygiène infantile
child health doctor
médecin d'hygiène infantile, méde-
cin de la protection maternelle et
infantile
children's mental health clinic
(service de) consultations psychia-
triques pour enfants
community health service
service sanitaire destiné à la col-
lectivité
consulting centres for child health
consultations de protection infantile
counselling centres for child
health
consultations de protection infantile
health care coverage
couverture sanitaire (de la popula-
tion)
health profile
profil sanitaire (d'un pays); état de
santé (d'une population)
health service statistics
statistiques des services de santé
health statistics
statistiques sanitaires
health status
état de santé, état sanitaire
ill-health incidence rate
taux de morbidité incidente
ill-health prevalence rate
taux de morbidité prévalente
maternal and child health care
soins de santé maternelle et infanti-
le, (services de) protection mater-
nelle et infantile

maternal and child health / child spacing (MCH / CS)
santé maternelle et infantile et espacement des naissances (SMI / EN)
maternal and child health / family planning (MCH / FP)
santé maternelle et infantile et planification familiale (SMI / PF)
maternal and child health service
service de protection maternelle et infantile
maternal health
(protection de la) santé maternelle
maternity health
hygiène maternelle
public health
santé publique
rural health service
service de santé rural

HEALTHY
healthy life expectancy
espérance de vie en bonne santé

HEAPING
attraction des nombres ronds

HEARTH
feu
hearth tax list
rôle d'imposition, liste de feux

HELP (subst.)
mother's help
aide / auxiliaire familiale; travailleuse familiale (France)

HELPER
family helper
travailleur / aide / auxiliaire familial

HELPLESS
incapable de se suffire à soi-même

HEREDITARY
héréditaire
hereditary characteristic
caractère héréditaire
hereditary defect
maladie héréditaire

HEREDITY
hérédité

HETEROGAMOUS
hétérogame

HETEROGAMY
hétérogamie

HETEROGENEITY
hétérogénéité

HETEROGENEOUS
hétérogène

HETEROLOGOUS
hétérologique
heterologous insemination
insémination artificielle par donneur étranger
heterologous in vivo insemination
fécondation hétérologique intracorporelle

HETEROZYGOUS
hétérozygote

HIGH
high-risk group
groupe à haut(s) risque(s), groupe le plus exposé

HIGHER
higher education
enseignement du troisième degré, enseignement supérieur

HISTOGRAM
histogramme

HISTORICAL
historical calendar
calendrier historique
historical demography
démographie historique
historical study
étude rétrospective

HISTORY
birth history
histoire génésique
childbearing history
troubles de la grossesse
childhood history
troubles de l'enfance
family history
antécédents familiaux
fertility history
fiche de famille
marriage history
antécédents en termes de nuptialité
medical history
antécédents médicaux
migration history
mouvements migratoires antérieurs,
histoire migratoire
pregnancy history
fiche gynécologique, fiche obstétricale
reproductive history
fiche de famille

HOME
foyer (familial / domestique), domicile
foster home
foyer de placement familial / d'a-
doption / nourricier, famille d'accueil
foster home care
placement familial (dans un foyer
nourricier)
geriatric home
foyer pour personnes âgées
home confinement
accouchement à domicile
home country
pays d'origine, métropole

home worker
travailleur à domicile
infants' home
pouponnière
maternity home
clinique d'accouchement, maternité
nursing home (USA)
maison de retraite
old people's home
maison de retraite
parental home
domicile familial
residential home
home d'accueil (pour personnes
âgées)

HOMELESS
(the) homeless
les sans-logis, les sans-abri
homeless children
enfants sans foyer
homeless person
personne sans logement / sans abri,
sans-logis, sans-abri
single homeless
personne(s) seule(s) et sans abri

HOME-MAKER
femme au foyer, maîtresse de maison,
ménagère, épouse sans profession; aide
/ auxiliaire familiale; travailleuse familiale (France)
home-maker services
service d'aide familiale / d'aide
aux mères; travailleuses familiales
(France)

HOMICIDE
homicide volontaire

HOMOGAMOUS
homogame

HOMOGAMY
homogamie

HOMOGENEITY
homogénéité

HOMOGENEOUS
homogène

HOMOLOGOUS
homologous insemination
insémination avec / par le sperme
du mari

HOMOZYGOUS
homozygote

HORMONAL
hormonal contraception
contraception hormonale

HOSPITAL
hospital midwife
sage-femme hospitalière
maternity hospital
clinique d'accouchement, maternité

HOST (adj./subst.)
hôte; d'accueil; pays d'implantation
host country
pays d'accueil, pays destinataire /
bénéficiaire

HOUSE
live in the same house (to)
vivre sous le même toit
private house
maison individuelle
tenement house
immeuble (d'habitation collective)

HOUSEHOLD
ménage
agricultural household
ménage agricole
collective household
collectivité, ménage collectif, ménage non familial
complex household
ménage complexe

composite household
ménage complexe
family household
ménage ordinaire
head of the household
chef de ménage
head of household rate
taux de chef de ménage
household care
soins du ménage
household method
méthode de l'autodénombrement
household schedule
bordereau de maison, feuille de
logement / de ménage
household size
taille / dimension du ménage
household structure
composition du ménage
institutional household
collectivité, ménage collectif, ménage non familial
irregular household
faux ménage
low-income household
ménage à faible revenu
member of the household
membre du ménage
multi-family household
ménage multifamilial
multi-person household
ménage multiple
multiple family household
ménage multifamilial
non-family household
collectivité, ménage collectif, ménage non familial
one-family household
ménage unifamilial
one-person household
ménage d'une personne
private household
ménage ordinaire / privé
single person household
ménage d'une personne

HOUSEHOLDER
chef de ménage
householder method
autorecensement, autodénombre-
ment
single householder
isolé, personne isolée

HOUSEMAKER
femme au foyer, maîtresse de maison,
ménagère, épouse sans profession; aide
/ auxiliaire familiale; travailleuse familiale (France)

HOUSEWIFE
femme au foyer, maîtresse de maison,
ménagère, épouse sans profession; aide
/ auxiliaire familiale; travailleuse familiale (France)

HUMAN
fertilised human egg
fécondation de l'ovule
human ecology
écologie humaine
human genetics
génétique humaine
human longevity
durée de la vie humaine

HUSBAND
mari, conjoint, époux
former husband
ex-mari
husband and wife
époux, conjoints
late husband
mari décédé

HYGIENE
children's mental hygiene clinic
(service de) consultations psychia-
triques pour enfants

HYPOTHETICAL
hypothetical cohort
génération / cohorte fictive / hypo-
thétique

HYSTERECTOMY
ligature des trompes

HYSTEROTOMY
hystérotomie

Notes

IDENTICAL
identical gene
gène identique
identical twins
vrais jumeaux, jumeaux identiques,
jumeaux univitellins
non-identical twins
faux jumeaux, jumeaux bivitellins,
jumeaux fraternels

ILL-HEALTH
maladie, affection, morbidité
ill-health incidence rate
taux de morbidité incidente
ill-health prevalence rate
taux de morbidité prévalente

ILLEGAL
illegal abortion
avortement clandestin / criminel /
illicite / illégal
illegal alien
étranger en situation irrégulière
illegal migrant labour
main-d'oeuvre immigrée en situa-
tion irrégulière, travailleurs immi-
grés clandestins
illegal migration
migration / immigration irrégulière
/ clandestine / illicite

ILLEGITIMACY
illegitimacy ratio
proportion des naissances illégiti-
mes

ILLEGITIMATE (adj.)
illegitimate birth
naissance illégitime
illegitimate birth rate
taux de natalité illégitime
illegitimate child
enfant naturel / illégitime
illegitimate component
composante illégitime
illegitimate descent
filiation / descendance naturelle

illegitimate fertility
fécondité illégitime
illegitimate fertility rate
taux de fécondité illégitime

ILLITERACY
analphabétisme
functional illiteracy
analphabétisme fonctionnel, illet-
trisme

ILLITERATE
illettré, analphabète

ILLNESS
maladie, affection, morbidité
mean number of days of illness
nombre moyen de journées de
maladie
paediatric illness
maladie infantile

IMMATURE
immature

IMMATURITY
immaturité

IMMEDIATE
immediate cause of death
cause directe / immédiate / termi-
nale du décès

IMMIGRANT
immigrant (récent); immigré (plus
ancien)
absorption of immigrants
accommodation des immigrants
from / of immigrant origin
issu de l'immigration
immigrant workers
travailleurs immigrés, main-d'oeu-
vre immigrée

IMMIGRATE (to)
immigrer

IMMIGRATION
immigration
immigration law
loi sur l'immigration
net immigration
immigration nette
selective immigration
sélection des immigrants, immigration sélective

IMPAIRMENT
déficience

IN-MIGRANT
immigrant (récent); immigré (plus ancien)
proportion of in-migrants
proportion d'immigrants
proportion of lifetime in-migrants
proportion d'immigrés
statistics on in-migrants
statistiques sur les immigrés

IN-MIGRATION
immigration interne
in-migration area
zone d'arrivée/ d'immigration / d'accueil / de destination, zone hôte
net in-migration
immigration nette

INABILITY
inability to conceive
infécondabilité

INABLE
inable to conceive
infécondable

INACTIVE
inactif, non actif
economically inactive population
population (économiquement) inactive, population non active

INBREEDING
coefficient of inbreeding
coefficient alpha de Bernstein, coefficient moyen de consanguinité

INCAPACITY
working incapacity
incapacité de travail

INCIDENCE
disease incidence rate
taux de morbidité
ill-health incidence rate
taux de morbidité incidente
incidence of disease
morbidité incidente
incidence rate
taux d'incidence

INCOME
low-income
sous-développé
low-income household
ménage à faible revenu
low-income people
économiquement faibles
low-income (population) group
catégorie de personnes / groupe à faibles revenus
the lower / lowest income group
les économiquement faibles
real national income per capita
revenu réel moyen par tête
two-income family
famille à deux revenus, ménage bi-actif

INCOMER (qqfs)
immigrant (récent); immigré (plus ancien)

INCOMPLETE
incomplete fertility
descendance inachevée

INCREASE (subst.)
 average increase
 augmentation moyenne
 intrinsic rate of natural increase
 taux intrinsèque d'accroissement
 naturel, taux de Lotka
 natural increase
 accroissement / mouvement naturel
 rate of natural increase
 taux d'accroissement naturel
 true rate of natural increase
 taux intrinsèque d'accroissement
 naturel, taux de Lotka

INCREASE (to)
 increased longevity
 allongement de la vie humaine

INCUBATOR
couveuse

INDEPENDENCE
 independence condition
 condition d'indépendance

INDEPENDENT
 independent events
 phénomènes indépendants
 independent phenomena
 phénomènes indépendants
 independent worker
 travailleur indépendant
 person of independent means
 rentier

INDEX
 cohort index
 indice longitudinal
 comparative density index
 indice comparatif de densité
 comparative index
 indice comparatif
 comparative mortality index
 indice comparatif de mortalité
 density index
 densité arithmétique, densité de la
 population

 effectiveness index
 indice de compensation (migration
 nette / migration totale)
 efficiency index
 indice de compensation (migration
 nette / migration totale)
 index of age preference
 indice d'attraction
 index of migration differentials
 indice différentiel
 index of migration intensity
 indice d'intensité migratoire
 index of net velocity
 indice d'intensité migratoire nette
 index number
 indice, coefficient
 maternity index
 indice de maternité
 migration preference index
 indice d'intensité migratoire relative, indice de préférence
 Pearl index
 indice de Pearl
 period index
 indice conjoncturel / transversal /
 du moment
 quantum index
 indice du quantum
 reference index
 indice de référence
 replacement index
 indice de remplacement
 survival index
 indice de longévité scolaire
 threshold index
 indice de seuil
 vital index
 indice / index vital

INDICATOR
indicateur
 behaviour indicator
 indicateur comportemental
 morbidity indicator
 indicateur de morbidité

INDIGENOUS
indigène
indigenous population
population autochtone

INDIRECT
indirect method of standardisation
méthode de la mortalité type / des taux types

INDISSOLUBILITY
indissolubility of marriage
indissolubilité du mariage

INDIVIDUAL
tête, individu, âme, personne
individual ageing
vieillissement individuel, sénescence
individual migration
migration individuelle
individual schedule
bulletin individuel
individual table
tableau partiel
individual year of age
année d'âge

INDUCE (to)
induced abortion
avortement provoqué

INDUSTRIAL
industrial population
population active industrielle
industrial status
situation dans la profession, statut / situation professionnel(le)

INDUSTRY
branche / secteur d'activité économique, groupe / branche professionnel(le), métier, profession (collective / individuelle), activité individuelle
position in industry
situation dans la profession, statut / situation professionnel(le), hiérarchie d'emploi

INFANCY
première enfance, bas âge
early infancy
période néonatale

INFANT
enfant du premier âge / en bas âge; nourrisson, bébé
adjusted infant mortality rate
quotient de mortalité infantile
endogenous infant mortality
mortalité infantile endogène
endogenous infant mortality rate
taux de mortalité infantile endogène
exogenous infant mortality
mortalité infantile exogène
exogenous infant mortality rate
taux de mortalité infantile exogène
infant care
puériculture
infant and child mortality
mortalité infantile et postinfantile
infant clinic
consultation psycho-pédagogique, (centre de / service de) consultations psycho-médico-pédagogiques, centre / service médico-pédagogique, centre de guidance infantile
infant death
mort infantile, décès de moins d'un an
infant mortality
mortalité infantile
infant mortality rate (IMR)
taux de mortalité infantile (TMI)
infant nurse
infirmière s'occupant d'enfants en bas âge
infant welfare centre
consultation psycho-pédagogique, (centre de / service de) consultations psycho-médico-pédagogiques, centre / service médico-pédagogique, centre de guidance infantile
infant welfare service
service de protection infantile

infants' home
pouponnière

INFECTION
infection of childhood
maladie infectieuse de l'enfance

INFECTIOUS
infectious disease
maladie infectieuse

INFECUND
stérile

INFECUNDITY
stérilité, infécondité

INFERTILE
infécond

INFERTILITY
stérilité, infécondité
permanent infertility
infécondité définitive
voluntary infertility
infécondité volontaire

INFIRM
infirme

INFIRMITY
infirmité, invalidité
mental infirmity
infirmité mentale
physical infirmity
infirmité physique

INFLOW
flux d'immigration, entrées

INFORMANT
recensé, enquêté

INHABIT (to)
habiter

INHABITANT
habitant
total number of inhabitants
dimension, taille; effectif

INITIAL
initial age at first intercourse
âge des premières relations sexuelles
initial age distribution
répartition par âges initiale
rate in relation to the initial population size
taux par rapport à l'effectif initial

INJECTION
contraceptive by injection
contraceptif injectable

INJURY
traumatisme, blessure
birth injuries
lésions obstétricales
death from employment injury
décès dû à un accident du travail ou à une maladie professionnelle
injury due to operations of war
blessure par fait de guerre
war injury
blessure par fait de guerre

INLAW
allié

INPUT (subst.)
data input
entrée des données

INQUIRY
enquête
field inquiry
enquête sur le terrain
postal inquiry
enquête par correspondance, enquête postale

vital rate inquiry
enquête sur les taux démographiques
voluntary inquiry
enquête facultative

INSEMINATION
insémination, fécondation
artificial insemination
insémination artificielle
(artificial) insemination centre
centre d'insémination
artificial insemination by a donor
insémination artificielle à partir
d'un / avec un donneur (IAD)
(artificial) insemination method
méthode d'insémination
(artificial) insemination technique
technique d'insémination
conception rate first insemination
insémination première fécondante
donor insemination
insémination artificielle par donneur étranger
double insemination
double insémination
external insemination
insémination externe
heterologous insemination
insémination artificielle par donneur étranger
heterologous in vivo insemination
fécondation hétérologique intracorporelle
homologous insemination
insémination avec / par le sperme
du mari
internal insemination
insémination interne
intra-uterine insemination
insémination intra-utérine
test insemination
insémination d'épreuve
time of insemination
moment de l'insémination
in vitro artificial insemination
fécondation artificielle in vitro

in vivo artificial insemination
fécondation artificielle intracorporelle

INSPECTOR
inspecteur, contrôleur, délégué

INSTANTANEOUS
crude instantaneous birth rate
taux brut instantané de natalité
crude instantaneous mortality rate
taux brut instantané de mortalité
instantaneous birth rate
naissances instantanées
instantaneous conception rate
taux instantané de conception
instantaneous death rate
taux /quotient instantané de mortalité, fonction quotient de mortalité,
force de mortalité, décès instantanés
instantaneous fecundability
fécondabilité instantanée
instantaneous fertility rate
taux / quotient instantané de fécondité, fonction fécondité / descendance
**instantaneous growth (of the
population)**
accroissement instantané (d'une
population)
instantaneous nuptiality rate
taux / quotient instantané de nuptialité, fonction quotient de nuptialité
instantaneous rate
taux / quotient instantané
instantaneous rate of growth
taux instantané d'accroissement

INSTITUTION
educational institution
établissement d'enseignement

INSTITUTIONAL
institutional household
collectivité, ménage collectif, ménage non familial
institutional population
population des collectivités / des ménages collectifs
institutional schedule
feuille de population comptée à part, feuille récapitulative

INSTRUCTION
enseignement

INSUFFICIENTLY
insufficiently occupied dwelling
logement sous-peuplé

INTEGRATION
intégration

INTELLECTUAL
movement of intellectuals
migration "de qualité"

INTELLIGENCE
intelligence quotient (IQ)
quotient intellectuel (QI)

INTEND (to)
intended number of children
nombre idéal d'enfants

INTENSITY
intensité
index of migration intensity
indice d'intensité migratoire

INTENT
intent to marry
publication des bans

INTENTIONAL
intentional abortion
avortement provoqué

INTERACTION
interaction (of events)
interférences (entre phénomènes)

INTERCENSAL
intercensitaire
intercensal estimate
estimation intercensitaire
intercensal migration
migration intercensitaire
intercensal period
période intercensitaire

INTERCHANGE (subst.) (migr.)
gross interchange
courant total, trafic
net interchange
courant net

INTERCOURSE
age at first intercourse
âge des premières relations sexuelles
frequency of intercourse
fréquence des rapports sexuels
sexual intercourse
rapport sexuel, coït

INTER-GENERATIONAL
inter-generational continuity
continuité des générations
inter-generational social mobility
capillarité sociale

INTERMEDIATE
intermediate foetal death
mort foetale intermédiaire
intermediate foetal mortality
mortalité foetale intermédiaire
intermediate variate
variable intermédiaire

INTERNAL
internal insemination
insémination interne
internal interval
intervalle intérieur

internal migration
migration intérieure / interne
rate of internal migration
taux de migration interne
rate of internal mobility
taux de mobilité interne

INTERNATIONAL
international migration
migration internationale

INTERPOLATE (to)
interpoler

INTERPOLATION
interpolation

INTER-PREGNANCY
inter-pregnancy interval
intervalle entre grossesses
net inter-pregnancy interval
intervalle intergravidique net
open inter-pregnancy interval
intervalle intergravidique ouvert

INTERQUARTILE
interquartile range
intervalle interquartile
semi-interquartile range
déviation quartile, semi-interquartile

INTERRUPTUS
coitus interruptus
coït interrompu

INTERVAL
birth interval
intervalle génésique
confidence interval
intervalle de confiance
first pregnancy interval
(premier) intervalle gravidique, délai de conception
internal interval
intervalle intérieur

inter-pregnancy interval
intervalle entre grossesses
interval between marriage and the first birth
intervalle entre le mariage et la première naissance, intervalle protogénésique
interval between marriage and the Nth birth
durée de mariage à la nième naissance
interval between successive births
intervalle entre naissances, intervalle intergénésique
interval between successive generations
intervalle entre générations successives
mean interval between divorce and remarriage
intervalle moyen entre divorce et mariage
mean interval between widowhood and remarriage
durée moyenne de veuvage
net inter-pregnancy interval
intervalle intergravidique net
open birth interval
intervalle génésique ouvert
open inter-pregnancy interval
intervalle intergravidique ouvert
open interval
intervalle ouvert
straddling interval
intervalle à cheval
time interval of a rate
dimension d'un taux

INTERVENE (to)
intervening obstacle
obstacle intermédiaire
intervening opportunity
poste intermédiaire offert

INTERVIEW (subst.)
direct interview
recensement / dénombrement direct

personal interview
interrogatoire direct
re-interview method of census evaluation
évaluation du recensement par de nouvelles entrevues

INTERVIEWER
enquêteur, (agent) recenseur
interviewer bias
biais de l'enquêteur

INVESTMENT
demographic investments
investissements démographiques

INTRA-UTERINE
intra-uterine death
décès intra-utérin
intra-uterine device (IUD)
dispositif intra-utérin (DIU), stérilet
intra-uterine insemination
insémination intra-utérine
intra-uterine mortality table
table de mortalité intra-utérine

INTRINSIC
intrinsic birth rate
taux intrinsèque de natalité
intrinsic death rate
taux intrinsèque de mortalité
intrinsic rate of natural increase
taux intrinsèque d'accroissement naturel, taux de Lotka

INVESTIGATE (to)
investigating unit
unité de personnel enquêteur

IRREGULAR
irrégulier
irregular fluctuation
variation accidentelle / résiduelle
irregular household
faux ménage

irregular migration
migration / immigration irrégulière / clandestine / illicite
irregular status migrant
migrant / immigrant en situation irrégulière / sans papier, migrant / immigrant irrégulier / clandestin

ISOLATE (subst.)
isolat

Notes

JELLY

contraceptive jelly
pommade / gelée contraceptive

JOINT (adj.)

joint causes of death
causes complexes / multiples de décès
joint family
famille composite
joint reproduction rate
taux de reproduction sexes combinés

JOURNEY (subst.)

journey to work
migration alternante / pendulaire / quotidienne, navette

JUDICIAL

judicial separation
séparation de corps et de biens, séparation légale

DE JURE

de jure population
population de droit / légale / de jure, population de résidence habituelle, population domiciliée / résidante

Notes

KIN
apparenté; parent (autre que père ou mère)
> *next of kin*
> *proches parents; plus proche parent*

KINDERGARTEN
jardin d'enfants, crèche, école maternelle

KINSHIP
relation(s), lien; parenté
> *coefficient of kinship*
> *coefficient moyen de parenté*
> *kinship group*
> *apparenté*

Notes

LABORATORY
population laboratory
laboratoire démographique

LABOUR
travail (tous sens, y compris méd.)
accession to the labour force
entrée en activité
age at accession to the labour force
âge d'entrée en activité / d'entrée au travail / d'entrée dans la vie active
age at separation from the labour force
âge de (la) cessation d'activité
entry into the labour force
début d'activité, première entrée en activité
female labour (force)
main-d'oeuvre féminine
first accession to the labour force
première entrée en activité
illegal migrant labour
main-d'oeuvre immigrée en situation irrégulière, travailleurs immigrés clandestins
labour force
population (économiquement) active, population active ayant un emploi, les actifs, personnes / population occupant des emplois rémunérés, personnes ayant une activité lucrative (qqfs); force de travail, (effectifs de) main-d'oeuvre
labour force participants
les actifs
labour force participation
taux d'activité, proportion d'actifs
labour force participation rate
taux d'activité, proportion d'actifs
labour force participation ratio
taux d'activité, proportion d'actifs
labour force statistics
statistiques de la population active

labour force survey
enquête sur la population active, enquête sur les forces de travail
labour migration
migration de travail / de main-d'oeuvre
labour mobility
migration / mobilité professionnelle
labour permit
autorisation de travail
labour recruiting country
pays recruteur (de main-d'oeuvre)
mean age at accession to the labour force
âge moyen d'entrée en activité
mean age at separation from the labour force
âge moyen de cessation d'activité
non-labour force participants
les inactifs
potential labour force
population active potentielle
probability of accession to the labour force
probabilité d'entrée en activité
probability of separation from the labour force
probabilité de cessation d'activité
rate of accession to the labour force
taux d'entrée en activité
rate of separation from the labour force
taux de cessation d'activité
re-entry into the labour force
reprise d'activité
retirement from labour force
départ à la / en retraite
separation from the labour force
cessation d'activité

LABOURER
agricultural labourer
salarié / ouvrier agricole
day labourer
journalier agricole

full time agricultural labourer
salarié agricole permanent, domestique de culture
migrant labourer
travailleur migrant
seasonal agricultural labourer
saisonnier agricole

LANGUAGE
langue
mother language
langue maternelle
statistics of language
statistiques linguistiques
usual language
langue usuelle, langue d'usage

LARGE
large family
famille nombreuse

LAST
age at the birth of the last child
âge à la dernière maternité
age at last birthday
âge au dernier anniversaire
last menses
dernières règles
place of last previous residence
résidence antérieure

LATE
late abortion
avortement intermédiaire
late birth
grossesse tardive
late foetal death
mort foetale tardive
late foetal mortality
mortalité foetale tardive; mortinatalité
late foetal mortality rate
taux de mortalité foetale tardive /
de mortinatalité
late foetal mortality ratio
rapport de mortinatalité

late husband
mari décédé
late marriage
mariage tardif
late middle age
dernières années de l'âge mûr
in late years
dans les derniers âges de la vie
latest change of residence
dernier changement de résidence,
dernière migration, migration la
plus récente
latest migration
dernier changement de résidence,
dernière migration, migration la
plus récente

LAW
common law marriage
mariage de facto / coutumier
immigration law
loi sur l'immigration
logistic law
loi logistique
marriage laws
législation matrimoniale

LAWFUL
lawful descent
filiation / descendance légitime

LEAST
method of least squares
méthode des moindres carrés

LEAVE (subst.)
maternity leave
congé / repos de maternité, congé
de naissance

LEAVE (to)
age at leaving school
âge en fin d'études
school-leaving age
âge de fin de scolarité obligatoire /
de sortie de l'école

LEAVER
school-leavers
jeunes ayant terminé leurs études /
ayant achevé leur scolarité / sortant de l'école / déjà sortis de
l'école

LEGAL
legal abortion
avortement légal / licite
legal division
division / unité administrative
legal migrant
migrant / immigrant autorisé /
régulier
legal migration
migration / immigration légale /
autorisée
legal separation
séparation de corps et de biens,
séparation légale

LEGITIMACY
légitimité

LEGITIMATE (adj.)
legitimate birth
naissance légitime
legitimate birth frequency
naissances légitimes réduites
legitimate birth rate
taux de natalité légitime
legitimate child
enfant légitime
legitimate component
composante légitime
legitimate descent
descendance légitime
legitimate fertility
fécondité légitime
legitimate fertility rate
taux de fécondité légitime
total legitimate fertility rate
somme des naissances légitimes
réduites

LEGITIMATE (to)
legitimated child
enfant légitimé

LEGITIMATION
légitimation

LEGITIMISE (to)
legitimised child
enfant légitimé

LENGTH
length of absence
durée d'absence
length of life
durée de la vie humaine
mean length of education
nombre moyen d'années d'étude,
durée moyenne des études
mean length of life
vie moyenne
median length of life
vie médiane
probable length of life
vie probable

LETHAL
létal
lethal characteristic
caractère létal

LEVEL
level of development
degré de développement
level of education
degré d'enseignement
level of living
niveau de vie
level of significance
seuil / niveau de signification;
risque
subsistence level
niveau de subsistance, minimum
physiologique

LEXIS
  Lexis diagram
  diagramme / graphique de Lexis

LICENSE
  marriage license
  autorisation de mariage

LIFE
  abridged life table
  table de mortalité abrégée
  calendar year life table
  table de mortalité du moment
  cohort life table
  table de mortalité de génération
  complete life table
  table complète de mortalité, table
  de mortalité détaillée
  conjugal life
  vie conjugale
  current life table
  table de mortalité du moment
  in early life
  dans les premiers âges de la vie
  enter into economic life (to)
  entrer dans la vie active
  expectation of life
  espérance de vie; longévité; durabilité
  expectation of life at birth
  espérance de vie à la naissance
  expectation of unmarried life
  espérance de vie en état de célibat
  expectation of working life
  espérance de vie active
  family life cycle
  constitution de la famille; cycle
  familial
  general life table
  table de mortalité démographique
  generation life table
  table de mortalité de génération
  gross expectation of working life
  espérance brute de vie active
  healthy life expectancy
  espérance de vie en bonne santé

  length of life
  durée de la vie humaine
  life certificate
  certificat de vie
  life cycle
  cycle de vie
  life duration
  longévité
  life expectancy
  espérance de vie; longévité; durabilité
  life expectancy free of deficiency
  (LEFD)
  espérance de vie sans incapacité
  life line
  ligne de vie
  life span
  longévité
  life style options
  choix de vie
  life table
  table de mortalité / de survie, fonction survie
  life table death rate
  taux de mortalité de la population
  stationnaire
  life table function
  fonction des tables de mortalité
  life table for selected heads
  table de mortalité actuarielle, table
  de mortalité de têtes choisies
  life years reproduction rate
  taux de reproduction des années
  vécues
  marriage life table
  table de survie des mariages
  married life
  vie conjugale
  mean duration of working life
  durée moyenne de la vie active
  mean length of life
  vie moyenne
  median length of life
  vie médiane
  model life table
  table type de mortalité

net expectation of working life
espérance nette de vie active
period life table
table de mortalité du moment
potential life demography
démographie potentielle
potential life of a population
potentiel-vie d'une population
probable length of life
vie probable
quality-adjusted life-year (QUALY)
espérance de vie corrigée en fonction du bien-être
stage of life
âge / période de la vie
table of school life
table de sortie du système d'enseignement
table of working life
table d'activité
transition to adult life
passage à l'âge adulte
working life
(durée de la) vie active / professionnelle, période d'activité, (durée
de) carrière
working life table
table de vie active

LIFELONG
lifelong monogamy
monogamie à vie

LIFETIME
lifetime births
descendance finale / complète /
atteinte
lifetime fertility
descendance finale / complète /
atteinte
lifetime migrant
non-natif
proportion of lifetime in-migrants
proportion d'immigrés
proportion of lifetime out-migrants
proportion d'émigrés

total after lifetime
nombre d'années vécues après un
certain âge

LIGATION
tubal ligation
occlusion / résection des trompes

LIMIT (subst.)
age limit
limite d'âge
upper limit
limite supérieure, plafond

LIMITATION
family limitation
planning / planification familial(e),
planification de la famille / des
naissances
parity-related family limitation
limitation des naissances au niveau
de la parité / portant sur la parité

LINE
life line
ligne de vie
poverty line
minimum vital, seuil de l'indigence
relative in the ascending line
ascendant (en ligne directe)

LINGUISTIC
linguistique
linguistic group
groupe linguistique
linguistic minority
minorité linguistique
linguistic mobility
mobilité linguistique
linguistic transfer
transfert linguistique

LINGUISTICS
linguistique

LINKAGE
  record linkage
  couplage de données

LIST (subst.)
liste, listage
  confirmation list
  liste de confirmation
  hearth tax list
  rôle d'imposition, liste de feux
  list of communicants
  liste de communiants
  military conscription list
  liste de conscription
  nominal list
  liste nominative
  passenger list
  liste de passagers

LIST (to)
  listing
  liste, listage
  listing unit
  unité d'enregistrement / de dénombrement

LITERACY
  family spacing - food supplements - female literacy (FFF)
  espacement des naissances - alimentation complémentaire - alphabétisation des femmes
  literacy statistics
  statistiques suivant le degré d'instruction

LITERATE
alphabète

LIVE (adj.)
  live birth
  naissance vivante, naissance d'enfant vivant

LIVE (to)
  cost of living
  coût de la vie

level of living
niveau de vie
live in the same house (to)
vivre sous le même toit
living apart together (LAT)
vivant ensemble séparément
living arrangement
mode de vie
living conditions
conditions de vie
living quarter
(unité de) logement
standard of living
niveau de vie

LIVE-BORN
  live-born
  né vivant
  live-born child
  enfant né vivant

LOAD (subst.)
  genetic load
  fardeau génétique

LOAN
  marriage loan
  prêt au mariage

LOCAL
  local move
  mobilité locale / résidentielle

LOCALITY
localité

LOCUS
locus

LODGER
locataire d'une chambre meublée

LOGARITHMIC
  double logarithmic graph
  graphique double logarithmique
  Ekistic Logarithmic Scale (ELS)
  échelle ékistique logarithmique

logarithmic graph
graphique logarithmique
semi-logarithmic graph
graphique semi-logarithmique

LOGISTIC
logistic law
loi logistique
logistic population
population logistique

LONE-PARENT
parent isolé; monoparental
lone-parent family
famille monoparentale / à parent
unique; monoparentalité

LONE-MOTHERHOOD
mères abandonnées

LONGEVITY
human longevity
durée de la vie humaine
increased longevity
allongement de la vie humaine
sexual differential in longevity
écart entre la longévité masculine
et féminine
sexual gap in longevity
décalage entre la longévité des
hommes et des femmes

LONGITUDINAL
longitudinal fertility measure
mesure de fécondité longitudinale
longitudinal migration analysis
analyse longitudinale des migrations

LOOP
stérilet

LOSS
loss of nationality
perte de la nationalité
net loss
émigration nette

LOW
low-income
sous-développé
low-income (population) group
catégorie de personnes / groupe à
faibles revenus
low-income household
ménage à faible revenu
low-income people
économiquement faibles
the lower / lowest income group
les économiquement faibles

LYING-IN
lying-in clinic
centre d'accouchement; service de
maternité (d'un hôpital)
lying-in period
état / période puerpéral(e); suites
de couches (qqfs)

Notes

MACROSIMULATION
macrosimulation

MAGNITUDE
order of magnitude
ordre de grandeur

MAIL (subst.)
mail census
recensement par voie postale

MAILBACK
mailback survey
enquête par correspondance, enquête postale

MAINTAIN (to)
tenir à jour; entretenir

MAINTENANCE
entretien

MAKE UP (to)
making up of births
récupération des naissances

MALE
individu du sexe masculin, homme
excess male mortality
surmortalité masculine
male child
garçon; enfant du sexe masculin
male fertility
fécondité masculine
male fertility rate
taux de fécondité masculine
male generation
génération masculine
male nuptiality
nuptialité masculine
male participation rate
taux d'activité masculine
male reproduction
reproduction masculine
male reproduction rate
taux de reproduction masculine

MALFORMATION
congenital malformation
malformation congénitale
structural malformation
malformation(s) morphologique(s)

MALTHUSIAN
malthusien
Malthusian check
obstacle malthusien / répressif
Malthusian population
population malthusienne
Malthusian population theory
théorie malthusienne de la population
non-Malthusian population
population non malthusienne
semi-Malthusian population
population semi-malthusienne / semi-stable

MALTHUSIANISM
malthusianisme

MAN (subst.)
individu du sexe masculin, homme
married man
homme marié

MANAGERIAL
managerial staff
cadres supérieurs

MANDATORY
mandatory retirement age
âge obligatoire de la retraite

MANIFEST
passenger manifest
liste de passagers

MANUAL
manuel
manual worker
travailleur manuel, agent d'exécution, ouvrier

non-manual worker
travailleur non manuel

MAP (subst.)
carte, carte statistique, cartogramme

MARGINAL
marginal settlement
habitat non intégré
marginal worker
travailleur marginal

MARITAL
conjugal, matrimonial
age-specific marital fertility rate
taux de fécondité légitime par âge
extra-marital birth
naissance hors mariage
marital condition
état / situation matrimonial(e)
marital fertility
productivité / fécondité des mariages, fécondité légitime
marital fertility rate
taux de fécondité légitime
marital status
état / situation matrimonial(e)
non-marital fertility
fécondité illégitime
non-marital fertility rate
taux de fécondité illégitime
non-marital union
union libre

MARKET (subst.)
marriage market
marché matrimonial

MARRIAGE
mariage, union légitime
age at marriage
âge au mariage
age-specific marriage rate
taux de nuptialité par âge
annulment of marriage
annulation de mariage

average age at marriage
âge moyen des mariés
average marriage duration at
dissolution
durée moyenne des mariages au
moment de leur dissolution
broken marriage
rupture d'union; couple / ménage
dissocié
candidate to marriage
candidat au mariage
child born out of the present marriage
enfant né du mariage actuel
civil marriage
mariage civil
common law marriage
mariage de facto / coutumier
companionate marriage
mariage / union consensuel(le)
consanguineous marriage
mariage consanguin
consummation of marriage
consommation du mariage
crude marriage rate
taux brut annuel de nuptialité générale, taux brut de nuptialité
cumulated first marriage frequency
somme des premiers mariages
réduits
cumulated marriage frequency
somme des mariages réduits
current marriage
mariage actuel / en cours
customary marriage
mariage coutumier
date of marriage
date de / du mariage
dissolution of marriage
dissolution du mariage
dissolved marriage
rupture d'union; couple / ménage
dissocié
duration of marriage
durée de mariage

dysgenic marriage
union dysgénique
early marriage
mariage précoce
first marriage
première union, premier mariage
first marriage frequency
premiers mariages réduits
first marriage probability
quotient de nuptialité
indissolubility of marriage
indissolubilité du mariage
interval between marriage and the
first birth
intervalle entre le mariage et la
première naissance, intervalle
protogénésique
interval between marriage and the
nth birth
durée de mariage à la nième naissance
late marriage
mariage tardif
marriage certificate
certificat de mariage (délivré à
l'issue de la cérémonie); (extrait
d') acte de mariage
marriage cohort
cohorte / promotion de mariages
marriage of completed fertility
famille complète
marriage counselling
(services de) consultations matrimoniales / conjugales
marriage custom
coutume matrimoniale
marriage dissolution probability
quotient de dissolution des mariages
marriage dissolution table
table de dissolution des mariages
marriage duration-specific fertility
rate
taux de fécondité par durée de
mariage, taux de productivité des
mariages selon leur durée

marriage extinction table
table d'extinction des mariages
marriage fertility table
table de fécondité des mariages
marriage frequency
mariage réduit
marriage function
fonction mariage
marriage guidance
(services de) consultations matrimoniales / conjugales
marriage history
antécédents en termes de nuptialité
marriage laws
législation matrimoniale
marriage license
autorisation de mariage
marriage life table
table de survie des mariages
marriage loan
prêt au mariage
marriage market
marché matrimonial
marriage migration
migration par mariage
marriage rate
taux de nuptialité
marriage record
acte de mariage
marriage registration
registre des mariages
marriage slip
fiche de mariage
mean age at first marriage
âge moyen au premier mariage
mean age at marriage
âge moyen des mariés
mean number of births per marriage
nombre moyen de naissances par
mariage
median age at first marriage
âge médian au premier mariage
minimum age at marriage
âge de nubilité, âge minimum au
mariage

mixed marriage
mariage mixte
net marriage fertility table
table nette de fécondité des mariages
nullity of marriage
nullité du mariage
number of divorces per new marriage
nombre moyen de divorces par mariage
number of first marriages
premier mariage de la table
order of marriage
rang du mariage
postponement of marriage
prolongation du célibat
ratio of births to marriages
rapport des naissances aux mariages
relationship by marriage
alliance
relative by marriage
allié
religious marriage
mariage religieux
sex-specific marriage rate
taux de nuptialité par sexe
termination of marriage
rupture d'union; couple / ménage dissocié
total first marriage rate
taux de nuptialité des célibataires, indicateur conjoncturel des premiers mariages
total period first marriage rate
indice général de primo-nuptialité
trial marriage
mariage à l'essai
valid marriage
mariage valable
validity of marriage
validité du mariage

MARRIAGEABLE
nubile, mariable
girl of marriageable age
fille nubile / pubère, fille d'âge à se marier
marriageable age
puberté légale, âge nubile
marriageable population
population mariable
non-marriageable population
population non mariable

MARRY (to)
divorce rate for married persons
taux de divortialité des mariés
ever-married (person)
marié, veuf ou divorcé, non célibataire
ever-married survivor
survivant en état de non-célibat
intent to marry
publication des bans
married couple
couple (marié); ménage (qqfs)
married couple family
couple marié avec enfants
married life
vie conjugale
married man
homme marié
married (person)
marié(e), personne mariée, conjoint
married woman
femme mariée
married women of reproductive age
femmes mariées en âge de procréer / de procréation
newly married couple
nouveaux mariés
proportion never married
(fréquence du) célibat définitif
un-married
non marié

MASCULINITY
masculinité
masculinity proportion
taux de masculinité
masculinity ratio
rapport de masculinité

MASS
mass migration
migration massive

MATCH (to)
collationner

MATE
mate selection
choix du conjoint

MATERIAL
material need function
fonction nourricière

MATERNAL
maternal care
soins puerpéraux, soins de maternité
maternal and child health care
soins de santé maternelle et infantile, (services de) protection maternelle et infantile
maternal and child health / child spacing (MCH / CS)
santé maternelle et infantile et espacement des naissances (SMI / EN)
maternal and child health / family planning (MCH / FP)
santé maternelle et infantile et planification familiale (SMI / PF)
maternal and child health service
service de protection maternelle et infantile
maternal death rate
taux de mortalité maternelle, taux de mortalité liée à la maternité
maternal generation
génération féminine

maternal health
(protection de la) santé maternelle
maternal mortality
mortalité liée à la maternité; mortalité maternelle
maternal mortality rate (MMR)
taux de mortalité maternelle, taux de mortalité liée à la maternité
maternal reproduction rate
taux de reproduction féminine

MATERNITY
maternité
births per maternity
naissances par accouchement
maternity care
protection de la maternité, protection maternelle, soins de maternité, soins obstétricaux
maternity centre
maternité
maternity child welfare centre
centre de protection maternelle et infantile
maternity grant
prime à la naissance
maternity health
hygiène maternelle
maternity home
clinique d'accouchement, maternité
maternity hospital
clinique d'accouchement, maternité
maternity index
indice de maternité
maternity leave
congé / repos de maternité, congé de naissance
maternity nurse
infirmière spécialisée dans les soins de maternité
maternity service
service de protection maternelle

MATHEMATICAL
mathematical demography
démographie mathématique

MATRIMONIAL
matrimonial, conjugal
   matrimonial capability
   majorité matrimoniale, nubilité

MATRIX
   matrix method of projection
   méthode matricielle de projection

MATURITY
maturité

MAXIMUM
maximal, maximum
   maximum population
   population maximale
   maximum potential density
   densité maximale / potentielle

MEAN (adj.)
moyen
   mean age
   âge moyen
   mean age at accession to the labour force
   âge moyen d'entrée en activité
   mean age at childbirth
   âge moyen à la maternité
   mean age of fathers
   âge moyen des pères
   mean age at first marriage
   âge moyen au premier mariage
   mean age at marriage
   âge moyen des mariés
   mean age of mothers
   âge moyen des mères
   mean age at separation from the labour force
   âge moyen de cessation d'activité
   mean annual rate
   taux moyen annuel, taux annuel moyen
   mean annual rate of growth
   taux annuel moyen d'accroissement
   mean deviation
   écart absolu moyen

   mean duration of working life
   durée moyenne de la vie active
   mean interval between divorce and remarriage
   intervalle moyen entre divorce et mariage
   mean interval between widowhood and remarriage
   durée moyenne de veuvage
   mean length of education
   nombre moyen d'années d'étude, durée moyenne des études
   mean length of life
   vie moyenne
   mean number of births per marriage
   nombre moyen de naissances par mariage
   mean number of children ever born per woman
   nombre moyen d'enfants par femme
   mean number of days of illness
   nombre moyen de journées de maladie
   mean number of events
   nombre moyen d'événements
   mean number of moves
   nombre moyen de migrations
   mean population
   effectif moyen
   mean selective value
   valeur sélective moyenne
   net mean age at childbirth
   âge moyen net à la maternité

MEAN (subst.)
moyenne
   arithmetic mean
   moyenne arithmétique
   geometric mean
   moyenne géométrique
   weighted mean
   moyenne pondérée

MEANS
   means of subsistence
   moyens de subsistance

person of independent means
rentier

MEASURE (subst.)
cohort measure
indice de génération / de cohorte
longitudinal fertility measure
mesure de fécondité longitudinale
measure of dispersion
indice / caractéristique de dispersion
period measure
indice du moment
synthetic measure of fertility
indice synthétique de fécondité
(ISF)
transversal fertility measure
mesure de fécondité transversale

MECHANICAL
mécanographique

MEDIAN
médian
median age
âge médian
median age at first marriage
âge médian au premier mariage
median length of life
vie médiane

MEDICAL
medical certificate of death
certificat de décès
medical demography
démographie médicale
medical history
antécédents médicaux

MEDIUM (adj.)
medium fertility variant
variante moyenne de fécondité
*medium variant population projec-
tion*
projection démographique établie
sur la base de la variante moyenne

MEGALOPOLIS
mégalopole

MEMBER
earning members of the family
membres salariés de la famille
member of the armed forces
militaire
member of the family
membre de la famille
member of the household
membre du ménage

MENARCHE
premières règles

MENOPAUSE
ménopause

MENSES
règles, menstrues
last menses
dernières règles

MENSTRUAL
menstruel
menstrual cycle
cycle menstruel
menstrual extraction
régulation menstruelle
menstrual regulation
régulation menstruelle

MENSTRUATION
menstruation

MENTAL
children's mental health clinic
(service de) consultations psychiatriques pour enfants
children's mental hygiene clinic
(service de) consultations psychiatriques pour enfants
mental age
âge mental
mental handicap
infirmité mentale

mental infirmity
infirmité mentale

METHOD

appliance method
méthode à adjuvant
(artificial) insemination method
méthode d'insémination
basal body temperature method
méthode des températures
birth control method
méthode anticonceptionnelle / anti-
natale / contraceptive
canvasser method
méthode de la tournée / de l'entre-
vue / de l'interrogatoire, recensement / dénombrement direct
cohort-component method
méthode des composantes
component method
méthode des composantes
contraceptive method
méthode anticonceptionnelle / anti-
natale / contraceptive
direct method of standardisation
méthode de la population type
ex vivo fertilisation method
méthode de fécondation extracorporelle
fertility regulating methods
méthodes de régulation de la fécondité
household method
méthode de l'autodénombrement
householder method
autorecensement, autodénombrement
indirect method of standardisation
méthode de la mortalité type / des
taux types
matrix method of projection
méthode matricielle de projection
method of extinct generations
méthode des générations éteintes
Halley method
méthode des décès

method of least squares
méthode des moindres carrés
model calendar method
méthode du calendrier type
mortality method
méthode des décès
non-appliance method
méthode sans adjuvant
ratio method
méthode des rapports
re-interview method of census
evaluation
évaluation du recensement par de
nouvelles entrevues
"reverse-survival" method
méthode de la projection rétrospective
rhythm method
méthode Ogino, méthode du rythme, continence périodique
survival ratio method (migr.)
méthode des coefficients de survie
vital statistics method (migr.)
méthode du mouvement naturel
weighted average method
méthode de la moyenne pondérée

METROPOLITAN

metropolitan area
conurbation
metropolitan belt
mégalopole

MICROCENSUS
microrecensement

MICROSIMULATION
microsimulation

MIDDLE

late middle age
dernières années de l'âge mûr

MID-YEAR

mid-year population
population moyenne

MIDWIFE

certified midwife
sage-femme qualifiée / brevetée
community midwife
sage-femme visiteuse
domiciliary midwife
sage-femme visiteuse
hospital midwife
sage-femme hospitalière
qualified midwife
sage-femme diplômée
traditional midwife
accoucheuse (empirique / traditionnelle)

MIDWIFERY

profession de sage-femme, soins obstétricaux, obstétrique
midwifery education
formation des sages-femmes
midwifery service
soins de sages-femmes, service
d'obstétrique

MIGRANT

migrant
illegal migrant labour
main-d'oeuvre immigrée en situation irrégulière, travailleurs immigrés clandestins
irregular status migrant
migrant / immigrant en situation
irrégulière / sans papiers, migrant
/ immigrant irrégulier, / clandestin
legal migrant
migrant / immigrant autorisé /
régulier
lifetime migrant
non-natif
migrant labourer
travailleur migrant
migrant worker
travailleur migrant
net number of migrants
nombre net de migrants
new migrant
primo-immigrant, primo-migrant

non-migrant table
table de sédentarité
proportion of migrants
proportion de migrants
second generation migrant
migrant de la deuxième génération
statistics on migrants
statistiques sur les migrants
undocumented migrant
migrant / immigrant en situation
irrégulière / sans papiers, migrant
/ immigrant irrégulier, / clandestin

MIGRATE (to)
migrer

MIGRATION

migration (géographique / spatiale),
mouvement migratoire
all orders migration rate
taux de migration de tous rangs
ancillary migration
migration secondaire; migration
induite (par celle du chef de famille, par ex.)
annual migration rate
taux annuel de migration
annual rate of net migration
taux annuel de migration nette
annual rate of total migration
taux annuel de migration totale
balance of migration
accroissement par migration, solde
/ balance / bilan migratoire
chain migration
migration en chaîne
circular migration
migration circulaire
collective migration
migration collective
effectiveness of migration streams
indice de compensation des courants
external migration
migration externe / extérieure
family migration
migration familiale

final migration
migration définitive
first migration probability
quotient de première migration
free migration
migration spontanée
frontier migration
migration frontalière
gross migration
migration totale
group migration
migration collective
illegal migration
migration / immigration irrégulière
/ clandestine / illicite
index of migration differentials
indice différentiel
index of migration intensity
indice d'intensité migratoire
individual migration
migration individuelle
intercensal migration
migration intercensitaire
internal migration
migration intérieure / interne
international migration
migration internationale
irregular migration
migration / immigration irrégulière
/ clandestine / illicite
labour migration
migration de travail / de main-
d'oeuvre
latest migration
dernier changement de résidence,
dernière migration, migration la
plus récente
legal migration
migration / immigration légale /
autorisée
longitudinal migration analysis
analyse longitudinale des migrations
marriage migration
migration par mariage
mass migration
migration massive

migration area
zone / espace migratoire
migration balance
solde / balance / bilan migratoire
migration field
champ migratoire
migration flow
courant / flux migratoire
migration history
mouvements migratoires antérieurs,
histoire migratoire
migration model
modèle de migration, modèle migratoire
migration policy
politique migratoire
migration preference index
indice d'intensité migratoire relative, indice de préférence
**migration probability by order of
move**
quotient de migration par rang
migration push
impulsion migratoire
migration rate
taux de migration
migration statistics
statistiques migratoires / de migration
migration stream
courant / flux migratoire, courant
de migrations
migration surplus
excédent migratoire, immigration
nette
migration table
table de migration
migration turnover
volume total des migrations, migration totale
negative net migration count
solde migratoire négatif
net migration
accroissement par migration, migration nette, solde / balance /
bilan migratoire

order of migration
rang de migration
order-specific migration table
table de migration de rang
overseas migration
migrations transocéaniques
permanent migration
migration définitive
rate of internal migration
taux de migration interne
rate of net migration
taux de migration nette (migration
nette / population totale)
rate of total migration
taux de migration totale (migration
totale / population totale)
regulated migration
migration contrôlée
relay migration
migration par étapes
remaining migration
migration subsistante
repeat migration
migration multiple
resulting migration
migration résultante
retirement migration
migration de / par retraite
return migration
migration de retour, migration au
pays, retour (au pays)
rural migration
migration rurale
rural-urban migration
exode / émigration rural(e), migration des populations rurales vers
les zones urbaines, mouvement
campagne-ville
secondary migration
migration secondaire; migration
induite (par celle du chef de famille, par ex.)
selectivity of migration
migration sélective
serial migration
migration avec relais / par étapes

settlement migration
migration de peuplement
spontaneous migration
migration spontanée
stage migration
migration avec relais / par étapes
step migration
migration avec relais / par étapes
step by step migration
migration par bonds successifs
subsisting migration
migration subsistante
surviving migration
migration survivante
temporary migration
migration temporaire
turnover migration
migration de retour, migration au
pays, retour (au pays)
unauthorised migration
migration / immigration irrégulière
/ clandestine / illicite
undeclared migration
migration / immigration irrégulière
/ clandestine / illicite
undocumented migration
migration / immigration irrégulière
/ clandestine / illicite
urban migration
migration urbaine
volume of migration
volume total des migrations, migration totale
voluntary migration
migration spontanée

MIGRATORY
migratoire
   migratory basin
   bassin migratoire (zone de migration traditionnelle)
   migratory chain
   chaîne migratoire
   migratory deficit
   déficit migratoire, émigration nette
   migratory growth
   accroissement migratoire

migratory sequence
séquence migratoire

MILITARY
military conscription list
liste de conscription

MINIMUM
minimal, minimum
minimum age at marriage
âge de nubilité, âge minimum au mariage
minimum population
population minimale

MINORITY
minorité
ethnic minority
minorité ethnique
linguistic minority
minorité linguistique
national minority
minorité nationale

MISCARRIAGE
avortement spontané, fausse couche

MISCEGENATION
métissage, miscégénation, croisement

MISREPORTING
erreur de déclaration

MIXED
mixed blood
métis
mixed marriage
mariage mixte
mixed parentage
métis

MOBILITY
mobilité
downward mobility
régression sociale

geographic mobility
mobilité géographique / physique / spatiale
inter-generational social mobility
capillarité sociale
labour mobility
migration / mobilité professionnelle
linguistic mobility
mobilité linguistique
mobility table
table de mobilité
professional mobility
mobilité professionnelle
rate of internal mobility
taux de mobilité interne
residential mobility
mobilité locale / résidentielle
social mobility
migration / mobilité sociale
spatial mobility
mobilité géographique / physique / spatiale
upward mobility (in the social hierarchy)
ascension sociale

MODAL
modal
modal age at death
âge modal / normal au décès
modal age at first marriage
âge modal au premier mariage

MODALITY
modalité

MODE
mode

MODEL (adj. / subst.)
modèle
demographic model
modèle démographique
deterministic model
modèle déterministe
dynamic model
modèle dynamique

gravity model
modèle de type Pareto, modèle gravitaire
migration model
modèle de migration / migratoire
model calendar
calendrier type
model calendar method
méthode du calendrier type
model fertility table
table type de fécondité
model life table
table type de mortalité
model net nuptiality table
table type de nuptialité des célibataires
model table
table type
Pareto-type model
modèle de type Pareto, modèle gravitaire
static model
modèle statique
stochastic model
modèle stochastique

MOMENT
census moment
moment du dénombrement

MONOGAMOUS
monogame

MONOGAMY
monogamie
lifelong monogamy
monogamie à vie
serial monogamy
monogamie en série

MONOZYGOTIC
monozygotic twins
vrais jumeaux, jumeaux identiques, jumeaux univitellins

MONTH
couple-month
couple-mois

MONTHLY
monthly conception probability
quotient mensuel de conception
monthly fertility probability
quotient mensuel de fécondité / de grossesse
monthly pregnancy probability
quotient mensuel de fécondité / de grossesse
monthly rate
taux mensuel

MORAL
moral restraint
contrainte morale

MORBID
morbid state
état morbide

MORBIDITY
morbidité
morbidity indicator
indicateur de morbidité
morbidity rate
indice de mesure de la morbidité
morbidity ratio
indice de mesure de la morbidité
morbidity statistics
statistiques de morbidité
morbidity survey
enquête sur la morbidité
psychiatric morbidity
morbidité psychiatrique

MORTALITY
mortalité
adjusted infant mortality rate
quotient de mortalité infantile
adjusted mortality rate
taux comparatif de mortalité
adult mortality
mortalité adulte

age-specific mortality
mortalité par âge
age-specific mortality rate
taux de mortalité par âge
bill of mortality
liste mortuaire
cause-specific mortality
mortalité par cause
child mortality
mortalité postinfantile
child mortality rate
taux de mortalité juvénile
comparative mortality index
indice comparatif de mortalité
crude instantaneous mortality rate
taux brut instantané de mortalité
crude mortality rate
taux brut de mortalité
differential mortality
mortalité différentielle
early foetal mortality
mortalité foetale précoce
early neonatal mortality
mortalité néonatale précoce
early neonatal mortality rate
taux de mortalité néonatale précoce
endogenous infant mortality
mortalité infantile endogène
endogenous infant mortality rate
taux de mortalité infantile endogène
endogenous mortality
mortalité biologique / endogène
endogenous mortality table
table de mortalité biologique limite
excess male mortality
surmortalité masculine
excess mortality
surmortalité
exogenous infant mortality
mortalité infantile exogène
exogenous infant mortality rate
taux de mortalité infantile exogène
exogenous mortality
mortalité exogène
foetal mortality
mortalité foetale / in utero / intra-
utérine

foetal mortality rate
taux de mortalité foetale / de mortalité intra-utérine
foetal mortality ratio
rapport de mortalité foetale
general mortality
mortalité générale
infant and child mortality
mortalité infantile et postinfantile
infant mortality
mortalité infantile
infant mortality rate (IMR)
taux de mortalité infantile (TMI)
intermediate foetal mortality
mortalité foetale intermédiaire
intra-uterine mortality table
table de mortalité intra-utérine
late foetal mortality
mortalité foetale tardive; mortinatalité
late foetal mortality rate
taux de mortalité foetale tardive /
de mortinatalité
late foetal mortality ratio
rapport de mortinatalité
maternal mortality
mortalité liée à la maternité; mortalité maternelle
maternal mortality rate (MMR)
taux de mortalité maternelle, taux
de mortalité liée à la maternité
mortality control
maîtrise de la mortalité
mortality differences
mortalité différentielle
mortality method
méthode des décès
mortality of old age
mortalité sénile
mortality rate
taux de mortalité
mortality surface
surface de mortalité
mortality table
table de mortalité

mortality table setting aside one cause of death
table de mortalité en l'absence d'une cause
mortality table of children under one year of age
table de mortalité des enfants de moins d'un an
neonatal mortality
mortalité néonatale
neonatal mortality rate
taux de mortalité néonatale
occupational mortality
mortalité par profession / professionnelle
perinatal mortality
mortalité périnatale
perinatal mortality rate
taux de mortalité périnatale
postneonatal mortality
mortalité postnéonatale
postneonatal mortality rate
taux de mortalité postnéonatale
professional mortality
mortalité professionnelle
proportionate mortality
proportion des décès par cause
puerperal mortality
mortalité puerpérale
sex-age-specific mortality rate
taux de mortalité par sexe et par (groupe d') âge
social mortality
mortalité sociale
standard mortality
mortalité type
standard mortality rate
taux type de mortalité
standardised mortality rate
taux comparatif de mortalité

MOTHER
mère

aid to expectant mothers
secours / aide prénatal(e)

average completed fertility per mother
fécondité finale moyenne par mère
descent from mother
filiation maternelle
deserted mother
mère abandonnée
expectant mother
femme enceinte, future mère
foster mother
mère nourricière, gardienne; assistante maternelle (France)
mean age of mothers
âge moyen des mères
mother and child care
soins / assistance aux mères et aux enfants
mother's help
aide / auxiliaire familial(e); travailleuse familiale (France)
mother language
langue maternelle
mother tongue
langue maternelle
non-working mother
mère au foyer
nursing mother
mère allaitant son enfant, mère allaitante
orphan whose mother is dead
orphelin de mère
previous births to the mother
enfants nés de la même mère
surrogate mother
mère porteuse
unmarried mother
mère célibataire
working mother
mère exerçant une activité rémunérée / une activité professionnelle

MOTHERCRAFT
puériculture

MOTHERHOOD
maternité
   unmarried motherhood
   mères célibataires

MOTHERING
soins maternels

MOTIVATOR
propagandiste, incitateur

MOVE (subst.)
déplacement (de la population)
   local move
   mobilité locale / résidentielle
   mean number of moves
   nombre moyen de migrations
   migration probability by order of move
   quotient de migration par rang
   seasonal move
   déplacement / migration saisonnier (ère)
   temporary move
   déplacement temporaire

MOVE (to)
   moving average
   moyenne mobile

MOVEMENT
mouvement
   daily movement
   migration journalière
   movement of intellectuals
   migration "de qualité"
   movement patterns
   mouvements types
   population movement
   migration (géographique / spatiale), mouvement migratoire, (mouvement général) de la population
   range of movement
   amplitude de mouvement
   seasonal movement
   migration saisonnière, déplacement saisonnier

   statistics of population movement
   statistiques de l'état de la population / du mouvement de la population

MULTI-FAMILY
   multi-family household
   ménage multifamilial

MULTI-PERSON
   multi-person household
   ménage multiple

MULTI-STAGE
   multi-stage sampling
   sondage à plusieurs degrés

MULTIGRAVIDA
multigravide

MULTILINGUAL
plurilingue

MULTIPARA
multipare

MULTIPAROUS
multipare

MULTIPLE
   multiple birth
   accouchement multiple (double, triple, gémellaire), naissance gémellaire / multiple
   multiple causes of death
   causes complexes / multiples de décès
   multiple counting
   comptage multiple
   multiple decrement table
   table à extinction multiple / à multiple extinction
   multiple family household
   ménage multifamilial

MULTIPLIER
> *Sprague multipliers*
> multiplicateurs de Sprague

MULTIROUND
> *multiround survey*
> enquête à passages répétés / à plusieurs passages

MUNICIPAL
> *municipal population*
> population municipale
> *municipal residents (France)*
> population municipale

MUTANT
mutant

MUTATION
mutation

Notes

NATALISM
natalisme

NATALISTIC
nataliste

NATION
nation

NATIONAL
national minority
minorité nationale
national origin
nationalité d'origine
national residents
résidents qui sont des nationaux
nationals
nationaux, autochtones, ressortis-
sants
non-national residents
résidents qui ne sont pas des nationaux
real national income per capita
revenu réel moyen par tête

NATIONALITY
citoyenneté, nationalité
dual nationality
double nationalité
ethnic nationality
nationalité ethnique
loss of nationality
perte de la nationalité
political nationality
nationalité politique

NATIVE
originaire, natif
native blood
sang natif
native-born
né dans le pays
native reservation
réserve
native reserve
réserve

NATURAL
intrinsic rate of natural increase
taux intrinsèque d'accroissement
naturel, taux de Lotka
natural area
aire naturelle
natural changes of population
mouvement naturel de la population
natural descent
filiation / descendance naturelle
natural fecundability
fécondabilité naturelle
natural fertility
fécondité naturelle
natural fertilisation
fécondation par voie naturelle
natural increase
accroissement / mouvement naturel
natural region
pays; région naturelle
rate of natural increase
taux d'accroissement naturel
true rate of natural increase
taux intrinsèque d'accroissement
naturel, taux de Lotka

NATURALISATION
naturalisation, acquisition de nationalité
*revocation of the certificate of
naturalisation*
retrait de la nationalité

NATURALISE (to)
naturaliser
naturalised citizen
naturalisé
naturalised person
naturalisé

NEED (subst.)
basic needs assessment (BNA)
évaluation des besoins essentiels
material need function
fonction nourricière

NEGATIVE
    negative eugenics
    eugénisme négatif
    negative growth
    accroissement négatif
    negative net migration count
    solde migratoire négatif

NEO-MALTHUSIAN
néo-malthusien

NEO-MALTHUSIANISM
néo-malthusianisme

NEONATAL
    early neonatal death
    décès / mort néonatal(e) précoce
    early neonatal mortality
    mortalité néonatale précoce
    early neonatal mortality rate
    taux de mortalité néonatale précoce
    neonatal death
    décès / mort néonatal(e)
    neonatal mortality
    mortalité néonatale
    neonatal mortality rate
    taux de mortalité néonatale
    neonatal nursing
    soins infirmiers néonatals
    neonatal period
    période néonatale

NET
    annual rate of net migration
    taux annuel de migration nette
    cumulative net fertility
    descendance nette
    current net reproduction rate
    taux net de reproduction du moment
    index of net velocity
    indice d'intensité migratoire nette
    model net nuptiality table
    table type de nuptialité des célibataires
    negative net migration count
    solde migratoire négatif

net emigration
émigration nette
net expectation of working life
espérance nette de vie active
net fertility table
table nette de fécondité
net gain (migr.)
immigration nette
net general fertility table
table nette de fécondité générale
net immigration
immigration nette
net in-migration
immigration nette
net interchange (migr.)
courant net
net inter-pregnancy interval
intervalle intergravidique net
net loss
émigration nette
net marriage fertility table
table nette de fécondité des mariages
net mean age at childbirth
âge moyen net à la maternité
net migration
accroissement par migration, migration nette, solde / balance / bilan migratoire
net number of migrants
nombre net de migrants
net nuptiality table
table de survie en état de célibat, table de nuptialité nette des célibataires, table nette de nuptialité des célibataires
net out-migration
émigration nette
net probability
quotient net
net rate
taux net
net replacement
reproduction nette
net reproduction
reproduction nette

net reproduction rate
taux de reproduction nette, taux net
de reproduction, taux de Boeck / de
Boeck-Kuczynski / de Kuczynski
net table
table nette
rate of net migration
taux de migration nette (migration
nette / population totale)

NEVER-MARRIED
célibataire (définitif), isolé
proportion never married
(fréquence du) célibat définitif

NEW
new born
nouveau-né
new migrant
primo-immigrant, primo-migrant
*number of divorces per new mar-
riage*
nombre moyen de divorces par
mariage
*proportion of new acceptors (of
contraception)*
taux d'acceptation / de participation, proportion de participants

NEWLY
newly married couple
nouveaux mariés

NEXT
age at next birthday
âge au prochain anniversaire
next of kin
proches parents; plus proche parent

NIDATION
nidation

NOMAD (adj. / subst.)
nomade

NOMADIC
nomade
semi-nomadic
semi-nomade

NOMINAL
nominal list
liste nominative

NON AGED
personne encore jeune

NON-AGRICULTURAL
non-agricultural population
population (active) non agricole
non-agricultural workers
population (active) non agricole

NON-APPLIANCE
non-appliance method
méthode sans adjuvant

NON ELDERLY
personne encore jeune

NON-FAMILY
non-family household
collectivité, ménage collectif, ménage non familial

NON-FARM
non-farm population
population (active) non agricole

NON-IDENTICAL
non-identical twins
faux jumeaux, jumeaux bivitellins,
jumeaux fraternels

NON-LABOUR
non-labour force participants
les inactifs

NON-MALTHUSIAN
non-Malthusian population
population non malthusienne

NON-MANUAL
   non-manual worker
   travailleur non manuel

NON-MARITAL
   non-marital fertility
   fécondité illégitime
   non-marital fertility rate
   taux de fécondité illégitime
   non-marital union
   union libre

NON-MARRIAGEABLE
   non-marriageable population
   population non mariable

NON-MIGRANT
non migrant, sédentaire
   non-migrant table
   table de sédentarité
   survivorship schedule of non-migrants
   table de survie des sédentaires

NON-NATIONAL
   non-national residents
   résidents qui ne sont pas des nationaux

NON-PLANNER
couple non-malthusien

NON RENEWABLE
   non renewable event
   événement non renouvelable

NON-RESIDENT
non-résident, personne résidant à l'étranger

NON-RESPONDENT
défaillant

NON-SINGLE
   non-single parent
   parent non célibataire

NONSUSCEPTIBLE
   nonsusceptible period
   temps mort

NON-VIABLE
non viable

NON-WHITE
personne de couleur

NON-WORKING
   non-working mother
   mère au foyer

NORMAL
normal
   normal age at death
   âge modal / normal au décès; vie normale
   normal resident
   résident habituel
   normal retirement age
   âge normal de la retraite

NOSOGRAPHY
nosographie

NOSOLOGY
nosologie

NOT STATED
non déclaré

NOTIFIABLE
   notifiable disease
   maladie à déclaration obligatoire

NOTIFICATION
déclaration (de naissance, de décès, de maladie)

NOTIFY (to)
   notify a birth (to)
   déclarer une naissance; dresser un acte de naissance

NUCLEAR
nuclear family
famille biologique / nucléaire, noyau familial

NUCLEUS
noyau
family nucleus
élément familial principal
primary nucleus
noyau principal
secondary nucleus
noyau secondaire

NULLIGRAVIDA
nulligravide

NULLIPARA
nullipare

NULLIPAROUS
nullipare

NULLITY
decree of nullity
annulation de mariage
nullity of marriage
nullité du mariage

NUMBER
absolute number
nombre absolu
child number variation
variance du nombre d'enfants
desired number of children
nombre idéal d'enfants
index number
indice, coefficient
intended number of children
nombre idéal d'enfants
mean number of births per marriage
nombre moyen de naissances par mariage
mean number of children ever born per woman
nombre moyen d'enfants par femme

mean number of days of illness
nombre moyen de journées de maladie
mean number of events
nombre moyen d'événements
mean number of moves
nombre moyen de migrations
net number of migrants
nombre net de migrants
number of children wanted
nombre d'enfants désiré
number of divorces per new marriage
nombre moyen de divorces par mariage
number of first marriages
premier mariage de la table
numbers remaining single
table de célibat
total number of births
naissances totales
total number (of inhabitants)
dimension, taille; effectif

NUPTIALITY
nuptialité
crude nuptiality rate
taux brut de nuptialité
female nuptiality
nuptialité féminine
gross nuptiality table
table de nuptialité
instantaneous nuptiality rate
taux / quotient instantané de nuptialité, fonction quotient de nuptialité
male nuptiality
nuptialité masculine
model net nuptiality table
table type de nuptialité des célibataires
net nuptiality table
table de survie en état de célibat, table de nuptialité nette des célibataires, table nette de nuptialité des célibataires

nuptiality rate
taux de nuptialité
nuptiality table
table de nuptialité

NURSE (subst.)
certified nurse
infirmière diplômée d'Etat
infant nurse
infirmière s'occupant d'enfants en
bas âge
maternity nurse
infirmière spécialisée dans les soins
de maternité
paediatric nurse
infirmière d'enfants; infirmière
puéricultrice, infirmière du service
de pédiatrie (qqfs)

NURSERY
crèche, garderie
day-care nursery
pouponnière
nursery education
éducation préscolaire
nursery school
école maternelle, jardin d'enfants
resident nursery
pouponnière

NURSING
allaitement; nourrisson
neonatal nursing
soins infirmiers néonatals
nursing home (USA)
maison de retraite
nursing mother
mère allaitant son enfant, mère
allaitante
nursing room
salle d'allaitement
paediatric nursing
soins infirmiers pédiatriques

NUTRITION
child nutrition
nutrition de l'enfant

NUTRITIONAL
nutritional requirements
besoins nutritionnels
nutritional status
état nutritionnel

Notes

Notes

OBSERVATION
observation
consistent observation
observation suivie
continuous observation
observation continue
observation error
erreur d'observation
period of observation
période d'observation
retrospective observation
observation rétrospective
variability of a set of observations
dispersion d'un ensemble d'observations

OBSERVE (to)
observed death
décès observé

OSBTACLE
intervening obstacle
obstacle intermédiaire

OCCUPATION
profession / activité (individuelle), métier
change of occupation
changement de profession
degree of occupation
densité d'habitation
gainful occupation
activité lucrative / économique
occupation group
catégorie professionnelle

OCCUPATIONAL
occupational class
groupe professionnel
occupational classification
répartition professionnelle (de la population)
occupational disease
maladie professionnelle
occupational group
groupe professionnel

occupational mortality
mortalité par profession / professionnelle

OCCUPY (to)
gainfully occupied population
population (économiquement) active, population active ayant un emploi, les actifs, (effectifs de) main-d'oeuvre (qqfs); personnes / population occupant des emplois rémunérés, personnes ayant une activité lucrative (qqfs)
insufficiently occupied dwelling
logement sous-peuplé

OFFICE
office worker
travailleur non manuel
registry office
bureau de l'état civil

OFFICER
child welfare officer
agent de protection de l'enfance

OFFSPRING
progéniture

OLD
mortality of old age
mortalité sénile
old age
vieillesse, troisième âge
old age dependency ratio
rapport de dépendance économique des personnes âgées, rapport (en pourcentage) de la population de 65 ans et plus à la population de 15 à 64 ans
(old) elderly
(personnes du) quatrième âge
old people
personne âgée, "ancien", "aîné", vieux, âgé; troisième âge
old people's home
maison de retraite

old population
population vieille
provision for old age
aide sociale / assistance aux personnes âgées
relief of old people
assistance aux vieillards / aux personnes âgées
the very old
les vieillards

OMISSION
omission

ONE-CHILD
one-child family
famille à enfant unique

ONE-FAMILY
one-family household
ménage unifamilial

ONE-PARENT
parent isolé, monoparental
one-parent family
famille monoparentale / à parent unique; monoparentalité

ONE-PERSON
one-person household
ménage d'une personne

ONTOGENETIC
ontogenetic development
ontogenèse

OPEN (adj.)
open birth interval
intervalle génésique ouvert
open inter-pregnancy interval
intervalle intergravidique ouvert
open interval
intervalle ouvert
open population
population ouverte

OPEN-ENDED
open-ended question
question ouverte

OPERATION
census operation
opération de recensement
death due to operations of war
décès (par fait) de guerre
injury due to operations of war
blessure par fait de guerre

OPERATOR
farm operator
exploitant (agricole), fermier, cultivateur / agriculteur (exploitant)

OPPORTUNITY
intervening opportunity
poste intermédiaire offert
promotion opportunities
chances d'avancement (dans la carrière)

OPTIMUM
optimum
economic optimum
optimum économique
optimum density
densité optimale
optimum growth rate
taux d'accroissement optimal
optimum population
population optimale, optimum de peuplement / de population
optimum rate of growth
rythme optimal d'accroissement, accroissement optimal
power optimum
optimum de puissance
social optimum
optimum social

OPTION
life style options
choix de vie

ORAL
> *oral contraceptive*
> *contraceptif oral*

ORDER (subst.)
> *all orders migration rate*
> *taux de migration de tous rangs*
> *birth order*
> *rang de naissance*
> *birth order fertility*
> *fécondité selon le rang de naissance*
> *birth order statistics*
> *statistiques de rang de naissance*
> *confinement order*
> *rang d'accouchement*
> *migration probability by order of move*
> *quotient de migration par rang*
> *order of magnitude*
> *ordre de grandeur*
> *order of marriage*
> *rang du mariage*
> *order of migration*
> *rang de migration*
> *order-specific fertility rate*
> *taux de fécondité par rang*
> *order-specific fertility table*
> *table de fécondité de rang*
> *order-specific migration table*
> *table de migration de rang*
> *order-specific total fertility rate*
> *somme des naissances réduites de rang*
> *order statistics*
> *quantile*
> *pregnancy order*
> *rang de grossesse*

ORIGIN
> *ethnic origin*
> *origine ethnique*
> *event-origin*
> *événement-origine*
> *from immigrant origin*
> *issu de l'immigration*
> *national origin*
> *nationalité d'origine*
> *place of origin*
> *lieu d'origine / de départ*

ORPHAN
orphelin
> *full orphan*
> *orphelin de père et de mère, orphelin complet / double*
> *orphan child*
> *orphelin*
> *orphan whose father is dead*
> *orphelin de père*
> *orphan whose mother is dead*
> *orphelin de mère*
> *orphan whose parents are dead*
> *orphelin de père et de mère, orphelin complet / double*

OUT-MIGRANT
émigrant (récent); émigré (plus ancien)
> *proportion of lifetime out-migrants*
> *proportion d'émigrés*
> *proportion of out-migrants*
> *proportion d'émigrants*
> *statistics on out-migrants*
> *statistiques sur les émigrés*

OUT-MIGRATION
émigration (interne)
> *net out-migration*
> *émigration nette*
> *out-migration area*
> *zone de départ / d'émigration / d'origine / de provenance*

OUT-OF-SCHOOL
ayant quitté l'école; non scolarisé; extrascolaire

OUTFLOW
flux d'émigration, sorties

OVERALL
global, total, complet, d'ensemble
overall fertility
fécondité générale
overall fertility rate
taux de fécondité générale

OVERCROWDED
overcrowded dwelling
logement surpeuplé

OVERESTIMATION
surestimation

OVERPOPULATED
surpeuplé

OVERPOPULATION
surpeuplement, surpopulation

OVERSEAS
overseas migration
migrations transocéaniques

OVERSPILL
excédent / trop-plein de population

OVOCYTE
ovocyte
fertilisation of ovocytes after free-zing
fécondation des ovocytes après congélation

OVULATION
ponte ovulaire, ovulation

OVULATORY
ovulatory cycle
cycle ovarien

OVUM
ovule

OWN (adj.)
worker on own account
travailleur indépendant

OWNER
propriétaire
farm-owner
propriétaire exploitant

Notes

Notes

PAEDIATRIC
paediatric illness
maladie infantile
paediatric nurse
infirmière d'enfants; infirmière
puéricultrice, infirmière du service
de pédiatrie (qqfs)
paediatric nursing
soins infirmiers pédiatriques

PAEDIATRICS
pédiatrie

PALEO-DEMOGRAPHY
paléodémographie

PANDEMIC
pandémie

PANMIXIA
panmixie

PARAMETER
population parameter
paramètre statistique

PARENT
parent
adoptive parents
parents d'adoption / adoptifs
boarding parents
parents nourriciers, les nourriciers
foster parents
parents nourriciers, les nourriciers
non-single parent
parent non célibataire
one-parent family
famille monoparentale, famille à
parent unique; monoparentalité
orphan whose parents are dead
orphelin de père et de mère, orphelin complet / double
parents or other relatives
ascendants directs ou autres parents
sole(-)parent
parent isolé, monoparental

two-parent
biparental
two-parent family
famille biparentale

PARENT-CRAFT
rôle et responsabilité qui incombent
aux parents

PARENTAGE
ascendance
mixed parentage
métis

PARENTAL
parental home
domicile familial
parental status
situation familiale

PARENTHOOD
paternité (ou) maternité; fonction parentale; procréation
planned parenthood
projet parental; planning / planification familial(e), planification de
la famille / des naissances, parenté
planifiée
responsible parenthood
procréation / parenté responsable,
régulation des naissances
voluntary parenthood
procréation / parenté responsable,
régulation des naissances

PARETO
Pareto-type model
modèle de type Pareto, modèle
gravitaire

PARISH
paroisse, paroissial; commune
parish register
registre paroissial

PARITY
average parity
nombre moyen d'enfants par femme
completed parity
nombre moyen d'enfants par famille complète
final parity
nombre moyen d'enfants par famille complète
parity (births of equal order)
parité (naissances de rang égal)
parity progression ratio
probabilité d'agrandissement des
familles
parity-related family limitation
limitation des naissances au niveau
de la parité / portant sur la parité
parity-specific birth probability
quotient de fécondité par parité
parity-specific birth rate
taux de fécondité par parité
parity-specific fertility rate
taux de fécondité par parité

PAROCHIAL
paroisse, paroissial
parochial register
registre paroissial

PARTIAL
partial census
recensement partiel
partial unemployment
chômage partiel

PARTICIPANT
female participants
les actives
labour force participants
les actifs
non-labour force participants
les inactifs

PARTICIPATION
female participation rate
taux d'activité des femmes

labour force participation
taux d'activité, proportion d'actifs
labour force participation rate
taux d'activité, proportion d'actifs
labour force participation ratio
taux d'activité, proportion d'actifs
male participation rate
taux d'activité masculine

PARTICULAR (subst.)
renseignement

PARTNER
partner relationship
vie de couple

PASSENGER
passenger list
liste de passagers
passenger manifest
liste de passagers

PAST
*place of residence at a fixed past
date*
résidence à une date antérieure

PATERNAL
paternal generation
génération masculine
paternal reproduction rate
taux de reproduction masculine

PATTERN
disease patterns
tableaux de morbidité
family pattern
structure familiale
movement patterns
mouvements types
premarital pattern
mode de vie préconjugal

PEARL
Pearl index
indice de Pearl

PENSIONABLE

pensionable age
âge ouvrant droit à pension, âge du
droit à pension / d'admission à
pension / de pension / de la (mise à
la) retraite
of pensionable age
qui a atteint l'âge de pension
prescribed pensionable age
âge légal de la retraite

PENSIONER

pensionné, retraité

PEOPLE

low-income people
économiquement faibles
old people
personne âgée, "ancien", "aîné",
vieux, âgé; troisième âge
old people's home
maison de retraite
relief of old people
assistance aux vieillards / aux
personnes âgées

PER CAPITA

real national income per capita
revenu réel moyen par tête

PERCENTAGE

pourcentage

PERCENTILE

centile

PERINATAL

perinatal care
soins périnatals
perinatal death
mort périnatale
perinatal mortality
mortalité périnatale
perinatal mortality rate
taux de mortalité périnatale

PERIOD

période, durée
age period
âge / période de la vie
base period
période de référence
childbearing period
âge / période de procréation / de
reproduction, âge fertile
complete period
durée révolue
fecund period
période de fécondité
intercensal period
période intercensitaire
lying-in period
état / période puerpéral(e); suites
de couches (qqfs)
neonatal period
période néonatale
nonsusceptible period
temps mort
period of ageing
période de vieillissement
period analysis
analyse du moment, analyse par
période, analyse transversale
period and cohort fertility
fécondité par période et par cohorte
period fertility
fécondité du moment
period fertility data
indice de fécondité
period fluctuation
mouvement cyclique / périodique
period of gestation
durée de gestation / de grossesse
period index
indice conjoncturel / transversal /
du moment
period life table
table de mortalité du moment
period measure
indice du moment, indice conjoncturel

period of observation
période d'observation
period rate
indice conjoncturel / transversal /
du moment
period under review
période considérée
period table
table transversale / du moment
postnatal period
état / période puerpéral(e); suites
de couches (qqfs)
postpartum period
période postpartum
projection period
étendue des projections
reproductive period
âge / période de procréation / de
reproduction, âge fertile
safe period
période de sécurité
sterile period
période d'infécondabilité
(total period) divorce rate
taux de divorce / de divortialité,
indice général des divorces
total period first marriage rate
indice général de primo-nuptialité

PERIODIC
périodique
periodic abstinence
méthode Ogino, méthode du rythme, continence périodique

PERIODICITY
périodicité

PERIODS
règles, menstrues

PERMANENT
permanent disability
incapacité permanente
permanent infertility
infécondité définitive

permanent migration
migration définitive
permanent resident
résident permanent, personne présente
permanent sterility
stérilité définitive

PERMIT (subst.)
entry permit
visa d'entrée
exit permit
visa de sortie
labour permit
autorisation de travail
residence permit
autorisation de séjour

PERSON
tête, individu, âme, personne
coloured person
personne de couleur
deceased person
défunt
displaced person
déporté, personne déplacée
divorce rate for married persons
taux de divortialité des mariés
divorced person
personne divorcée, divorcé(e)
economically active persons
personnes actives, actifs
ever-married person
marié, veuf ou divorcé, non célibataire
homeless person
personne sans logement, personne
sans abri, sans-logis, sans-abri
married person
marié(e), personne mariée, conjoint
multi-person household
ménage multiple
naturalised person
naturalisé
one-person household
ménage d'une personne

person abroad
personne à l'étranger
person with family responsibilities
personne ayant des charges familiales, chargé de famille
person of no fixed abode
sans domicile, (personne) sans
résidence fixe (SRF), sans domicile
fixe (SDF)
person of independent means
rentier
person receiving public assistance
assisté
person-year
personne-année
*remarriage table for divorced
persons*
table de nuptialité des divorcés
*remarriage table for widowed
persons*
table de nuptialité des veufs et
veuves
retired person
pensionné, retraité
self-supporting persons
non-dépendants
separated persons
époux séparés légalement
single person
célibataire (définitif), isolé
single person household
ménage d'une personne
stateless person
apatride
white person
blanc
widowed person
personne veuve
young person
jeune
young persons
jeunes gens

PERSONAL
personal interview
interrogatoire direct

PERSPECTIVE
perspective probability
quotient perspectif
perspective rate
taux perspectif

PERTUBATE (to)
perturbating event
événement perturbateur
perturbating phenomenon
phénomène perturbateur

PESSARY
préservatif féminin, pessaire occlusif,
cape

PHENOMENON
demographic phenomenon
phénomène démographique
independent phenomena
phénomènes indépendants
perturbating phenomenon
phénomène perturbateur
stationary phenomenon
phénomène stationnaire

PHENOTYPE
phénotype

PHENOTYPIC
phénotypique

PHYSICAL
physical coverage
couverture physique (de la population)
physical handicap
infirmité physique
physical infirmity
infirmité physique

PHYSIOLOGICAL
physiological age
âge physiologique
physiological effectiveness
efficacité clinique

PILL
birth pill
pilule (anticonceptionnelle / contraceptive)
contraceptive pill
pilule (anticonceptionnelle / contraceptive)

PILOT (adj.)
pilot survey
recensement d'essai, enquête pilote

PLACE (subst.)
child-minding place
garderie
place of arrival
lieu d'arrivée / de destination
place of birth
lieu de naissance
place-of-birth statistics
statistiques sur le lieu de naissance
place of current residence
résidence actuelle
place of departure
lieu d'origine / de départ
place of destination
lieu d'arrivée / de destination
place of last previous residence
résidence antérieure
place of origin
lieu d'origine / de départ
place of residence
résidence
place of residence at a fixed past date
résidence à une date antérieure

PLACENTA
placenta

PLAN (subst.)
sampling plan
plan de sondage

PLAN (to)
planned parenthood
projet parental; planning / planification familial(e), planification de la famille / des naissances, parenté planifiée

PLANNER
couple malthusien

PLANNING
family planning
planning / planification familial(e), planification de la famille / des naissances
family planning programme
programme de planification de la famille
maternal and child health / family planning (MCH / FP)
santé maternelle et infantile et planification familiale (SMI / PF)

PLURAL
plural birth
accouchement multiple (double, triple, gémellaire), naissance gémellaire / multiple

POINT (subst.)
point of death
point mortuaire

POISONING
intoxication, empoisonnement

POLICY
migration policy
politique migratoire
population policy
politique démographique, politique de population
population redistribution policy
politique de peuplement
restrictionist population policy
politique démographique malthusienne

POLITICAL
political division
division / unité administrative
political nationality
nationalité politique

POLYANDROUS
polyandre

POLYANDRY
polyandrie

POLYGAMOUS
polygame

POLYGAMY
polygamie
polygamy rate
taux de polygamie

POLYGON
frequency polygon
polygone de fréquence

POLYGYNOUS
polygyne

POLYGYNY
polygynie

POPULATE (to)
densely populated
très peuplé, à forte densité de population

POPULATION
population
actual population
population présente / existante / de fait / de facto
ageing of the population
vieillissement démographique, vieillissement de la population
agricultural population
population agricole, population vivant de l'agriculture

allocation of population
classement de la population
average population
effectif / population moyen(ne)
census population
population recensée
closed population
population fermée
cross-section of the population
échantillonnage caractéristique de la population
current population statistics
statistiques de l'état de la population
death rate of the stationary population
taux de mortalité de la population stationnaire
density of population
intensité du peuplement
density of the agricultural population per unit of cultivable area
densité agraire
density of population per unit of cultivable area
densité générale par unité de sol cultivable, densité physiologique
derived population forecast
perspective dérivée
dispersal of population
desserrement de la population
displacement of population
transfert de population
drift of population
courant / flux migratoire
economically active population
population (économiquement) active, population active ayant un emploi, les actifs, (effectifs de) main-d'oeuvre (qqfs); personnes / population occupant des emplois rémunérés, personnes ayant une activité lucrative (qqfs)
economically inactive population
population (économiquement) inactive, population non active

employed population
population active
estimate of the population
estimation de la population
expanding population
population en constante progression
exponential population
population exponentielle
de facto population
population présente / existante / de fait / de facto
farm population
population agricole / vivant de l'agriculture
gainfully occupied population
population (économiquement) active, population active ayant un emploi, les actifs, (effectifs de) main-d'oeuvre (qqfs); personnes / population occupant des emplois rémunérés, personnes ayant une activité lucrative (qqfs)
general population
ensemble de la population
geographical distribution of the population
localisation du peuplement
indigenous population
population autochtone
industrial population
population active industrielle
instantaneous growth of the population
accroissement instantané (d'une population)
institutional population
population des collectivités, population des ménages collectifs
de jure population
population de droit / légale / de jure, population de résidence habituelle, population domiciliée / résidante
logistic population
population logistique

low-income population groups
catégories de personnes / groupes à faibles revenus
Malthusian population
population malthusienne
Malthusian population theory
théorie malthusienne de la population
marriageable population
population mariable
maximum population
population maximale
mean population
effectif moyen
medium variant population projection
projection démographique établie sur la base de la variante moyenne
mid-year population
population moyenne
minimum population
population minimale
municipal population
population municipale
natural changes of population
mouvement naturel de la population
non-agricultural population
population (active) non agricole
non-farm population
population (active) non agricole
non-Malthusian population
population non malthusienne
non-marriageable population
population non mariable
old population
population vieille
open population
population ouverte
optimum population
population optimale, optimum de peuplement / de population
population analysis
analyse démographique
population band
tranche de la population
population carrying capacity
densité maximale / potentielle

population census
dénombrement / recensement de la
population
population centre
centre de population
population change
mouvement (général) de la population
population conglomeration
agglomération de population
population control
régulation du mouvement de la
population; malthusianisme
population count
dénombrement
population data
données statistiques de population
population decline
population décroissante
population density
intensité du peuplement, densité de
population
population dependent on
population dépendant de / vivant de
*population dependent on agricul-
ture*
population agricole, population
vivant de l'agriculture
population development
évolution de la population
population dynamics
dynamique / évolution de la population
population equilibrium
équilibre démographique
population exchange
échange de population
population factor
facteur population
population forecast
perspective / prévision démographique, perspective / prévision de
population
population genetics
génétique démographique, génétique des populations

population growth
accroissement (total) de la population; mouvement (général) de la
population
population laboratory
laboratoire démographique
population movement
migration (géographique / spatiale), mouvement migratoire, (mouvement général) de la population
population parameter
paramètre statistique
population policy
politique démographique, politique
de population
population pressure
pression démographique
population process
évolution de la population
population projection
projection démographique, projection de population
population pyramid
pyramide des âges
population quality
démographie qualitative
population redistribution policy
politique de peuplement
population register
registre / fichier de population
population replacement
reproduction; renouvellement de la
population
population reserve
postes réservés pour tenir compte
du facteur population
population section
couche de la population
population size
effectifs de la population
population statistics
statistiques démographiques, statistiques de la population
population subgroup
sous-groupe de population
population survey
enquête épidémiologique (qqfs)

population theory
théorie / doctrine de (la) population, théorie / doctrine démographique
population transfer
transfert de population
population transition
transition / révolution démographique
population of unit
population de l'unité
potential life of a population
potentiel-vie d'une population
quasi-stable population
population quasi stable
rate in relation to the initial population size
taux par rapport à l'effectif initial
redistribution of population
repeuplement; aménagement du peuplement; repopulation; réinstallation (de réfugiés)
replacement of the population
renouvellement de la population
resident population
population de résidence habituelle, population domiciliée / résidante
restrictionist population policy
politique démographique malthusienne
rural population
population rurale
scatter of the population
dispersion du peuplement
scattered population
population éparse
school age population
effectifs / population d'âge scolaire (obligatoire); population scolarisée
school population
population scolaire
semi-Malthusian population
population semi-malthusienne / semi-stable
semi-stable population
population semi-malthusienne / semi-stable

semi-urban population
population semi-urbaine
separately enumerated population
population comptée à part
size of economically active population
effectif de la population active
skewness of the population
inégalité de la répartition de la population
spatial distribution of the population
localisation du peuplement
stable population
population stable
stable population equivalent
population stable équivalente
standard population
population type
standardised population
population de base
state of the population
état de la population
statement on population growth
manifeste / déclaration sur l'accroissement de la population
stationary population
population stationnaire, population de la table de mortalité
statistics of population change
statistiques de l'état / du mouvement de la population
statistics of population movement
statistiques de l'état / du mouvement de la population
sub-population
sous-population
target population
population-cible
total growth of a population
accroissement brut d'une population
unoccupied population
population (économiquement) inactive, population non active
unsettled population
population flottante

urban population
population urbaine
working age population
population d'âge actif / en âge d'activité
working population
population (économiquement) active, population active ayant un emploi, les actifs, (effectifs de) main-d'oeuvre (qqfs); personnes / population occupant des emplois rémunérés, personnes ayant une activité lucrative (qqfs)
young population
population jeune
zero population growth (ZPG)
accroissement démographique nul, croissance nulle, croissance zéro

POPULATIONISM
populationnisme

POPULATIONIST
populationniste

POSITION (subst.)
position in industry
situation dans la profession, statut / situation professionnel(le), hiérarchie d'emploi

POSITIVE
positive check
obstacle malthusien / répressif / concret (à la croissance de la population)
positive eugenics
eugénisme positif

POSTAL
postal inquiry
enquête par correspondance, enquête postale

POSTCOITAL
postcoital contraception
contraception postcoïtale

POST-ENUMERATION
post-enumeration field checks schedules
bulletins de contrôle local de dénombrement
post-enumeration survey
enquête de vérification du recensement
post-enumeration test
enquête de contrôle

POSTHUMOUS
posthumous child
enfant posthume

POSTINFANTILE
postinfantile child death rate
taux de mortalité post-infantile

POSTNATAL
postnatal care
soins postnatals
postnatal clinic
(service de) consultations postnatales
postnatal period
état / période puerpéral(e); suites de couches (qqfs)

POSTNEONATAL
postneonatal death
décès / mort postnéonatal(e)
postneonatal mortality
mortalité postnéonatale
postneonatal mortality rate
taux de mortalité postnéonatale

POSTPARTUM
postpartum amenorrhea
aménorrhée postgravidique / postpartum
postpartum care
soins postpartum, soins donnés aux accouchées
postpartum exercise
exercice postpartum

postpartum period
période postpartum
postpartum sterility
stérilité postpartum

POSTPONE (to)
postpone childbearing (to)
différer les naissances

POSTPONEMENT
postponement of births
ajournement des naissances
postponement of marriage
prolongation du célibat

POST-TERM
post-term birth
naissance après terme

POST-TRANSITIONAL
post-transitional stage
régime démographique moderne

POTENTIAL
growth potential
potentiel d'accroissement
maximum potential density
densité maximale / potentielle
potential labour force
population active potentielle
potential life demography
démographie potentielle
potential life of a population
potentiel-vie d'une population
potential user
participant éventuel
voluntarily below potential fertility
maintien volontaire à un niveau
inférieur à la fécondité potentielle

POVERTY
poverty line
minimum vital, seuil de l'indigence
poverty threshold
seuil de pauvreté

POWER (subst.)
power optimum
optimum de puissance

PREFERENCE
digit preference
attraction des nombres ronds
index of age preference
indice d'attraction
migration preference index
indice d'intensité migratoire relative, indice de préférence
round age preference
attraction des âges ronds

PREGNANCY
gestation, gravidité, grossesse
**conventional duration of pregnan-
cy**
durée conventionnelle de grossesse
duration of pregnancy
durée de gestation / de grossesse
first pregnancy interval
(premier) intervalle gravidique,
délai de conception
inter-pregnancy interval
intervalle entre grossesses
monthly pregnancy probability
quotient mensuel de fécondité / de
grossesse
open inter-pregnancy interval
intervalle intergravidique ouvert
pregnancy amenorrhea
aménorrhée gravidique
pregnancy history
fiche gynécologique / obstétricale
pregnancy order
rang de grossesse
pregnancy rank
rang de grossesse
pregnancy rate
taux moyen de conception
pregnancy record
fiche gynécologique / obstétricale
pregnancy wastage
grossesses improductives

premarital pregnancy
grossesse avant le mariage
termination of pregnancy
interruption de (la) grossesse
toxaemia of pregnancy
toxémie gravidique
true duration of pregnancy
durée vraie de grossesse

PREGNANT
enceinte
pregnant woman
femme enceinte, future mère

PRE-MALTHUSIAN
prémalthusien

PREMARITAL
premarital conception
conception antenuptiale / prénuptiale
premarital counselling
consultations prénuptiales
premarital examination
certificat prénuptial
premarital pattern
mode de vie préconjugal
premarital pregnancy
grossesse avant le mariage
premarital sex
relations sexuelles préconjugales

PREMATURE
enfant né avant terme, (enfant) prématuré
premature baby
enfant né avant terme, (enfant) prématuré
premature birth
accouchement / naissance avant terme, accouchement prématuré
premature care
soins aux prématurés
premature confinement
accouchement avant terme / prématuré

premature delivery
accouchement avant terme / prématuré

PREMATURITY
prématurité

PRENATAL
prenatal allowance
allocation prénatale
prenatal care
soins prénatals
prenatal clinic
dispensaire prénatal, (service de / dispensaire de) consultations prénatales

PRENUPTIAL
prenuptial conception
conception antenuptiale / prénuptiale

PREPARATION
table preparation
édition des résultats

PRE-SCHOOL
pre-school child
jeune enfant, enfant d'âge préscolaire
pre-school education
enseignement préprimaire

PRESCRIBE (to)
prescribed pensionable age
âge légal de la retraite
prescribed relatives
parents reconnus (légalement comme parents) à charge

PRESENT (adj.)
child born out of the present marriage
enfant né du mariage actuel

PRESSURE
demographic pressure
poussée démographique
population pressure
pression démographique

PRE-TERM
pre-term birth
naissance avant terme

PRE-TEST
recensement préliminaire

PRE-TRANSITIONAL
pre-transitional stage
régime démographique ancien

PREVALENCE
ill-health prevalence rate
taux de morbidité prévalente
prevalence of disease
morbidité prévalente
prevalence rate
proportion des malades, fréquence globale des maladies; taux de prévalence

PREVENTIVE
preventive check
obstacle préventif

PREVIOUS
place of last previous residence
résidence antérieure
previous births to the mother
enfants nés de la même mère

PRIMARY
brut
primary care
soins primaires / de premier secours
primary cause of death
cause initiale du décès
primary education
enseignement du premier degré, enseignement primaire

primary nucleus
noyau principal
primary school
école élémentaire, école primaire
primary sector
secteur primaire
primary sex ratio
rapport / taux de masculinité des conceptions
primary sterility
stérilité primaire / totale
primary unit
unité primaire
primary worker
actif primaire

PRIME
prime age workers
travailleurs d'âge très actif, travailleurs appartenant aux classes d'âge de forte activité

PRIMIGRAVIDA
primigravide

PRIMIPARA
primipare

PRINCIPAL
principal cause of death
cause initiale du décès
principal earner
principal soutien économique
principal tenant
locataire principal

PRIVATE
private education
enseignement privé
private house
maison individuelle
private household
ménage ordinaire / privé

PROBABILITY
quotient, probabilité
annual death probability
quotient annuel de mortalité
crude probability
quotient brut, quotient d'éventualité
death probability
quotient de mortalité
first marriage probability
quotient de nuptialité
first migration probability
quotient de première migration
marriage dissolution probability
quotient de dissolution des mariages
migration probability by order of move
quotient de migration par rang
monthly conception probability
quotient mensuel de conception
monthly fertility probability
quotient mensuel de fécondité / de grossesse
monthly pregnancy probability
quotient mensuel de fécondité / de grossesse
net probability
quotient net
parity-specific birth probability
quotient de fécondité par parité
perspective probability
quotient perspectif
probability of accession to the labour force
probabilité d'entrée en activité
probability of disability
risque d'invalidité
probability of dying
quotient de mortalité
probability of dying before age one
quotient de mortalité infantile
probability fertility survey
enquête de probabilité sur la fécondité
probability sampling
sondage aléatoire / probabiliste / au hasard

probability of separation from the labour force
probabilité de cessation d'activité
probability of single survival
probabilité de survie en état de célibat
probability of survival
probabilité de survie
quinquennial death probability
quotient quinquennal de mortalité

PROBABLE
probable
probable length of life
vie probable

PROCEDURE
census procedure
méthode de recensement
sampling procedure
sondage

PROCESS (subst.)
family building process
projet parental
population process
évolution de la population

PROCESS (to)
processed result
résultat du traitement
processing
dépouillement (des bulletins de recensement)

PROCREATION
procréation
artificial procreation
procréation artificielle

PRODUCT
product of conception
produit de conception

PRODUCTION
production

PRODUCTIVITY
productivité

PROFESSIONAL
professional mobility
mobilité professionnelle
professional mortality
mortalité professionnelle
professional school
grande école
professional status
statut / rang professionnel, compétence(s) professionnelle(s)

PROFILE
health profile
profil sanitaire (d'un pays); état de santé (d'une population)

PROGENITOR
ascendant (en ligne directe)

PROGENY
progéniture

PROGRAMME (subst.)
family planning programme
programme de planification de la famille

PROGRESSION
parity progression ratio
probabilité d'agrandissement des familles

PROJECTION
backward projection
rétrojection, projection rétrospective
matrix method of projection
méthode matricielle de projection
medium variant population projection
projection démographique établie sur la base de la variante moyenne

population projection
projection démographique, projection de population
projection period
étendue des projections
revolving projection
projection glissante

PROMOTION
promotion opportunities
chances d'avancement (dans la carrière)

PRONATALIST
nataliste

PROOF
proof of relationship by descent
établissement de la filiation

PROPORTION
proportion
cumulated proportion divorced
somme des divorces réduits
masculinity proportion
taux de masculinité
proportion of current users of contraception
proportion de contracepteurs
proportion of in-migrants
proportion d'immigrants
proportion of lifetime in-migrants
proportion d'immigrés
proportion of lifetime out-migrants
proportion d'émigrés
proportion of migrants
proportion de migrants
proportion never married
(fréquence du) célibat définitif
proportion of new acceptors (of contraception)
taux d'acceptation / de participation, proportion de participants
proportion of out-migrants
proportion d'émigrants
proportion of refusals
proportion de refus

proportion remaining single
fréquence du célibat
proportion single
proportion des célibataires

PROPORTIONAL
proportionnel

PROPORTIONATE (adj.)
proportionate mortality
proportion des décès par cause

PROVISION
provision for old age
aide sociale / assistance aux personnes âgées

PROVISIONAL
provisoire
provisional rate
taux provisoire

PSYCHIATRIC
psychiatric morbidity
morbidité psychiatrique

PSYCHIATRY
child psychiatry
psychiatrie infantile

PSYCHOGERIATRICS
gérontopsychiatrie

PUBERTY
puberté

PUBLIC
person receiving public assistance
assisté
public education
enseignement public
public health
santé publique
public welfare recipient
assisté

PUBLICATION
publication of banns
publication des bans

PUERPERAL
puerperal mortality
mortalité puerpérale

PUERPERIUM
puerperium; état / période puerpéral(e);
suites de couches (qqfs)

PULL (subst.) (migr.)
pull factors
facteurs d'attraction

PUPIL
élève, écolier
pupils enrolled
effectif scolaire inscrit, population
scolaire
pupils in attendance
effectif scolaire présent

PURE
pure demography
démographie pure / théorique /
proprement dite

PUSH (subst.) (migr.)
impulsion, poussée
migration push
impulsion migratoire
push factors
facteurs de répulsion

PYRAMID
population pyramid
pyramide des âges

Notes

QUADRUPLETS
quadruplés

QUALIFY (to)
qualified midwife
sage-femme diplômée

QUALITY
population quality
démographie qualitative
quality-adjusted life-year (QUALY)
espérance de vie corrigée en fonction du bien-être
quality check
enquête de qualité

QUANTILE
quantile

QUANTUM
quantum index
indice du quantum

QUARTER
living quarter
(unité de) logement

QUARTERLY
quarterly rate
taux trimestriel

QUARTILE
quartile
quartile deviation
déviation quartile, semi-interquartile

QUASI-STABLE
quasi-stable population
population quasi stable

QUESTION (subst.)
closed ended question
question fermée
open ended question
question ouverte

screening question
question éliminatoire

QUESTIONNAIRE
questionnaire

QUINQUENNIAL
quinquennial age group
groupe d'âge quinquennal, groupe de cinq années d'âge
quinquennial death probability
quotient quinquennal de mortalité

QUINTILE
quintile

QUINTUPLETS
quintuplés

QUOTA
contingent(s); contingentaire; quota; quote-part
quota sampling
sondage par quotas
quota system
contingentement par quotas

QUOTIENT
intelligence quotient (IQ)
quotient intellectuel (QI)

Notes

RACE
race

RACISM
racisme

RACIST
raciste

RADIX
racine

RANDOM
aléatoire
    random fluctuation
    variation / fluctuation aléatoire
    random sampling
    sondage aléatoire / probabiliste /
    au hasard
    simple random sampling
    sondage probabiliste / aléatoire
    simple
    stratified random sampling
    sondage stratifié

RANGE (subst.)
marge d'écart, fourchette, étendue
    interquartile range
    intervalle interquartile
    range of movement
    amplitude de mouvement
    semi-interquartile range
    déviation quartile, semi-interquar-
    tile

RANK (subst.)
    birth rank
    rang de naissance
    confinement rank
    rang d'accouchement
    pregnancy rank
    rang de grossesse
    rank-specific birth control
    limitation des naissances au niveau
    de la parité / portant sur la parité

RATE (subst.)
taux, proportion; indice (qqfs)
    acceptance rate (of contraception)
    taux d'acceptation / de participa-
    tion, proportion de participants
    adjusted infant mortality rate
    quotient de mortalité infantile
    adjusted mortality rate
    taux comparatif de mortalité
    adjusted rate
    taux comparatif
    age-specific birth rate
    taux de fécondité par âge
    age-specific death rate
    taux de mortalité par âge
    age-specific divorce rate
    taux de divortialité par âge
    age-specific fertility rate
    taux de fécondité par âge
    age-specific marital fertility rate
    taux de fécondité légitime par âge
    age-specific marriage rate
    taux de nuptialité par âge
    age-specific mortality rate
    taux de mortalité par âge
    age-specific overall fertility rate
    taux de fécondité générale par âge
    age-specific rate
    taux par âge
    all orders migration rate
    taux de migration de tous rangs
    annual migration rate
    taux annuel de migration
    annual rate
    taux annuel
    annual rate of net migration
    taux annuel de migration nette
    annual rate of total migration
    taux annuel de migration totale
    average annual rate
    taux moyen annuel, taux annuel
    moyen
    birth rate
    taux de natalité
    case fatality rate
    taux de létalité / de mortalité clini-
    que

cause-specific death rate
taux de mortalité par cause
celibacy rate
taux de célibat
central death rate
taux moyen de mortalité
child mortality rate
taux de mortalité juvénile
cohort rate
taux de cohorte / de génération /
du moment
cohort reproduction rate
taux de reproduction de génération
completed fertility rate
descendance finale / complète
conception rate
taux (moyen) de conception
conception rate first insemination
insémination première fécondante
continuation rate
taux de persévérance
contraceptive failure rate
taux d'échec de la contraception
corrected rate
taux corrigé (de)
crude birth rate
taux brut annuel de natalité effective, taux brut de natalité
crude death rate
taux brut annuel de mortalité générale, taux brut de mortalité
crude divorce rate
taux brut annuel de divortialité,
taux brut de divortialité
crude instantaneous birth rate
taux brut instantané de natalité
crude instantaneous mortality rate
taux brut instantané de mortalité
crude marriage rate
taux brut annuel de nuptialité générale, taux brut de nuptialité
crude mortality rate
taux brut de mortalité
crude nuptiality rate
taux brut de nuptialité
crude rate
taux brut

current general fertility rate
table de fécondité générale du
moment
current gross reproduction rate
taux brut de reproduction du moment
current net reproduction rate
taux net de reproduction du moment
death rate
taux de mortalité
death rate of the stationary population
taux de mortalité de la population
stationnaire
disease incidence rate
taux de morbidité
divorce rate
taux de divorce / de divortialité
divorce rate for married persons
taux de divortialité des mariés
dropout rate
probabilité de cessation des études
duration-specific divorce rate
taux de divortialité par durée de
mariage
duration-specific rate
taux par durée
early neonatal mortality rate
taux de mortalité néonatale précoce
endogenous infant mortality rate
taux de mortalité infantile endogène
exogenous infant mortality rate
taux de mortalité infantile exogène
fatality rate
taux de létalité / de mortalité clinique
female child rate of birth
taux de féminité des naissances
female fertility rate
taux de fécondité féminine
female participation rate
taux d'activité des femmes
female reproduction rate
taux de reproduction féminine
fertility rate
taux de fécondité

final rate
taux définitif
first category rate
taux de première catégorie
foetal death rate
taux de mortalité foetale / intra-utérine
foetal mortality rate
taux de mortalité foetale / intra-utérine
general fertility rate
taux global de fécondité, taux de fécondité tous âges
general rate
taux général
generation rate
taux de cohorte / de génération / du moment
generation reproduction rate
taux de reproduction de génération
gross reproduction rate
taux de reproduction brut, taux brut de reproduction
growth rate
taux d'accroissement / de crois-sance
head of household rate
taux de chef de ménage
illegitimate birth rate
taux de natalité illégitime
illegitimate fertility rate
taux de fécondité illégitime
ill-health incidence rate
taux de morbidité incidente
ill-health prevalence rate
taux de morbidité prévalente
incidence rate
taux d'incidence
infant mortality rate (IMR)
taux de mortalité infantile (TMI)
instantaneous birth rate
naissances instantanées
instantaneous conception rate
taux instantané de conception

instantaneous death rate
taux / quotient instantané de morta-lité, fonction quotient de mortalité, force de mortalité, décès instanta-nés
instantaneous fertility rate
taux / quotient instantané de fécon-dité, fonction fécondité / descen-dance
instantaneous nuptiality rate
taux / quotient instantané de nup-tialité, fonction quotient de nuptia-lité
instantaneous rate
taux / quotient instantané
instantaneous rate of growth
taux instantané d'accroissement
intrinsic birth rate
taux intrinsèque de natalité
intrinsic death rate
taux intrinsèque de mortalité
intrinsic rate of natural increase
taux intrinsèque d'accroissement naturel, taux de Lotka
joint reproduction rate
taux de reproduction sexes combi-nés
labour force participation rate
taux d'activité, proportion d'actifs
late foetal mortality rate
taux de mortalité foetale tardive / de mortinatalité
legitimate birth rate
taux de natalité légitime
legitimate fertility rate
taux de fécondité légitime
life table death rate
taux de mortalité de la population stationnaire
life years reproduction rate
taux de reproduction des années vécues
male fertility rate
taux de fécondité masculine
male participation rate
taux d'activité masculine

male reproduction rate
taux de reproduction masculine
marital fertility rate
taux de fécondité légitime
marriage duration-specific fertility rate
taux de fécondité par durée de mariage, taux de productivité des mariages selon leur durée
marriage rate
taux de nuptialité
maternal death rate
taux de mortalité maternelle, taux de mortalité liée à la maternité
maternal mortality rate (MMR)
taux de mortalité maternelle, taux de mortalité liée à la maternité
maternal reproduction rate
taux de reproduction féminine
mean annual rate
taux moyen annuel, taux annuel moyen
mean annual rate of growth
taux annuel moyen d'accroissement
migration rate
taux de migration
monthly rate
taux mensuel
morbidity rate
indice de mesure de la morbidité
mortality rate
taux de mortalité
neonatal mortality rate
taux de mortalité néonatale
net rate
taux net
net reproduction rate
taux de reproduction nette, taux net de reproduction, taux de Boeck / de Boeck-Kuczynski / de Kuczynski
non-marital fertility rate
taux de fécondité illégitime
nuptiality rate
taux de nuptialité
optimum growth rate
taux d'accroissement optimal

optimum rate of growth
rythme optimal d'accroissement, accroissement optimal
order-specific fertility rate
taux de fécondité par rang
order-specific total fertility rate
somme des naissances réduites de rang
overall fertility rate
taux de fécondité générale
parity-specific birth rate
taux de fécondité par parité
parity-specific fertility rate
taux de fécondité par parité
paternal reproduction rate
taux de reproduction masculine
perinatal mortality rate
taux de mortalité périnatale
period rate
indice conjoncturel / transversal / du moment
perspective rate
taux perspectif
polygamy rate
taux de polygamie
postinfantile child death rate
taux de mortalité postinfantile
postneonatal mortality rate
taux de mortalité postnéonatale
pregnancy rate
taux moyen de conception
prevalence rate
proportion des malades, fréquence globale des maladies; taux de prévalence
provisional rate
taux provisoire
quarterly rate
taux trimestriel
rate of accession to the labour force
taux d'entrée en activité
rate converted to an annual basis
taux ramené à l'année
rate in relation to the initial population size
taux par rapport à l'effectif initial

rate of internal migration
taux de migration interne
rate of internal mobility
taux de mobilité interne
rate of natural increase
taux d'accroissement naturel
rate of net migration
taux de migration nette (migration nette / population totale)
rate of separation from the labour force
taux de cessation d'activité
rate of stillbirths
taux de mortalité foetale tardive / de mortinatalité
rate of total migration
taux de migration totale (migration totale / population totale)
remarriage rate
taux de nuptialité des veufs ou divorcés
replacement rate
taux de remplacement / de reproduction
reproduction rate
taux de remplacement / de reproduction
retention rate
probabilité de poursuite des études
return rate (migr.)
taux de rapatriement
revised rate
taux rectifié / révisé
second category rate
taux de deuxième catégorie
sex-age-specific death rate
taux de mortalité par sexe et par (groupe d') âge
sex-age-specific mortality rate
taux de mortalité par sexe et par (groupe d') âge
sex-specific marriage rate
taux de nuptialité par sexe
specific rate
taux spécialisé / spécifique
stable birth rate
taux intrinsèque de natalité

stable death rate
taux intrinsèque de mortalité
standard mortality rate
taux type de mortalité
standardised birth rate
taux comparatif de natalité
standardised mortality rate
taux comparatif de mortalité
standardised rate
taux comparatif
stillbirth rate
taux de mortalité foetale tardive / de mortinatalité
time interval of a rate
dimension d'un taux
total abortion rate
taux général d'avortements
total birth rate
taux de natalité totale
total divorce rate
indicateur conjoncturel de divortialité
total fertility rate
indice synthétique de fécondité (ISF), natalité totale, fécondité totale, indicateur conjoncturel de fécondité, somme des naissances réduites, fécondité cumulée
total first marriage rate
taux de nuptialité des célibataires, indicateur conjoncturel des premiers mariages
total general fertility rate
taux global de fécondité générale
(total period) divorce rate
taux de divorce / de divortialité, indice général des divorces
total period first marriage rate
indice général de primo-nuptialité
trend rate
taux observé
true rate of natural increase
taux intrinsèque d'accroissement naturel, taux de Lotka
turnover rate
taux de renouvellement / de rotation

updating rate
taux d'actualisation
vital rate inquiry
enquête sur les taux démographiques
vital (statistic) rates
taux démographiques

RATIO
rapport, proportion, coefficient; ratio
(qqfs)
  activity ratio
  taux d'activité, proportion d'actifs
  age dependency ratio
  rapport de la population non adulte
  à la population adulte
  attendance ratio
  (taux de) fréquentation scolaire
  cause-specific death ratio
  proportion des décès par cause
  child-woman ratio
  rapport enfants-femmes
  death ratio
  proportion des décès par cause
  demographic dependency ratio
  taux de dépendance démographique
  dependency ratio
  taux / rapport de dépendance,
  rapport inactifs / actifs, charge
  supportée par la population active,
  poids des inactifs
  economic dependency ratio
  rapport de dépendance économique
  enrolment ratio
  taux de scolarisation / de scolarité
  foetal mortality ratio
  rapport de mortalité foetale
  illegitimacy ratio
  proportion des naissances illégitimes
  labour force participation ratio
  taux d'activité, proportion d'actifs
  late foetal mortality ratio
  rapport de mortinatalité
  masculinity ratio
  rapport de masculinité

morbidity ratio
indice de mesure de la morbidité
old age dependency ratio
rapport de dépendance économique
des personnes âgées, rapport (en
pourcentage) de la population de
65 ans et plus à la population de
15 à 64 ans
parity progression ratio
probabilité d'agrandissement des
familles
primary sex ratio
taux / rapport de masculinité des
conceptions
ratio of births to marriages
rapport des naissances aux mariages
ratio method
méthode des rapports
sampling ratio
taux de sondage
secondary sex ratio
rapport de masculinité des naissances
sex ratio
rapport de masculinité
sex ratio at conception
taux de masculinité des conceptions
survival ratio
probabilité perspective de survie,
coefficient de survie
survival ratio method (migr.)
méthode des coefficients de survie

RAW
brut
  raw data
  donnée brute / de base / de départ,
  situation de référence / de base

REACH (to)
  age reached during the year
  âge atteint dans l'année

REAL
  real national income per capita
  revenu réel moyen par tête

REALISE (to)
average realised fertility
fécondité moyenne réalisée

REBATE
tax rebate
dégrèvement fiscal

RECEIVE (to)
receiving country
pays d'accueil, pays destinataire /
bénéficiaire

RECEPTION
country of reception
pays d'accueil, pays destinataire /
bénéficiaire

RECESSIVE
récessif

RECIPIENT
public welfare recipient
assisté

RECOGNITION
reconnaissance

RECOGNISE (to)
recognised refugee
réfugié statutaire

RECONSTITUTE (to)
reconstituted family
famille reconstituée

RECONSTITUTION
family reconstitution
reconstitution des familles

RECORD (subst.)
donnée enregistrée, résultat (chiffré)
birth record
acte / bulletin de naissance, extrait
(d'acte) de naissance
census record
donnée de recensement

death record
acte de décès
marriage record
acte de mariage
pregnancy record
fiche gynécologique / obstétricale
record linkage
couplage de données
registration record
acte de l'état civil
social security records
fichier de sécurité sociale
statistical record
bulletin (d'état civil, de divorce, de
mariage, de naissance, de transcription)
subject of record
sujet de l'acte
tax-payers records
fichier de contribuables
vital record
acte de l'état civil
voter registration records
fichier d'électeurs

RECRUIT (to)
labour recruiting country
pays recruteur (de main-d'oeuvre)

REDISTRIBUTION
population redistribution policy
politique de peuplement
redistribution of population
repeuplement; aménagement du
peuplement; repopulation; réinstallation (de réfugiés)

RE-ENTRY
re-entry into the labour force
reprise d'activité

REFERENCE
reference index
indice de référence

REFUGEE
réfugié
  hardcore of refugees
  noyau résiduel de réfugiés
  recognised refugee
  réfugié statutaire

REFUSAL
refus
  proportion of refusals
  proportion de refus

REGION
région
  economic region
  région économique
  natural region
  pays; région naturelle

REGISTER (subst.)
registre
  parish register
  registre paroissial
  parochial register
  registre paroissial
  population register
  registre / fichier de population

REGISTER (to)
enregistrer
  register a birth (to)
  déclarer une naissance; dresser un acte de naissance
  registered divorce
  divorce transcrit

REGISTRAR
officier d'état civil

REGISTRATION
déclaration (de naissance, de décès, de maladie), enregistrement
  birth registration
  registre des naissances
  civil registration
  registre de l'état civil

  continuous registration
  fichier permanent de population
  death registration
  registre des décès
  marriage registration
  registre des mariages
  registration data
  données d'état civil
  registration record
  acte de l'état civil
  registration statistics
  statistiques de l'état civil
  vital registration
  registre de l'état civil
  voter registration records
  fichier d'électeurs

REGISTRY
bureau de l'état civil
  registry office
  bureau de l'état civil

REGULATE (to)
  fertility regulating methods
  méthodes de régulation de la fécondité
  regulated migration
  migration contrôlée

REGULATION
  fertility regulation
  régulation / contrôle / prévention / limitation des naissances, planning familial, planification de la famille, régulation / maîtrise de la fécondité
  menstrual regulation
  régulation menstruelle

RE-INTERVIEW (subst.)
  re-interview method of census evaluation
  évaluation du recensement par de nouvelles entrevues

REJUVENATION
rajeunissement (démographique / de la population)

RELATION
filial relation
filiation, descendance; transmission
d'un bien par héritage

RELATIONSHIP
relation(s), lien; parenté
affinal relationship
alliance
degree of relationship
degré de parenté
partner relationship
vie de couple
proof of relationship by descent
établissement de la filiation
relationship by marriage
alliance

RELATIVE (adj.)
relative frequency
fréquence relative
relative frequency of remarriage
fréquence du remariage
relative in the ascending line
ascendant (en ligne directe)

RELATIVE (subst.)
parent (autre que père ou mère)
prescribed relatives
parents reconnus (légalement
comme parents) à charge
relative by marriage
allié

RELAY (subst.)
relay migration
migration par étapes

RELIEF
relief of old people
assistance aux vieillards / aux
personnes âgées

RELIGION
religion

RELIGIOUS
religious marriage
mariage religieux

REMAIN (to)
remaining migration
migration subsistante

REMARRIAGE
remariage
*mean interval between divorce and
remarriage*
intervalle moyen entre divorce et
mariage
relative frequency of remarriage
fréquence du remariage
remarriage rate
taux de nuptialité des veufs ou
divorcés
*remarriage table for divorced
persons*
table de nuptialité des divorcés
*remarriage table for widowed
persons*
table de nuptialité des veufs et
veuves

REMARRY (to)
remarried
remarié

RE-MIGRATION
migration de retour, migration / retour
au pays

RENEWABLE
non renewable event
événement non renouvelable
renewable event
événement renouvelable

RENTIER
rentier

REPATRIATE (to)
rapatrier

REPATRIATION
rapatriement, migration forcée

REPEAT (subst.)
   repeat migration
   migration multiple

REPLACEMENT
   below-replacement fertility
   fécondité en-dessous du taux de
   remplacement, fécondité déficitaire
   generation replacement
   renouvellement / remplacement des
   générations
   generational non-replacement
   non-remplacement des générations
   gross replacement
   reproduction brute
   net replacement
   reproduction nette
   population replacement
   reproduction; renouvellement de la
   population
   replacement index
   indice de remplacement
   replacement of the population
   renouvellement de la population
   replacement rate
   taux de remplacement / de reproduction

REPORT (to)
   reported age
   âge déclaré

REPRESENTATION
   diagrammatic representation
   représentation graphique
   graphic representation
   représentation graphique

REPRESENTATIVE
   representative sample
   échantillon représentatif

REPRODUCE (to)
procréer

REPRODUCTION
reproduction
   cohort reproduction rate
   taux de reproduction de génération
   current gross reproduction rate
   taux brut de reproduction du moment
   current net reproduction rate
   taux net de reproduction du moment
   female reproduction
   reproduction féminine
   female reproduction rate
   taux de reproduction féminine
   generation reproduction rate
   taux de reproduction de génération
   gross reproduction
   reproduction brute
   gross reproduction rate
   taux de reproduction brut, taux
   brut de reproduction
   joint reproduction rate
   taux de reproduction sexes combinés
   life years reproduction rate
   taux de reproduction des années
   vécues
   male reproduction
   reproduction masculine
   male reproduction rate
   taux de reproduction masculine
   maternal reproduction rate
   taux de reproduction féminine
   net reproduction
   reproduction nette
   net reproduction rate
   taux de reproduction nette, taux net
   de reproduction, taux de Boeck / de
   Boeck-Kuczynski / de Kuczynski
   paternal reproduction rate
   taux de reproduction masculine
   reproduction rate
   taux de remplacement / de reproduction
   technique for assisted reproduction
   technique de procréation artificielle

REPRODUCTIVE
married women of reproductive age
femmes mariées en âge de procréer / de procréation
at reproductive age
en âge de procréer
of reproductive age
en âge de procréer
reproductive behaviour
comportement procréateur
reproductive history
fiche de famille
reproductive period
âge / période de procréation / de reproduction, âge fertile

REPUDIATE (to)
répudier

REPUDIATION
répudiation

REPULSION
répulsion

REQUIREMENT
nutritional requirements
besoins nutritionnels

RESERVATION
native reservation
réserve

RESERVE (subst.)
native reserve
réserve
population reserve
postes réservés pour tenir compte du facteur population
reserve survival estimates
estimations tirées de la méthode de l'inverse des quotients de survie (taux de naissance - taux de mortalité)

RESETTLEMENT
repeuplement; aménagement du peuplement; repopulation; réinstallation (de réfugiés)
resettlement camp
camp de réinstallation

RESETTLERS
Allemands des pays de l'Est immigrés en Allemagne

RESIDE (to)
résider

RESIDENCE
change of residence
changement de résidence
country of residence
pays de résidence
duration of residence
durée de résidence / de séjour
latest change of residence
dernier changement de résidence, dernière migration, migration la plus récente
place of current residence
résidence actuelle
place of last previous residence
résidence antérieure
place of residence
résidence
place of residence at a fixed past date
résidence à une date antérieure
residence abroad
résidence à l'étranger
residence permit
autorisation de séjour

RESIDENT (adj. / subst.)
résidant, résident
municipal residents (France)
population municipale
national residents
résidents qui sont des nationaux

non-national residents
résidents qui ne sont pas des nationaux
non-resident
non-résident, personne résidant à l'étranger
normal resident
résident habituel
permanent resident
résident permanent, personne présente
resident alien
étranger résidant
resident nursery
pouponnière
resident population
population de résidence habituelle, population domiciliée / résidante

RESIDENTIAL
residential density
densité d'occupation
residential home
home d'accueil (pour personnes âgées)
residential mobility
mobilité locale / résidentielle

RESIDUAL
residual fecundability
fécondabilité résiduelle

RESIDUE
résidu

RESPONDENT
recensé, enquêté
non-respondent
défaillant

RESPONSE
response error
erreur d'observation

RESPONSIBILITY
person with family responsibilities
personne ayant des charges familiales, chargé de famille

RESPONSIBLE
responsible parenthood
procréation / parenté responsable, régulation des naissances

RESTRAINT
moral restraint
contrainte morale

RESTRICTIONIST
restrictionist population policy
politique démographique malthusienne

RESULT (subst.)
résultat élaboré
processed result
résultat du traitement

RESULT (to)
resulting migration
migration résultante

RETENTION
retention rate
probabilité de poursuite des études

RETIRE (to)
compulsorily retired (to be)
être mis à la retraite d'office
retire (from work) (to)
se retirer de la vie active, prendre sa retraite
retired (person)
pensionné, retraité, en retraite

RETIREMENT
(mise à la) retraite; cessation de l'emploi / du travail / de l'activité (professionnelle)
advanced retirement
mise à la retraite anticipée

automatic retirement age
âge obligatoire de la retraite
defer retirement (to)
ajourner / retarder la prise de
retraite / le départ à la retraite
deferred retirement
départ à la retraite ajourné / retardé, ajournement de la prise de
retraite
early retirement
retraite anticipée, départ à la retraite anticipé, anticipation de la
prise de retraite
mandatory retirement age
âge obligatoire de la retraite
normal retirement age
âge normal de la retraite
retirement on account of age
retraite par limite d'âge
retirement from labour force
départ à la / en retraite
retirement migration
migration de / par retraite

RETROJECTION
rétrojection, projection rétrospective

RETROSPECTIVE
retrospective observation
observation rétrospective
retrospective survey
enquête rétrospective

RETURN (subst.)
return migration
(migration de) retour, migration /
retour au pays
return rate (migr.)
taux de rapatriement
return to work (to)
reprendre une activité
returns
relevés, états, rapports, statistiques

REUNIFICATION
reunification of families
regroupement familial

REUNION
family reunion
regroupement familial

REVERSE (subst.)
"reverse-survival" method
méthode de la projection rétrospective

REVIEW (subst.)
period under review
période considérée

REVISE (to)
revised rate
taux rectifié / révisé

REVOCATION
revocation of the certificate of naturalisation
retrait de la nationalité

REVOLUTION
child survival and development revolution (CSDR)
révolution au profit de la survie et
du développement des enfants
vital revolution
transition / révolution démographique

REVOLVE (to)
revolving projection
projection glissante

RHYTHM
rhythm method
méthode Ogino, méthode du rythme, continence périodique

RISK (subst.)
risque
exposed to risk
exposé au risque
exposure to the risk of conception
exposition au risque de conception

> **high-risk group**
> groupe à haut(s) risque(s), groupe
> le plus exposé
> **risk of disability**
> risque d'invalidité

RITE
rite

ROOM
pièce
> **nursing room**
> salle d'allaitement

ROOMER
locataire d'une chambre meublée

ROUND (number)
rond, arrondi (chiffre)
> **round age preference**
> attraction des âges ronds

RURAL
rural
> **rural area**
> commune rurale
> **rural dwellers**
> les ruraux
> **rural health service**
> service de santé rural
> **rural migration**
> migration rurale
> **rural population**
> population rurale
> **rural-urban migration**
> exode / émigration rural(e), migra-
> tion des populations rurales vers
> les zones urbaines, mouvement
> campagne-ville

RURALISATION
ruralisation

Notes

Notes

SAFE
safe period
période de sécurité

SAMPLE (subst.)
échantillon
representative sample
échantillon représentatif
sample survey
enquête par sondage / sur échantillon
sub-sample
sous-échantillon
systematic sample
échantillon systématique

SAMPLING
échantillonnage
area sampling
sondage aréolaire
cluster sampling
sondage en grappes
multi-stage sampling
sondage à plusieurs degrés
probability sampling
sondage aléatoire / probabiliste / au hasard
quota sampling
sondage par quotas
random sampling
sondage aléatoire / probabiliste / au hasard
sampling check
contrôle / vérification par sondage
sampling error
erreur d'échantillonnage
sampling fraction
fraction de sondage, fraction sondée
sampling frame
base de sondage
sampling plan
plan de sondage
sampling procedure
sondage
sampling ratio
taux de sondage

sampling scheme
plan de sondage
sampling unit
unité de sondage
simple random sampling
sondage probabiliste / aléatoire simple
stratified random sampling
sondage stratifié

SCALE
Ekistic Logarithmic Scale (ELS)
échelle ékistique logarithmique

SCATTER (subst.)
dispersion
scatter of the population
dispersion du peuplement

SCATTERED
dispersé
scattered population
population éparse

SCHEDULE
bordereau, bulletin, feuille
census schedule
bordereau, feuille, bulletin (de rencensement)
fertility schedule
table de fécondité
household schedule
bordereau de maison, feuille de logement / de ménage
individual schedule
bulletin individuel
institutional schedule
feuille de population comptée à part, feuille récapitulative
post-enumeration field checks schedule
bulletin de contrôle local de dénombrement
survivorship schedule of non-migrants
table de survie des sédentaires

SCHEME (subst.)
coding scheme
codage
sampling scheme
plan de sondage

SCHOLAR
élève, écolier

SCHOOL
école
age at leaving school
âge en fin d'études
compulsory school age
âge scolaire, âge de scolarité obligatoire
current school statistics
statistiques scolaires et universitaires
elementary school
école élémentaire, école primaire
nursery school
école maternelle, jardin d'enfants
pre-school child
jeune enfant, enfant d'âge préscolaire
pre-school education
enseignement préprimaire
primary school
école élémentaire, école primaire
professional school
grande école
school age
âge scolaire, âge de scolarité obligatoire
school age child
enfant d'âge scolaire
school age population
effectifs d'âge scolaire (obligatoire); population scolarisée, population d'âge scolaire
school attendance
scolarisation, taux de fréquentation scolaire, scolarité
school enrolment
nombre d'élèves inscrits, effectif (scolaire); scolarisation (qqfs)

school-leavers
jeunes ayant terminé leurs études / ayant achevé leur scolarité / sortant de l'école / déjà sortis de l'école
school-leaving age
âge de fin de scolarité obligatoire, âge de sortie de l'école
school population
population scolaire
secondary school
établissement secondaire
table of school life
table de sortie du système d'enseignement
under school age
d'âge préscolaire
under school-leaving age
d'âge scolaire, au-dessous de l'âge auquel la scolarité obligatoire prend fin, au-dessous de l'âge de fin de scolarité
years of school completed
durée de scolarité accomplie, durée des études

SCHOOLING
instruction, études, scolarité
compulsory schooling
scolarité obligatoire

SCREEN (to)
screening question
question éliminatoire

SEASONAL
saisonnier
seasonal agricultural labourer
saisonnier agricole
seasonal fluctuation
mouvement / variation saisonnier (ère)
seasonal move
déplacement / migration saisonnier (ère)

seasonal movement
déplacement / migration saisonnier (ère)

SECOND
second category rate
taux de deuxième catégorie
second generation migrant
migrant de la deuxième génération
second sterility
stérilité partielle / secondaire

SECONDARY
secondary agglomeration
agglomération secondaire
secondary cause of death
cause secondaire du décès
secondary education
enseignement du second degré,
enseignement secondaire
secondary family worker
deuxième apporteur de revenu
secondary migration
migration secondaire; migration
induite (par celle du chef de famille, par ex.)
secondary nucleus
noyau secondaire
secondary school
établissement secondaire
secondary sector
secteur secondaire
secondary sex ratio
rapport de masculinité des naissances
secondary sterility
stérilité partielle / secondaire
secondary unit
unité secondaire
secondary worker
actif secondaire

SECT
secte

SECTION
cross-section analysis
analyse du moment / par période / transversale
cross-section of the population
échantillonnage caractéristique de la population
population section
couche de la population

SECTIONAL
cross-sectional analysis
analyse du moment / par période / transversale

SECTOR
primary sector
secteur primaire
secondary sector
secteur secondaire
tertiary sector
secteur tertiaire
traditional sector
secteur traditionnel

SEDENTARY
sédentaire

SEGREGATION
ségrégation

SELECT (to)
life table for selected heads
table de mortalité actuarielle / de
mortalité de têtes choisies
selected heads
têtes choisies
table for selected heads
table de têtes choisies

SELECTION
mate selection
choix du conjoint

SELECTIVE
sélectif
mean selective value
valeur sélective moyenne
selective immigration
sélection des immigrants, immigration sélective
selective value
valeur sélective

SELECTIVITY
selectivity of migration
migration sélective

SELF-INTERVIEW
autorecensement, autodénombrement

SELF-EMPLOYED
self-employed agricultural workers
non-salariés des professions agricoles

SELF-ENUMERATION
autorecensement, autodénombrement

SELF-SUPPORTING
self-supporting persons
non-dépendants

SEMI-INTERQUARTILE
semi-interquartile range
déviation quartile, semi-interquartile

SEMI-LOGARITHMIC
semi-logarithmic graph
graphique semi-logarithmique

SEMI-MALTHUSIAN
semi-Malthusian population
population semi-malthusienne / semi-stable

SEMI-NOMADIC
semi-nomade

SEMI-SKILLED
semi-skilled worker
ouvrier semi-qualifié / spécialisé

SEMI-STABLE
semi-stable population
population semi-malthusienne / semi-stable

SEMI-URBAN
semi-urban population
population semi-urbaine

SENESCENCE
vieillissement individuel, sénescence

SENILE
sénile
senile decay
dégénérescence sénile

SENILITY
sénilité

SENIOR
senior citizen
personne âgée, "ancien", "aîné", vieux, âgé; troisième âge

SEPARATE (to)
separated persons
époux séparés légalement

SEPARATELY
separately enumerated population
population comptée à part

SEPARATION
séparation
age at separation from the labour force
âge de (la) cessation d'activité
de facto separation
séparation de fait
judicial separation
séparation de corps et de biens, séparation légale

legal separation
séparation de corps et de biens,
séparation légale
**mean age at separation from the
labour force**
âge moyen de cessation d'activité
**probability of separation from the
labour force**
probabilité de cessation d'activité
**rate of separation from the labour
force**
taux de cessation d'activité
separation factor
coefficient de répartition
separation from the labour force
cessation d'activité

SEQUELAE
suites de couches

SEQUENCE
migratory sequence
séquence migratoire

SERIAL
serial migration
migration avec relais / par étapes
serial monogamy
monogamie en série

SERIES
série
time series
série chronologique, chronique

SERVICE (subst.)
child care service
service d'aide maternelle
child welfare service
service de protection infantile
community health service
service sanitaire destiné à la collectivité
contraceptive services
services de contraception
health service statistics
statistiques des services de santé

home-maker services
service d'aide familiale / d'aide
aux mères; travailleuses familiales
(France)
infant welfare service
service de protection infantile
maternal and child health service
service de protection maternelle et
infantile
maternity service
service de protection maternelle
midwifery service
soins de sages-femmes, service
d'obstétrique
rural health service
service de santé rural

SET (subst.)
lot, ensemble
variability of a set of observations
dispersion d'un ensemble d'observations

SETTLE (to)
settled
établi, fixé, domicilié, sédentaire,
permanent

SETTLEMENT
établissement, installation, implantation; peuplement, habitat; zone de
peuplement, agglomération, colonie ;
colonisation, sédentarisation
dispersed settlement
habitat dispersé
grouped settlement
habitat groupé
marginal settlement
habitat non intégré
settlement migration
migration de peuplement

SEX
sexe
premarital sex
relations sexuelles préconjugales

primary sex ratio
taux / rapport de masculinité des conceptions
secondary sex ratio
rapport de masculinité des naissances
sex-age-specific death rate
taux de mortalité par sexe et par (groupe d') âge
sex-age-specific mortality rate
taux de mortalité par sexe et par (groupe d') âge
sex distribution
répartition par sexes
sex ratio
rapport de masculinité
sex ratio at conception
taux de masculinité des conceptions
sex-specific differences
différences inhérentes au sexe
sex-specific marriage rate
taux de nuptialité par sexe
sex structure
répartition par sexes
three-sex
trisexué
two-sex
bisexué

SEXUAL
sexual differential in longevity
écart entre la longévité masculine et féminine
sexual gap in longevity
décalage entre la longévité des hommes et des femmes
sexual intercourse
rapport sexuel, coït

SHEATH
préservatif (masculin), condom

SHIFT (subst.)
déplacement (de la population)

SHORT-TERM
short-term forecast
prévision à court terme

SIBLINGS
fratrie, enfants de mêmes parents

SIBS
fratrie, enfants de mêmes parents

SICKNESS
maladie, affection, morbidité
sickness statistics
statistiques de morbidité

SIGNIFICANCE
level of significance
seuil / niveau de signification; risque

SIGNIFICANT
significant difference
différence significative

SIMPLE
simple average
moyenne arithmétique
simple decrement table
table à simple extinction
simple random sampling
sondage probabiliste / aléatoire simple

SIMULATION
simulation

SINGLE
célibataire (définitif), isolé
non-single parent
parent non célibataire
numbers remaining single
table de célibat
probability of single survival
probabilité de survie en état de célibat
proportion remaining single
fréquence du célibat

proportion single
proportion des célibataires
single birth
accouchement simple
single cause of death
cause simple de décès
single delivery
accouchement simple
single homeless
personnes seules et sans abri
single householder
isolé, personne isolée
single person
célibataire (définitif), isolé
single person household
ménage d'une personne
single survivor(s)
(nombre de) survivants en état de
célibat
single woman family head
femme seule chef de famille

SISTER
soeur

SIZE
dimension, taille; effectif
(average) family size
taille / dimension de la famille
household size
taille / dimension du ménage
population size
effectifs de la population
rate in relation to the initial population size
taux par rapport à l'effectif initial
size of economically active population
effectifs de la population active
size of the family
dimension de (la) famille, taille de
la famille

SKEWNESS
skewness of the population
inégalité de la répartition de la
population

SKILL (subst.)
qualification professionnelle
contraceptive skill
méthode anticonceptionnelle / anti-
natale / contraceptive

SKILLED
semi-skilled worker
ouvrier semi-qualifié / spécialisé
skilled worker
professionnel, ouvrier qualifié

SLIP (subst.)
formule, imprimé; fiche d'acte
baptism slip
fiche de baptême
burial slip
fiche de sépulture
marriage slip
fiche de mariage

SMALL
small family
famille peu nombreuse

SMOOTH (to)
smoothed age distribution
répartition (par âge) ajustée
smoothing
ajustement, lissage (de données
statistiques)

SOCIAL
inter-generational social mobility
capillarité sociale
social class
classe sociale
social demography
démographie sociale
social and economic categories
catégories socio-professionnelles
social mobility
migration / mobilité sociale
social mortality
mortalité sociale
social optimum
optimum social

social security records
fichier de sécurité sociale
social status
position sociale
social status group
groupe / catégorie social(e) / socio-
professionnel(le)
social stratification
stratification sociale

SOCIALLY
socially deprived family
famille socialement défavorisée

SOCIOECONOMIC
socioeconomic group
groupe / catégorie social(e) / socio-
professionnel(le)

SOLE
sole(-)parent
parent isolé, monoparental

SON
fils

SPACING
birth spacing
espacement des naissances
birth spacing contraception
contraception d'espacement
child spacing (CS)
espacement des naissances
*family spacing - food supplements
- female literacy (FFF)*
espacement des naissances - alimentation complémentaire - alphabétisation des femmes
*maternal and child health / child
spacing (MCH / CS)*
santé maternelle et infantile et
espacement des naissances (SMI /
EN)

SPAN (subst.)
life span
longévité

SPARSE
clairsemé; fragmentaire

SPATIAL
spatial distribution
répartition géographique / territoriale
*spatial distribution of the popula-
tion*
localisation du peuplement
spatial mobility
mobilité géographique / physique /
spatiale

SPECIFIC
spécifique
age-specific birth rate
taux de fécondité par âge
age-specific death rate
taux de mortalité par âge
age-specific divorce rate
taux de divortialité par âge
age-specific fertility rate
taux de fécondité par âge
age-specific marital fertility rate
taux de fécondité légitime par âge
age-specific marriage rate
taux de nuptialité par âge
age-specific mortality
mortalité par âge
age-specific mortality rate
taux de mortalité par âge
age-specific overall fertility rate
taux de fécondité générale par âge
age-specific rate
taux par âge
cause-specific death rate
taux de mortalité par cause
cause-specific death ratio
proportion des décès par cause
cause-specific mortality
mortalité par cause
duration-specific divorce rate
taux de divortialité par durée de
mariage
duration-specific rate
taux par durée

marriage duration-specific fertility rate

taux de fécondité par durée de mariage, taux de productivité des mariages selon leur durée
order-specific fertility rate
taux de fécondité par rang
order-specific fertility table
table de fécondité de rang
order-specific migration table
table de migration de rang
order-specific total fertility rate
somme des naissances réduites de rang
parity-specific birth probability
quotient de fécondité par parité
parity-specific birth rate
taux de fécondité par parité
parity-specific fertility rate
taux de fécondité par parité
rank-specific birth control
limitation des naissances au niveau de la parité / portant sur la parité
sex-age-specific death rate
taux de mortalité par sexe et par (groupe d') âge
sex-age-specific mortality rate
taux de mortalité par sexe et par (groupe d') âge
sex-specific differences
différences inhérentes au sexe
sex-specific marriage rate
taux de nuptialité par sexe
specific rate
taux spécialisé / spécifique

SPERM
sperm cell
spermatozoïde

SPERMATOZOON
spermatozoïde

SPERMICIDE
produit spermicide

SPINSTER
célibataire du sexe féminin

SPONGE
tampon / éponge vaginal(e)

SPONTANEOUS
spontaneous abortion
avortement spontané, fausse couche
spontaneous migration
migration spontanée

SPOT (subst.)
spot audit
vérification par sondages
spot check
sondage
spot survey
sondage

SPOUSE
conjoint(e), époux(se)
age difference between spouses
différence d'âge entre époux
dependent spouse
conjoint à charge
surviving spouse
conjoint survivant

SPRAGUE
Sprague multipliers
multiplicateurs de Sprague

SQUARE (subst.)
method of least squares
méthode des moindres carrés

SQUATTER
occupant sans titre

STABLE
quasi-stable population
population quasi stable
semi-stable population
population semi-malthusienne / semi-stable

stable age distribution
répartition par âges stable
stable birth rate
taux intrinsèque de natalité
stable death rate
taux intrinsèque de mortalité
stable population
population stable
stable population equivalent
population stable équivalente

STAFF (subst.)
executive staff
cadres moyens / subalternes
managerial staff
cadres supérieurs

STAGE (subst.)
multi-stage sampling
sondage à plusieurs degrés
post-transitional stage
régime démographique moderne
pre-transitional stage
régime démographique ancien
stage migration
migration avec relais / par étapes
stage of life
âge / période de la vie

STANDARD (adj.)
standard deviation
écart type
standard error
erreur type
standard of living
niveau de vie
standard mortality
mortalité type
standard mortality rate
taux type de mortalité
standard population
population type

STANDARDISATION
direct method of standardisation
méthode de la population type

indirect method of standardisation
méthode de la mortalité type / des
taux types

STANDARDISE (to)
standardised birth rate
taux comparatif de natalité
standardised mortality rate
taux comparatif de mortalité
standardised population
population de base
standardised rate
taux comparatif

STATE (subst.)
état
morbid state
état morbide
state of the population
état de la population

STATE (to)
not stated
non déclaré
stated age
âge déclaré

STATELESS
stateless person
apatride

STATELESSNESS
apatridie

STATEMENT
déclaration
statement on population growth
manifeste / déclaration sur l'accroissement de la population

STATIC
static model
modèle statique

STATIONARY
stationnaire
>   death rate of the stationary population
>   taux de mortalité de la population stationnaire
>   stationary phenomenon
>   phénomène stationnaire
>   stationary population
>   population stationnaire, population de la table de mortalité

STATISTICAL
>   statistical department
>   service / office statistique, bureau / institut de statistique
>   statistical estimation
>   estimation statistique
>   statistical family
>   famille statistique
>   statistical record
>   bulletin (d'état civil, de divorce, de mariage, de naissance, de transcription)
>   statistical table
>   tableau numérique
>   statistical unit
>   unité statistique

STATISTICIAN
statisticien

STATISTICS
>   benchmark statistics
>   statistiques de base
>   birth order statistics
>   statistiques de rang de naissance
>   current population statistics
>   statistiques de l'état de la population
>   current school statistics
>   statistiques scolaires et universitaires
>   death statistics
>   statistiques de la mortalité
>   demographic statistics
>   statistiques démographiques

>   descriptive statistics
>   statistiques descriptives
>   educational attainment statistics
>   statistiques suivant le degré d'instruction
>   epidemiological statistics
>   statistiques épidémiologiques
>   family statistics
>   statistiques des familles
>   health service statistics
>   statistiques des services de santé
>   health statistics
>   statistiques sanitaires
>   labour force statistics
>   statistiques de la population active
>   literacy statistics
>   statistiques suivant le degré d'instruction
>   migration statistics
>   statistiques migratoires / de migration
>   morbidity statistics
>   statistiques de morbidité
>   order statistics
>   quantile
>   place-of-birth statistics
>   statistiques sur le lieu de naissance
>   population statistics
>   statistiques démographiques, statistiques de la population
>   registration statistics
>   statistiques de l'état civil
>   sickness statistics
>   statistiques de morbidité
>   statistics on in-migrants
>   statistiques sur les immigrés
>   statistics of language
>   statistiques linguistiques
>   statistics on migrants
>   statistiques sur les migrants
>   statistics on out-migrants
>   statistiques sur les émigrés
>   statistics of population change
>   statistiques de l'état de la population / du mouvement de la population

statistics of population movement
statistiques de l'état de la popula-
tion / du mouvement de la popula-
tion
vital statistics
statistiques de l'état civil
vital statistics method (migr.)
méthode du mouvement naturel
vital statistics rates
taux démographiques

STATUS
civil status
état civil
conjugal status
état / situation matrimonial(e)
dependency status
situation de famille
educational status
degré d'instruction
employment status
situation dans la profession, statut
/ situation professionnel(le)
health status
état de santé, état sanitaire
industrial status
situation dans la profession, statut
/ situation professionnel(le)
irregular status migrant
migrant / immigrant en situation
irrégulière / sans papiers, migrant
/ immigrant irrégulier / clandestin
marital status
état / situation matrimonial(e)
nutritional status
état nutritionnel
parental status
situation familiale
professional status
statut / rang professionnel, compé-
tence(s) professionnelle(s)
social status
position sociale
social status group
groupe / catégorie social(e) / socio-
professionnel(le)

status of being an alien
extranéité
status animarum
status animarum
status in employment
situation dans la profession, statut
/ situation professionnel(le), hiérar-
chie d'emploi
work status
statut / rang / situation profession-
nel(le), compétence(s) profession-
nelle(s), situation dans la profes-
sion, hiérarchie d'emploi

STAY (subst.)
abroad stay
séjour à l'étranger
duration of stay
durée de présence

STEP (subst.)
step migration
migration avec relais / par étapes
step by step migration
migration par bonds successifs

STEP-CHILD
enfant d'un autre lit / d'un premier lit
/ d'un précédent mariage / du conjoint

STERILE
stérile
sterile period
période d'infécondabilité

STERILITY
stérilité, infécondité
adolescent sterility
stérilité des adolescentes
permanent sterility
stérilité définitive
postpartum sterility
stérilité postpartum
primary sterility
stérilité primaire / totale
second sterility
stérilité partielle / secondaire

secondary sterility
stérilité partielle / secondaire
temporary sterility
stérilité temporaire
voluntary sterility
infécondité volontaire

STERILISATION
stérilisation
eugenic sterilisation
stérilisation eugénique

STEROID
contraception by steroids
contraception par stéroïdes

STILLBIRTH
mise au monde d'un enfant mort-né,
mortinaissance; mort-né
false stillbirth
faux mort-né
rate of stillbirths
taux de mortalité foetale tardive /
de mortinatalité
stillbirth rate
taux de mortalité foetale tardive /
de mortinatalité

STILLBORN
mort-né

STOCHASTIC
stochastic model
modèle stochastique

STRADDLE (to)
straddling interval
intervalle à cheval

STRATIFICATION
stratification
social stratification
stratification sociale

STRATIFY (to)
stratifier
stratified random sampling
sondage stratifié
stratified into three strata
groupé en trois strates

STRATUM
strate
stratified into three strata
groupé en trois strates

STREAM (subst.)
dominant stream
courant dominant
effectiveness of migration streams
indice de compensation des courants
gross stream (migr.)
courant total, trafic
migration stream
courant / flux migratoire, courant
de migrations

STRUCTURAL
between family structural variation
variations structurelles interfamiliales
structural malformation
malformation morphologique

STRUCTURE (subst.)
composition, répartition, ventilation,
structure
age structure
structure / composition / répartition
par âges, pyramide des âges
gene structure
structure génique
genotypic structure
structure génotypique
household structure
composition du ménage
sex structure
répartition par sexes
structure effect
effet de structure

STUDENT
étudiant

STUDY (subst.)
demographic study
étude démographique
historical study
étude rétrospective

STYLE
life style options
choix de vie

SUB-AREA
division territoriale

SUB(-)FECUNDITY
sous-fécondité; hypofertilité
adolescent sub-fecundity
sous-fécondité des adolescentes

SUBGROUP
population subgroup
sous-groupe de population

SUBJECT
citoyen, sujet
subject of record
sujet de l'acte

SUB-POPULATION
sous-population

SUB-SAMPLE
sous-échantillon

SUBSEQUENT
subsequent birth of a child
survenance d'enfant

SUBSIST (to)
subsisting migration
migration subsistante

SUBSISTENCE
means of subsistence
moyens de subsistance

subsistence level
niveau de subsistance, minimum physiologique

SUBSTANTIVE
substantive demography
démographie pure / théorique / proprement dite

SUB-TENANT
sous-locataire

SUBSTITUTION
substitution

SUBURB
zone suburbaine, banlieue

SUBURBAN
suburbain

SUBURBANISATION
suburbanisation

SUCCESSIVE
interval between successive births
intervalle entre naissances, intervalle intergénésique
interval between successive generations
intervalle entre générations successives

SUCKLING
allaitement; nourrisson

SUCTION
abortion by suction
avortement par aspiration

SUICIDE (subst.)
suicide
attempted suicide
tentative de suicide

SUMMARY (subst.)
summary table
tableau récapitulatif

SUPERVISOR
inspecteur, contrôleur, délégué; agent
de maîtrise, contremaître
child care supervisor
puéricultrice diplômée d'Etat

SUPPLEMENT (subst.)
*family spacing - food supplements
- female literacy (FFF)*
espacement des naissances - alimentation complémentaire - alphabétisation des femmes

SUPPLEMENTARY
supplementary census
recensement complémentaire

SUPPORT (to)
self-supporting persons
non-dépendants

SUPPOSITORY
ovule contraceptif

SURFACE (subst.)
mortality surface
surface de mortalité
surface area
surface habitable

SURPLUS
migration surplus
excédent migratoire, immigration
nette

SURROGATE
surrogate mother
mère porteuse

SURVEY (subst.)
enquête
fertility survey
enquête de fécondité

field survey
enquête sur le terrain
labour force survey
enquête sur la population active /
sur les forces de travail
mailback survey
enquête par correspondance, enquête postale
morbidity survey
enquête sur la morbidité
multiround survey
enquête à passages répétés / à
plusieurs passages
pilot survey
recensement d'essai, enquête pilote
population survey
enquête épidémiologique (qqfs)
post-enumeration survey
enquête de vérification du recensement
probability fertility survey
enquête de probabilité sur la fécondité
retrospective survey
enquête rétrospective
sample survey
enquête par sondage / sur échantillon
spot survey
sondage

SURVEY (to)
enquêter, recenser (qqfs)

SURVIVAL
survie; longévité
*child survival and development
(CSD)*
survie et développement de l'enfant
(SDE)
*child survival and development
revolution (CSDR)*
révolution au profit de la survie et
du développement des enfants
group survival
survie du groupe

probability of single survival
probabilité de survie en état de célibat
probability of survival
probabilité de survie
reserve survival estimates
estimations tirées de la méthode de l'inverse des quotients de survie (taux de naissance - taux de mortalité)
"reverse-survival" method
méthode de la projection rétrospective
survival curve
courbe de survie
survival index
indice de longévité scolaire
survival ratio
probabilité perspective de survie, coefficient de survie
survival ratio method
méthode des coefficients de survie

SURVIVE (to)
surviving migration
migration survivante
surviving spouse
conjoint survivant

SURVIVOR
survivant
ever-married survivor
survivant en état de non-célibat
single survivor(s)
(nombre de) survivants en état de célibat

SURVIVORSHIP
survivorship function
fonction survie, table de survie
survivorship schedule of non-migrants
table de survie des sédentaires

SYNTHESIS
synthèse

SYNTHETIC
synthetic cohort
génération / cohorte fictive / hypothétique
synthetic measure of fertility
indice synthétique de fécondité (ISF)

SYSTEM
education system
système d'enseignement, système éducatif
quota system
contingentement par quotas

SYSTEMATIC
systematic sample
échantillon systématique

Notes

Notes

TABLE (subst.)
table, tableau, liste
abridged life table
table de mortalité abrégée
abridged table
table abrégée
calendar year life table
table de mortalité du moment
calendar year table
table du moment / transversale
cohort life table
table de mortalité de génération
cohort table
table de cohorte / de promotion / longitudinale
complete life table
table complète de mortalité, table de mortalité détaillée
complete table
table complète
contingency table
tableau à multiples entrées
crude table
table brute
current life table
table de mortalité du moment
current table
table du moment / transversale
decrement table
table à extinction
disability table
table d'(entrée en) invalidité
divorce table
table de divortialité
double attrition table
table à double extinction
double decrement table
table à double extinction
endogenous mortality table
table de mortalité biologique limite
fertility table
table de fécondité
general fertility table
table de fécondité générale
general life table
table de mortalité démographique

generation life table
table de mortalité de génération
generation table
table de génération / de promotion / longitudinale
gross nuptiality table
table de nuptialité
individual table
tableau partiel
intra-uterine mortality table
table de mortalité intra-utérine
life table
table de mortalité / de survie, fonction survie
life table death rate
taux de mortalité de la population stationnaire
life table function
fonction des tables de mortalité
life table for selected heads
table de mortalité actuarielle / de mortalité de têtes choisies
marriage dissolution table
table de dissolution des mariages
marriage extinction table
table d'extinction des mariages
marriage fertility table
table de fécondité des mariages
marriage life table
table de survie des mariages
migration table
table de migration
mobility table
table de mobilité
model fertility table
table type de fécondité
model life table
table type de mortalité
model net nuptiality table
table type de nuptialité des célibataires
model table
table type
mortality table
table de mortalité

mortality table setting aside one cause of death
table de mortalité en l'absence d'une cause
mortality table of children under one year of age
table de mortalité des enfants de moins d'un an
multiple decrement table
table à extinction multiple / à multiple extinction
net fertility table
table nette de fécondité
net general fertility table
table nette de fécondité générale
net marriage fertility table
table nette de fécondité des mariages
net nuptiality table
table de survie en état de célibat, table de nuptialité nette des célibataires, table nette de nuptialité des célibataires
net table
table nette
non-migrant table
table de sédentarité
nuptiality table
table de nuptialité
order-specific fertility table
table de fécondité de rang
order-specific migration table
table de migration de rang
period life table
table de mortalité du moment
period table
table du moment / transversale
remarriage table for divorced persons
table de nuptialité des divorcés
remarriage table for widowed persons
table de nuptialité des veufs et veuves
simple decrement table
table à simple extinction

statistical table
tableau numérique
summary table
tableau récapitulatif
table preparation
édition des résultats
table for selected heads
table de têtes choisies
table of school life
table de sortie du système d'enseignement
table of working life
table d'activité
working life table
table de vie active

TABLET
foam tablet
poudre / comprimé effervescent(e)

TABULATION
mise en tableaux
census tabulation
tableau de recensement
cross-tabulations
tableau à multiples entrées

TAMPON
tampon / éponge vaginal(e)

TARGET (subst.)
target population
population-cible

TAX (subst.)
hearth tax list
rôle d'imposition, liste de feux
tax rebate
dégrèvement fiscal
tax-payers records
fichier de contribuables

TEACHER
instituteur, professeur, maître

TECHNICAL
>*technical education*
>enseignement technique

TECHNIQUE
technique
>*(artificial) insemination technique*
>technique d'insémination
>*technique of assisted fertilisation*
>technique de fécondation assistée
>*technique for assisted reproduction*
>technique de procréation artificielle

TECHNOLOGY
>*contraceptive technology*
>méthode anticonceptionnelle / anti-natale / contraceptive

TEMPERATURE
>*basal body temperature method*
>méthode des températures

TEMPO
calendrier

TEMPORARY
>*temporary absentee*
>absent temporaire
>*temporary migration*
>migration temporaire
>*temporary move*
>déplacement temporaire
>*temporary sterility*
>stérilité temporaire
>*temporary union*
>union temporaire

TENANT
locataire
>*principal tenant*
>locataire principal
>*sub-tenant*
>sous-locataire

TENEMENT
>*tenement house*
>immeuble (d'habitation collective)

TERM (subst.)
>*birth at term*
>naissance à terme
>*full-term birth*
>naissance à terme
>*full-term delivery*
>accouchement à terme
>*post-term birth*
>naissance après terme
>*pre-term birth*
>naissance avant terme
>*short-term forecast*
>prévision à court terme

TERMINATION
>*termination of marriage*
>rupture d'union; couple / ménage dissocié
>*termination of pregnancy*
>interruption de (la) grossesse

TERTIARY
>*tertiary sector*
>secteur tertiaire

TEST (subst.)
>*census test*
>essai de recensement
>*post-enumeration test*
>enquête de contrôle
>*test insemination*
>insémination d'épreuve

THEORETICAL
>*theoretical demography*
>démographie pure / théorique / proprement dite
>*theoretical effectiveness*
>efficacité théorique

THEORY
>*Malthusian population theory*
>théorie malthusienne de la population
>*population theory*
>théorie / doctrine démographique / de (la) population

THERAPEUTIC
> *therapeutic abortion*
> avortement thérapeutique

THOUSAND
> *per thousand*
> pour mille

THREE-SEX
trisexué

THRESHOLD
seuil
> *poverty threshold*
> seuil de pauvreté
> *threshold index*
> indice de seuil
> *threshold value*
> seuil critique

TIME
> *full-time agricultural labourer*
> salarié agricole permanent, domestique de culture
> *time of insemination*
> moment de l'insémination
> *time interval of a rate*
> dimension d'un taux
> *time series*
> série chronologique, chronique
> *trends over time*
> tendances structurelles

TIMING
calendrier
> *birth timing*
> échelonnement / espacement des naissances; calendrier des naissances

TOGETHER
> *living apart together (LAT)*
> vivant ensemble séparément

TONGUE
> *mother tongue*
> langue maternelle

TOTAL
total, global, complet, absolu
> *annual rate of total migration*
> taux annuel de migration totale
> *order-specific total fertility rate*
> somme des naissances réduites de rang
> *rate of total migration*
> taux de migration totale (migration totale / population totale)
> *total abortion rate*
> taux général d'avortements
> *total birth rate*
> taux de natalité totale
> *total divorce rate*
> indicateur conjoncturel de divortialité
> *total fecundability*
> fécondabilité totale
> *total fertility*
> natalité / fécondité totale / cumulée, indicateur conjoncturel de fécondité, somme des naissances réduites
> *total fertility rate*
> indice synthétique de fécondité (ISF), natalité / fécondité totale / cumulée indicateur conjoncturel de fécondité, somme des naissances réduites
> *total first marriage rate*
> taux de nuptialité des célibataires, indicateur conjoncturel des premiers mariages
> *total general fertility rate*
> taux global de fécondité générale
> *total growth of a population*
> accroissement brut d'une population
> *total legitimate fertility rate*
> somme des naissances légitimes réduites
> *total after lifetime*
> nombre d'années vécues après un certain âge
> *total number*
> dimension, taille; effectif

total number of births
naissances totales
total number of inhabitants
dimension, taille; effectif
(total period) divorce rate
taux de divorce / de divortialité,
indice général des divorces
total period first marriage rate
indice général de primo-nuptialité

TOURIST
tourist flows
mouvements touristiques
tourist traffic
déplacement de vacances / touristique, transit

TOWN
agglomération urbaine, ville

TOXAEMIA
toxaemia of pregnancy
toxémie gravidique

TRACK (sust.)
cycle
change of track
changement d'orientation

TRACT
census tract
secteur de dépouillement

TRADITIONAL
traditional midwife
accoucheuse (empirique / traditionnelle)
traditional sector
secteur traditionnel

TRAFFIC (subst.)
border traffic
navette frontalière
tourist traffic
déplacement de vacances / touristique, transit

TRANSCRIPT (subst.)
transcript (from the register)
bulletin (d'état civil, de divorce, de
mariage, de naissance, de transcription)

TRANSCRIPTION
transcription form
feuille de relevé

TRANSFER (subst.)
linguistic transfer
transfert linguistique
population transfer
transfert de population

TRANSIENT
personne / hôte de passage

TRANSIT (migr.)
migration de transit

TRANSITION
demographic transition
transition / révolution démographique
population transition
transition / révolution démographique
transition to adult life
passage à l'âge adulte

TRANSITIONAL
post-transitional stage
régime démographique moderne
pre-transitional stage
régime démographique ancien
transitional growth
accroissement transitoire

TRANSVERSAL
transversal fertility measure
mesure de fécondité transversale

TRAVELLER
voyageur

TREND
tendance, orientation, direction, évolution, mouvement, cours, courant; conjoncture; dynamique
   demographic trend
   conjoncture démographique
   downward trend
   baisse, fléchissement
   trend rate
   taux observé
   trends over time
   tendances structurelles
   upward trend
   mouvement / tendance ascendant(e)
   / à la hausse

TRIAL
   trial marriage
   mariage à l'essai

TRIBE
groupe ethnique, ethnie

TRIPLETS
triplés

TRUE
   true duration of pregnancy
   durée vraie de grossesse
   true rate of natural increase
   taux intrinsèque d'accroissement
   naturel, taux de Lotka

TRUNCATE (to)
   truncating effect
   effet de troncature

TUBAL
   tubal ligation
   occlusion / résection des trompes

TURNOVER
   migration turnover
   volume total des migrations, migration totale

turnover migration
*migration de retour, migration /
retour au pays*
turnover rate
*taux de renouvellement / de rota-
tion*

TWIN
jumeau
   biovular twins
   faux jumeaux, jumeaux bivitellins,
   jumeaux fraternels
   dizygotic twins
   faux jumeaux, jumeaux bivitellins,
   jumeaux fraternels
   identical twins
   vrais jumeaux, jumeaux identiques,
   jumeaux univitellins
   monozygotic twins
   vrais jumeaux, jumeaux identiques,
   jumeaux univitellins
   non-identical twins
   faux jumeaux, jumeaux bivitellins,
   jumeaux fraternels
   uniovular twins
   vrais jumeaux, jumeaux identiques,
   jumeaux univitellins

TWO-EARNER
   two-earner family
   famille à deux revenus, ménage
   bi-actif

TWO-INCOME
   two-income family
   famille à deux revenus, ménage
   bi-actif

TWO-PARENT
biparental
   two-parent family
   famille biparentale

TWO-SEX
bisexué

TYPE (subst.)

Pareto-type model

modèle de type Pareto, modèle gravitaire

Notes

ULTIMATE
ultimate frequency
fréquence finale

UNADJUSTED
unadjusted data
données non rectifiées

UNAUTHORISED
unauthorised migration
migration / immigration irrégulière
/ clandestine / illicite

UNBORN
unborn child
enfant conçu, enfant in utero

UNDECLARED
undeclared migration
migration / immigration irrégulière
/ clandestine / illicite

UNDER-AGE
mineur
under-age child
enfant mineur

UNDERCOUNT (subst.)
lacune

UNDERDEVELOPED
sous-développé

UNDEREMPLOYMENT
chômage partiel, sous-emploi

UNDERENUMERATION
sous-enregistrement

UNDERESTIMATION
sous-estimation

UNDERLYING
underlying cause of death
cause antécédente / concomitante
du décès

UNDERPOPULATED
sous-peuplé

UNDERPOPULATION
sous-peuplement

UNDERREGISTRATION
sous-enregistrement; lacunes d'enregistrement

UNDESIRED
undesired excess fertility
hyperfécondité involontaire

UNDOCUMENTED
undocumented migrant
migrant / immigrant en situation
irrégulière / sans papiers, migrant
/ immigrant irrégulier / clandestin
undocumented migration
migration / immigration irrégulière
/ clandestine / illicite

UNEMPLOYABLE
inapte

UNEMPLOYED
chômeur
unemployed worker
travailleur sans emploi

UNEMPLOYMENT
chômage
partial unemployment
chômage partiel

UNINTENTIONAL
unintentional abortion
avortement spontané, fausse couche

UNION
union
consensual union
mariage / union consensuel(le)
end of union
fin d'union

formalise the union (to)
légaliser l'union
free union
union illégitime / libre
non-marital union
union libre
temporary union
union temporaire

UNIOVULAR
uniovular twins
vrais jumeaux, jumeaux identiques,
jumeaux univitellins

UNIT
administrative unit
division / unité administrative
density of the agricultural popula-
tion per unit of cultivable area
densité agraire
density of population per unit of
cultivable area
densité générale par unité de sol
cultivable, densité physiologique
dwelling unit
(unité de) logement
family unit
cellule familiale
investigating unit
unité de personnel enquêteur
listing unit
unité d'enregistrement / de dénom-
brement
population of unit
population de l'unité
primary unit
unité primaire
sampling unit
unité de sondage
secondary unit
unité secondaire
statistical unit
unité statistique
urban unit
unité urbaine

UNIVERSE
univers, population

UNIVERSITY
université
university degree
grade universitaire

UNKNOWN
indéterminé

UNMARRIED
non marié
expectation of unmarried life
espérance de vie en état de célibat
unmarried mother
mère célibataire
unmarried motherhood
mères célibataires

UNOCCUPIED
inactif, non actif; inoccupé, vacant
unoccupied dwelling
logement vacant
unoccupied population
population (économiquement) inac-
tive, population non active

UNSETTLED
unsettled population
population flottante

UNSKILLED
unskilled worker
manoeuvre

UNTIMED
untimed birth
naissance non programmée

UPDATE (to)
tenir / mettre à jour; actualiser
updating rate
taux d'actualisation

UPPER
>upper limit
>limite supérieure, plafond

UPWARD
>upward mobility (in the social hierarchy)
>ascension sociale
>upward trend
>mouvement / tendance ascendant(e) / à la hausse

URBAN
urbain
>rural-urban migration
>exode/ émigration rural(e), migration des populations rurales vers les zones urbaines, mouvement campagne-ville
>semi-urban population
>population semi-urbaine
>urban area
>commune urbaine
>urban dwellers
>les citadins
>urban migration
>migration urbaine
>urban population
>population urbaine
>urban unit
>unité urbaine

URBANISATION
urbanisation

USE (subst.)
>use effectiveness
>efficacité d'usage / pratique

USER
>potential user
>participant éventuel
>proportion of current users of contraception
>proportion de contracepteurs

USUAL
>usual language
>langue usuelle, langue d'usage

UTERINE
utérin
>intra-uterine death
>décès intra-utérin
>intra-uterine device (IUD)
>dispositif intra-utérin (DIU), stérilet
>intra-uterine mortality table
>table de mortalité intra-utérine

UTERUS
utérus

Notes

VACATIONING
déplacement de vacances / touristique,
transit

VACUUM
abortion by vacuum aspiration
avortement par aspiration

VAGRANT
sans domicile, (personne) sans résidence fixe (SRF)

VALID
valid marriage
mariage valable

VALIDITY
validity check
contrôle de cohérence / de validité
validity of marriage
validité du mariage

VALUE (subst.)
fitness value
valeur sélective
mean selective value
valeur sélective moyenne
selective value
valeur sélective
threshold value
seuil critique

VARIABILITY
variabilité
variability of a set of observations
dispersion d'un ensemble d'observations

VARIABLE
variable

VARIANCE
variance
fertility variance
variance de la fécondité

VARIANT
medium fertility variant
variante moyenne de fécondité
*medium variant population projec-
tion*
projection démographique établie
sur la base de la variante moyenne

VARIATE (subst.)
variable
intermediate variate
variable intermédiaire

VARIATION
variation, mouvement particulier
between family structural variation
variations structurelles interfamiliales
child number variation
variance du nombre d'enfants

VASECTOMY
vasectomie

VELOCITY
index of net velocity
indice d'intensité migratoire nette

VERIFICATION
vérification

VERIFY (to)
vérifier, contrôler

VIABILITY
viabilité

VIABLE
viable
non-viable
non viable

VILLAGE
agglomération rurale, bourg, village

VIOLENCE
violence

VIOLENT
violent

VISA
visa d'entrée
exit visa
visa de sortie

VISIT (to)
visiting alien
étranger de passage, pérégrin

VISITOR
personne / hôte de passage
alien visitor
étranger de passage, pérégrin

VITAL
vital event
événement démographique; fait d'état civil
vital index
indice / index vital
vital rate inquiry
enquête sur les taux démographiques
vital record
acte de l'état civil
vital registration
registre de l'état civil
vital revolution
transition / révolution démographique
vital statistics
statistiques de l'état civil
vital statistics method (migr.)
méthode du mouvement naturel
vital (statistics) rates
taux démographiques

VITRO (in)
in vitro
in vitro artificial insemination
fécondation artificielle in vitro
in vitro artificially fertilised egg
ovule artificiellement fécondé in vitro

in vitro fertilised embryo
embryon fécondé in vitro

VIVO (ex)
ex vivo fertilisation method
méthode de fécondation extracorporelle

VIVO (in)
in vivo
heterologous in vivo insemination
fécondation hétérologique intracorporelle
in vivo artificial insemination
fécondation artificielle intracorporelle

VOCATIONAL
vocational education
enseignement professionnel

VOLUME
volume of migration
volume total des migrations, migration totale

VOLUNTARILY
voluntarily below potential fertility
maintien volontaire à un niveau inférieur à la fécondité potentielle

VOLUNTARY
voluntary childlessness
absence d'enfants voulue
voluntary infertility
infécondité volontaire
voluntary inquiry
enquête facultative
voluntary migration
migration spontanée
voluntary parenthood
procréation / parenté responsable, régulation des naissances
voluntary sterility
infécondité volontaire

VOTER
voter registration records
fichier d'électeurs

Notes

WAR

death due to operations of war
décès (par fait) de guerre
injury due to operations of war
blessure par fait de guerre
war death
décès (par fait) de guerre
war injury
blessure par fait de guerre

WARD

arrondissement, district, quartier; section

WASTAGE

pregnancy wastage
grossesses improductives

WEANING

sevrage
early weaning
sevrage précoce
weaning food
aliment de sevrage

WEDDING

mariage, union légitime

WEDLOCK

birth in wedlock
naissance / filiation / descendance légitime
birth out of wedlock
filiation / descendance naturelle, naissance illégitime
child born out of wedlock
enfant né hors mariage, enfant naturel / illégitime

WEEK

expected week of confinement
semaine présumée d'accouchement

WEIGHT (subst.)

poids, (coefficient de) pondération
birth weight
poids à la naissance

fixed weight
coefficient de pondération constant

WEIGHT (to)

weighted average
moyenne pondérée
weighted average method
méthode de la moyenne pondérée
weighted mean
moyenne pondérée
weighting factor
poids, (coefficient de) pondération

WELFARE

child welfare
protection de l'enfance, protection infantile
child welfare officer
agent de protection de l'enfance
child welfare service
service de protection infantile
family and child welfare
protection de la famille et de l'enfance
family welfare
protection de la famille
infant welfare centre
consultation psycho-pédagogique, (centre de / service de) consultations psycho-médico-pédagogiques, centre / service médico-pédagogique, centre de guidance infantile
infant welfare service
service de protection infantile
maternity child welfare centre
centre de protection maternelle et infantile
public welfare recipient
assisté

WHITE

non-white
personne de couleur
white person
blanc

WIDOW
veuve

WIDOWED
   remarriage table for widowed
   persons
   table de nuptialité des veufs et
   veuves
   widowed person
   personne veuve

WIDOWER
veuf

WIDOWHOOD
veuvage
   mean interval between widowhood
   and remarriage
   durée moyenne de veuvage
   widowhood delay
   délai de viduité

WIFE
épouse; individu du sexe féminin,
femme
   confined wife
   femme en couches
   deserted wife
   épouse abandonnée
   husband and wife
   époux, conjoints
   working wife
   femme mariée qui travaille

WITHDRAWAL
coït interrompu; retrait
   age at withdrawal
   âge de (la) cessation d'activité

WITNESS (subst.)
témoin

WOMAN
individu du sexe féminin, femme
   child-woman ratio
   rapport enfants-femmes

married woman
femme mariée
married women of reproductive
age
femmes mariées en âge de procréer
/ de procréation
mean number of children ever
born per woman
nombre moyen d'enfants par femme
pregnant woman
femme enceinte, future mère
single woman family head
femme seule chef de famille
woman-year
femme-année

WORK (subst.)
   journey to work
   migration alternante / pendulaire /
   quotidienne, navette
   return to work (to)
   reprendre une activité
   work force
   main-d'oeuvre
   work status
   statut / rang / situation profession-
   nel(le), compétence(s) profession-
   nelle(s), situation dans la profession, hiérarchie d'emploi

WORK (to)
   expectation of working life
   espérance de vie active
   gross expectation of working life
   espérance brute de vie active
   mean duration of working life
   durée moyenne de la vie active
   net expectation of working life
   espérance nette de vie active
   non-working mother
   mère au foyer
   table of working life
   table d'activité
   working
   actif

working age
âge / période d'activité, âge / période actif(ve)
of working age
en âge de travailler, d'âge actif, en période active
working age population
population d'âge actif / en âge d'activité
working disability
incapacité de travail
working incapacity
incapacité de travail
working life
(durée de la) vie active / professionnelle, période d'activité, (durée de) carrière
working life table
table de vie active
working mother
mère exerçant une activité rémunérée / une activité professionnelle
working population
population (économiquement) active, population active ayant un emploi, les actifs, (effectifs de) main-d'oeuvre (qqfs); personnes / population occupant des emplois rémunérés, personnes ayant une activité lucrative (qqfs)
working wife
femme mariée qui travaille

WORKER
travailleur
active workers
actifs
agricultural workers
population active agricole
clerical worker
travailleur non manuel
cottage worker
travailleur à domicile
employed worker
travailleur ayant un emploi

family worker
travailleur / aide / auxiliaire familial
field worker
enquêteur, (agent) recenseur
frontier worker
(travailleur) frontalier
gainful workers
travailleurs rémunérés (qqfs)
guest worker
travailleur immigré temporaire
home worker
travailleur à domicile
immigrant workers
travailleurs immigrés, main-d'oeuvre immigrée
independent worker
travailleur indépendant
manual worker
travailleur manuel, agent d'exécution, ouvrier
marginal worker
travailleur marginal
migrant worker
travailleur migrant
non-agricultural workers
population (active) non agricole
non-manual worker
travailleur non manuel
office worker
travailleur non manuel
primary worker
actif primaire
prime age workers
travailleurs d'âge très actif, travailleurs appartenant aux classes d'âge de forte activité
secondary family worker
deuxième apporteur de revenu
secondary worker
actif secondaire
self-employed agricultural workers
non-salariés des professions agricoles
semi-skilled worker
ouvrier semi-qualifié / spécialisé

skilled worker
professionnel, ouvrier qualifié
unemployed worker
travailleur sans emploi
unskilled worker
manoeuvre
worker on own account
travailleur indépendant

Notes

Notes

YEAR
année
  age in complete years
  âge en années révolues
  age reached during the year
  âge atteint dans l'année
  calendar year
  année civile
  calendar year life table
  table de mortalité du moment
  calendar year table
  table du moment / transversale
  complete year
  année accomplie / révolue
  death under one year of age
  décès de moins d'un an
  five-year age group
  groupe d'âge quinquennal, groupe de cinq années d'âge
  full year
  année pleine
  individual year of age
  année d'âge
  in late years
  dans les derniers âges de la vie
  life years reproduction rate
  taux de reproduction des années vécues
  person-year
  personne-année
  quality-adjusted life-year (QUALY)
  espérance de vie corrigée en fonction du bien-être
  woman-year
  femme-année
  year of birth
  année de naissance
  years of school completed
  durée de scolarité accomplie, durée des études

YOUNG
jeune
  very young age
  petite enfance
  young couples
  jeunes ménages

  young elderly
  personne âgée, "ancien", "aîné", vieux, âgé; troisième âge
  young person
  jeune
  young persons
  jeunes gens
  young population
  population jeune

YOUNGING
rajeunissement (démographique / de la population)

YOUTH
adolescence

Notes

ZERO

zero population growth (ZPG)
accroissement démographique nul,
croissance nulle, croissance zéro

ZONE
zone

ZYGOTE
zygote

Notes

III. SIGLES - ABBREVIATIONS

| AI | artificial insemination |
| | insémination artificielle (IA) |

| BNA | basic needs assessment |
| | évaluation des besoins essentiels |

| CS | child spacing |
| | espacement des naissances (EN) |

| CSD | child survival and development |
| | survie et développement de l'enfant (SDE) |

| CSDR | child survival and development revolution |
| | révolution au profit de la survie et du développement des enfants |

| DINK | dual income with no kids |
| | ménage bi-actif sans enfants |

| DIU | dispositif intra-utérin |
| | intra-uterine device (IUD) |

| DR | district de recensement |
| | census area (EA) |

| EA | census area |
| | district de recensement (DR) |

| ELS | Ekistic Logarithmic Scale |
| | échelle ékistique logarithmique |

| EN | espacement des naissances |
| | child spacing (CS) |

| FFF | family spacing - food supplements - female literacy |
| | espacement des naissances - alimentation complémentaire - alphabétisation des femmes |

IA	insémination artificielle artificial insemination (AI)
IAD	insémination artificielle à partir d'un / avec un donneur artificial insemination by a donor
IMR	infant mortality rate taux de mortalité infantile (TMI)
IQ	intelligence quotient quotient intellectuel (QI)
ISF	indice synthétique de fécondité synthetic measure of fertility, total fertility rate
IUD	intra-uterine device dispositif intra-utérin (DIU)
LAT	living apart together vivant ensemble séparément
LEFD	life expectancy free of deficiency espérance de vie sans incapacité
MCH/CS	maternal and child health/child spacing santé maternelle et infantile et espacement des naissances (SMI/EN)
MCH/FP	maternal and child health/family planning santé maternelle et infantile et planification familiale (SMI/PF)
QI	quotient intellectuel intelligence quotient (IQ)
QUALY	quality-adjusted life-year espérance de vie corrigée en fonction du bien-être

SDE	survie et développement de l'enfant child survival and development (CSD)
SDF	sans domicile fixe person of no fixed abode
SMI/PF	santé maternelle et infantile et planification familiale maternal and child health/family planning (MCH/FP)
SMI/EN	santé maternelle et infantile et espacement des naissances maternal and child health/child spacing (MCH/CS)
SRF	sans résidence fixe vagrant, person of no fixed abode
TMI	taux de mortalité infantile infant mortality rate (IMR)

IV. ANNEXE - APPENDIX

FRENCH → ENGLISH

A. MAJOR ADOPTED TEXTS RELATING TO POPULATION

A.1.Council of Europe

Avis 47 (1967) relatif à la Conférence démographique européenne
Opinion 47 (1967) on the European Population Conference
(Parliamentary Assembly)

Avis 59 (1972) sur les travaux de la deuxième Conférence démographique européenne
Opinion 59 (1972) on the work of the Second European Population Conference
(Parliamentary Assembly)

Directive 166 (1960): Problèmes des réfugiés et des excédents de population
Order 166 (1960): Refugee and over-population problems
(Parliamentary Assembly)

Directive 167 (1960): Evolution démographique en Europe
Order 167 (1960): Population trends in Europe
(Parliamentary Assembly)

Directive 324 (1972): Recommandations de la 2e Conférence démographique européenne
Order 324 (1972): Recommendations of the 2nd European Population Conference
(Parliamentary Assembly)

Etudes démographiques
Population Studies

Evolution démographique récente en Europe et en Amérique du Nord, 1992
Recent Demographic Developments in Europe and North America, 1992

L'évolution démographique mondiale et ses conséquences pour l'Europe
World Demographic Trends and their Consequences for Europe

La fécondité des cohortes dans les Etats membres du Conseil de l'Europe
Cohort Fertility in Member States of the Council of Europe

- 457 -

Politiques concernant le vieillissement de la population
Policies on the Ageing of the Population

Rapport final "Aspects politiques et démographiques des flux migratoires vers l'Europe"
Final Report on "Political and demographic aspects of migration flows to Europe"

Recommandation 1035 (1986) relative au vieillissement des populations en Europe: conséquences économiques et sociales
Recommendation 1035 (1986) on ageing of populations in Europe: economic and social consequences
(Parliamentary Assembly)

Recommandation 13 (1951) sur le problème des réfugiés et des excédents de population
Recommendation 13 (1951) on the problem of refugees and over-population
(Parliamentary Assembly)

Recommandation 381 (1964) relative aux problèmes posés par l'évolution démographique en Europe
Recommendation 381 (1964) on the problems raised by population trends in Europe
(Parliamentary Assembly)

Recommandation 675 (1972) relative au contrôle des naissances et au planning familial dans les Etats membres du Conseil de l'Europe
Recommendation 675 (1972) on birth control and family planning in Council of Europe member States
(Parliamentary Assembly)

Recommandation 865 (1979) relative aux incidences de l'évolution démographique sur la politique sociale et migratoire
Recommendation 865 (1979) on the implications of demographic change for social and migration policy
(Parliamentary Assembly)

Recommandation 1074 (1988) relative à la politique de la famille
Recommendation 1074 (1988) on family policy
(Parliamentary Assembly)

Recommandation 1164 (1991) relative aux déséquilibres démographiques entre les pays du bassin méditérranéen
Recommendation 1164 (1991) on demographic imbalances between the countries of the Mediterranen basin
(Parliamentary Assembly)

Recommandation nø R (80) 12 du Comité des Ministres aux Etats membres concernant les organismes de conseils conjugaux et familiaux
Recommendation No R (80) 12 of the Committee of Ministers to the Member States concerning marriage guidance and family counselling services
(Committee of Ministers)

Recommandation nø R (87) 6 du Comité des Ministres aux Etats membres sur les familles nourricières
Recommendation No R (87) 6 of the Committee of Ministers to the Member States on foster families
(Committee of Ministers)

Recommandation N° R (91) 9 du Comité des Ministres aux Etats membres sur les mesures d'urgence concernant la famille
Recommendation No. R (91) 9 of the Committee of Ministers to Member States on emergency measures in family matters
(Committee of Ministers)

Résolution (51) 34 - Problème des réfugiés et des excédents de population
Resolution (51) 34 - The Problem of Refugees
(Committee of Ministers)

Résolution (51) 57 - Problème des réfugiés et des excédents de population
Resolution (51) 57 - The problem of Refugees
(Committee of Ministers)

Résolution (52) 11 - Réfugiés et excédents de population
Resolution (52) 11 - Refugees and Over-population
(Committee of Ministers)

Résolution (52) 75 - Financement de l'intégration des réfugiés et excédents de population Resolution (52) 75 - Financing of the rehabilitation of refugees and surplus elements of population
(Committee of Ministers)

Résolution (54) 10 - Problème des réfugiés nationaux et des excédents de population - Action à mener dans les domaines politique et financier
Resolution (54) 10 - Problems of national refugees and over-population - Action in the political and financial fields
(Committee of Ministers)

Résolution (55) 34 - Réfugiés et excédents de population
Resolution (55) 34 - Refugees and Over-population
(Committee of Ministers)

Résolution (72) 14 sur la situation actuelle des excédents de population dans certains Etats membres du Conseil de l'Europe
Resolution (72) 14 on the current over-population situation in certain Council of Europe member States
(Committee of Ministers)

Résolution (74) 14 concernant la situation des travailleurs migrants et de leurs familles en Europe
Resolution (74) 14 on the situation of migrant workers and their families in Europe
(Committee of Ministers)

Résolution (75) 29 sur la législation relative à la fécondité et à la planification familiale
Resolution (75) 29 on legislation relating to fertility and family planning
(Committee of Ministers)

Résolution (77) 37 sur les services d'aide familiale
Resolution (77) 37 on home help services
(Committee of Ministers)

Résolution (78) 10 sur les programmes de la planification familiale
Resolution (78) 10 on family planning programmes
(Committee of Ministers)

Résolution (78) 33 relative au regroupement familial dans le cadre des migrations de travailleurs dans les Etats membres du Conseil de l'Europe
Resolution (78) 33 on the reunion of families of migrant workers in Council of Europe member states
(Committee of Ministers)

Résolution 585 (1975) relative aux conséquences économiques et sociales du vieillissement de la population en Europe
Resolution 585 (1975) on the economic and social consequences of the ageing of the population in Europe
(Parliamentary Assembly)

Résolution 586 (1975) relative à l'organisation d'un colloque sur les conséquences économiques et sociales du vieillissement de la population en Europe
Resolution 586 (1975) on the organisation of a colloquy on the economic and social consequences of the ageing of the population in Europe
(Parliamentary Assembly)

Résolution 771 (1982) relative aux tendances et perspectives démographiques en Europe et dans les pays en voie de développement
Resolution 771 (1982) on trends and prospects for population changes in Europe and less developed countries
(Parliamentary Assembly)

Résolution 971 (1991) relative à l'Europe et à l'état de la population mondiale
Resolution 971 (1991) on Europe and the state of world population
(Parliamentary Assembly)

A.2.Other organisations

Amélioration de la santé par la planification familiale
Better Health through Family Planning
(UNDP)

Annuaire démographique
Demographic Yearbook
(United Nations)

Bulletin démographique des Nations Unies
Population Bulletin of the United Nations
(United Nations)

Campagne internationale pour la contraception, l'avortement et la stérilisation
International Contraception, Abortion and Sterilisation Campaign

Charte des droits de la famille
Charter of the rights of the family
(United Nations), 1983

Convention sur la protection de la maternité (révisée) (N° 103)
Maternity Protection Convention (Revised) (N° 103)
(ILO), 1952

Convention sur la protection de la maternité (N° 3)
Maternity Protection Convention (N° 3)
(ILO), 1919

Déclaration d'Amsterdam
Amsterdam Declaration

Déclaration de Colombo sur la population et le développement
Colombo Declaration on Population and Development

Déclaration mondiale en faveur de la survie, de la protection et du développement de l'enfant
World declaration on the survival, protection and development of children

Enquête mondiale sur la fécondité
World Fertility Survey

Enquête permanente sur la population active
Current Population Survey
(USA)

Plan d'action international sur le vieillissement
International Plan of Action on Ageing

Plan d'action mondial sur la population
World Population Plan of Action
(United Nations), 1974

Plan international d'action sur le vieillissement
International Plan of Action on Ageing
(United Nations)

Proclamation de Téhéran sur les droits de l'homme et le Plan d'action de la population
mondiale
Teheran Proclamation on Human Rights and the World Population Plan of Action

Programme d'action de Kilimandjaro concernant la population africaine et le développement autonome
Kilimanjaro Programme of Action on African Population and Self-Reliant Development

Programme d'action de N'Djaména concernant la population et le développement au
Sahel
N'Djamena Plan of Action for Population and Development
(CILSS)

Programme de maternité sans danger
Safe Motherhood Initiative
(World Bank)

Programme de recherches sociales sur la population en Amérique latine
Program of Social Research on Population in Latin America

Programme indicatif d'action visant à améliorer l'exécution des programmes de
population en Afrique subsaharienne durant les années 90
Agenda for Action to Improve the Implementation of Population Programs in Sub-Saharan Africa in the 1990s

Programme international de recherches sur la fécondité
International Fertility Research Program

Projet sur les conséquences pour les villes de l'évolution technologique et démographique
Project on urban impacts of technological and socio-demographic change
(OECD), 1988

Recommandation sur la protection de la maternité (N° 95)
Maternity Protection Recommendation (N° 95)
(ILO), 1952

Série Population et développement
Population and Development Series
(World Bank)

Système de documentation sur la population en Amérique latine
Latin American Population Documentation System
(CELADE)

B. ORGANISATIONS AND BODIES DEALING WITH POPULATION

Assistance internationale en planning familial
Family Planning International Assistance

Association démographique d'Afrique
Population Association of Africa

Association internationale des bibliothèques et des centres d'information concernant la population et la planification familiale
International Association for Population/Family Planning Libraries and Information Centers

Association internationale des démographes de langue française
International Association of French-language Demographers

Association latinoaméricaine de communicateurs démographiques
Latin American Association of Communicators of Demography

Association pour la stérilisation volontaire
Association for Voluntary Sterilization

Bureau de référence sur la population
Population Reference Bureau

Bureau du Comité européen sur la population
Bureau of the European Population Committee
(Council of Europe)

Centre afro-arabe pour les études d'information en matière de développement démographique et reconstruction
Afro-Arab Centre for Information Studies in Population Development and Reconstruction

Centre arabe des études d'information sur la population, le développement et la construction
Arab Centre for Information Studies on Population, Development and Construction

Centre d'études de la famille africaine
Centre for African Family Studies

Centre de documentation sur la population
Population Documentation Centre
(FAO)

Centre de recherche démographique et des programmes en matière de population
Centre for Demographic Research and Population Programmes

Centre de recherches démographiques de l'Amérique centrale
Central-American Demographic Research Centre

Centre de recherches démographiques de l'Amérique centrale
Central American Demographic Research Center

Centre démographique du Caire
Cairo Demographic Centre

Centre des options démographiques
Centre for Population Options

Centre interaméricain de formation pour la communication en matière de population
Inter-American Training Center in Communication for Population

Centre latinoaméricain de démographie
Latin American Demographic Center

Centre latinoaméricain de population et de la famille
Latin American Center on Population and the Family

Centre pour le développement et les activités en matière de population
Center for Development and Population Activities

Centre régional arabe pour les études d'information sur la population, le développement et la reconstruction
Regional Arab Centre for Information Studies in Population, Development and Reconstruction

Centre régional d'études démographiques
Regional Centre for Population Studies

Centre régional de population
Regional Population Centre

Centre régional de recherche et de formation démographiques en Afrique
Regional Centre for Demographic Research and Training in Africa

Comité consultatif africain de la population
African Population Advisory Committee

Comité consultatif de la population
Population Advisory Committee

Comité consultatif international sur la population et la loi
International Advisory Committee on Population and Law

Comité d'experts de l'hygiène de la maternité et de l'enfance
Expert Committee on Maternal and Child Health
(WHO)

Comité d'experts de la formation sur les aspects interdisciplinaires des politiques et des
programmes de population
Committee of Experts on Training on Interdisciplinary Aspects of Population Policies
and Programmes
(United Nations)

Comité d'experts de la maternité
Expert Committee on Maternity Care
(WHO)

Comité de la crise démographique
Population Crisis Committee

Comité de la formation interdisciplinaire en matière de politiques de population et de
planification de la famille
Committee on Interdisciplinary Training in Population Policies and Family Planning

Comité européen sur la population
European Population Committee
(Council of Europe)

Comité européen sur la population
European Population Committee
(Council of Europe)

Comité intergouvernemental pour les migrations
Intergovernmental Committee for Migration

Comité intergouvernemental pour les migrations européennes
Intergovernmental Committee for European Migration

Comité international de coopération dans les recherches nationales en démographie
Committee for International Cooperation in National Research in Demography

Comité international de gestion des programmes de population
International Committee on the Management of Population Programmes

Comité international des recherches appliquées en matière de population
International Committee on Applied Research in Population

Comité international des recherches contraceptives
International Committee on Contraceptive Research

Comité mondial de parlementaires sur la population et le développement
Global Committee of Parliamentarians on Population and Development

Comité spécial d'experts chargé des programmes dans le domaine de la fécondité
Ad Hoc Committee of Experts on Programmes in Fertility
(United Nations)

Comité spécial d'experts chargé des programmes relatifs aux aspects démographiques
du développement économique
Ad Hoc Committee of Experts on Programmes in the Demographic Aspects of
Economic Development
(United Nations)

Comité spécial d'experts chargé des programmes relatifs aux aspects démographiques
du développement social
Ad Hoc Committee of Experts on Programmes in the Demographic Aspects of Social
Development
(United Nations)

Comité spécial d'experts chargé des programmes relatifs aux aspects démographiques
de l'urbanisation
Ad Hoc Committee of Experts on Programmes in the Demographic Aspects of
Urbanization
(United Nations)

Comité spécial d'experts sur les aspects des programmes de planification de la famille
concernant l'administration publique
Ad Hoc Committee of Experts on Public Administration Aspects of Family Planning
(United Nations)

Commission de la population
Population Commission
(United Nations)

Commission des migrations, des réfugiés et de la démographie
Committee on Migration, Refugees and Demography
(Council of Europe)

Commission des questions sociales, de la santé et de la famille
Social, Health and Family Affairs Committee
(Council of Europe)

Conférence asiatique de parlementaires sur la population et le développement
Asian Conference of Parliamentarians on Population Development

Conférence des démographes africains
Conference of African Demographers

Conférence des statisticiens européens
Conference of European Statisticians
(United Nations)

Conférence latinoaméricaine sur la population et la planification du développement
Latin American Conference on Population and Development Planning

Congrès latinoaméricain sur la population et le développement
Latin American Congress on Population and Development

Conseil de la population
Population Council

Département de la population et des ressources humaines
Population and Human Resources Department
(World Bank)

Division de la population
Population Division
(United Nations)

Division de la Population, de l'Emploi et des Migrations
Population, Employment and Migration Division
(Council of Europe)

Equipe du travail et de la population en Asie et dans le Pacifique
Labour and Population Team for Asia and the Pacific
(ILO)

Fédération arabe régionale des associations pour le contrôle volontaire des naissances
Regional Arab Federation of Associations for Voluntary Family Control

Fédération internationale de la vieillesse
International Federation of Ageing

Fédération internationale pour le planning familial
International Planned Parenthood Federation

Fédération mondiale des agences de santé pour la promotion de la contraception chirurgicale volontaire
World Federation of Health Agencies for the Advancement of Voluntary Surgical Contraception

Fédération mondiale pour la contraception chirurgicale volontaire
World Federation for Voluntary Surgical Contraception

Fonds de réserve pour la réduction de la mortalité infantile
Infant Mortality Reduction Reserve Fund
(UNICEF)

Fondation du Centre démographique
Population Center Foundation, Inc.

Fonds d'affectation spéciale des Nations Unies pour les systèmes d'information démographique
United Nations Trust Fund for Population Information Systems
(United Nations)

Fonds des Nations Unies pour la population
United Nations Population Fund

Fonds pour la maternité sans danger
Safe Motherhood Fund
(World Bank)

Forum asiatique de parlementaires sur la population et le développement
Asian Forum of Parliamentarians on Population and Development

Groupe consultatif spécial d'experts en matière de politique démographique
Ad Hoc Consultative Group of Experts on Population Policy
(United Nations)

Groupe d'étude sur la survie juvénile
Task Force on Child Survival
(World Bank)

Groupe de la bibliothèque et des services d'information sur la population
Library and Population Information Services Unit
(United Nations Population Fund)

Groupe de spécialistes sur le contexte socio-démographique et économique de la naissance
Specialist Group on the Socio-Demographic and Economic Context of Childbearing
(Council of Europe)

Groupe de spécialistes sur le vieillissement et le système socio-médical
Specialist Group on Ageing and the Socio-Medical System
(Council of Europe)

Groupe de travail concernant la préparation d'un projet de recommandation sur des politiques familiales cohérentes et intégrées
Working Party responsible for the Preparation of a Draft Recommendation on Coherent and Integrated Family Policies
(Council of Europe)

Groupe de travail d'experts sur les programmes et politiques de population en Afrique
Expert Group on National Population Policies and Programmes in Africa

Groupe de travail de démographie sociale
Working Group on Social Demography
(United Nations)

Groupe de travail spécial interorganisations des projections démographiques
Ad Hoc Inter-Agency Working Group on Demographic Projections
(United Nations)

Groupe mixte de spécialistes sur les migrations, la démographie et l'emploi
Joint Specialists Group on Migration, Demography and Employment
(Council of Europe)

Groupe multidisciplinaire de projet "Vieillissement et protection sociale"
Multidisciplinary Project Group "Ageing and Social Protection"
(Council of Europe)

Groupe parlementaire interaméricain sur la population et le développement
Inter-American Parliamentary Group on Population and Development

Groupe spécial d'experts des modèles démographiques
Ad Hoc Group of Experts on Demographic Models
(United Nations)

Groupe spécial pour les femmes, la population et le développement
Special Unit for Women, Population and Development
(United Nations Population Fund)

Institut andin d'études en matière de population et de développement
Andean Institute for Population Studies and Development

Institut de formation et de recherche démographiques
-

Institut de population
Population Institute

Institut démographique international
International Population Institute, Inc.

Institut international d'études démographiques
International Institute for Population Studies

Institut international d'études sur la population
International Institute for Population Studies

Institut international des sciences de la population
International Institute for Population Sciences

Institut régional d'études démographiques
Regional Institute for Population Studies

Observatoire européen des politiques familiales
European Family Policy Observatory
(EEC)

Organisation japonaise de coopération internationale pour la planification familiale
Japanese Organization for International Cooperation in Family Planning, Inc.

Population, santé et nutrition
Population, Health and Nutrition
(World Bank)

Réseau d'information en matière de population
Population Information Network
(United Nations)

Réseau pour l'enfance et la famille d'Amérique Latine et des Caraïbes
Network for Youth and the Family of Latin America and the Caribbean

Section des études sur la fécondité et la planification de la famille
Fertility and Family Planning Studies Section

Section des politiques en matière de population
Population Policy Section
(United Nations)

Section des statistiques démographiques
Demographic Statistics Section
(United Nations)

Section des tendances démographiques et de la structure de la population
Population Trends and Structure Section
(United Nations)

Service de la santé maternelle et infantile et de la planification de la famille
Maternal and Child Health/Family Planning Branch
(United Nations Population Fund)

Service des données, des politiques et des recherches relatives à la population
Population Data, Policy and Research Branch
(United Nations Population Fund)

Service des statistiques démographiques et sociales
Demographic and Social Statistics Branch
(United Nations)

Services internationaux de population
Population Services International

Société mondiale de la population
World Population Society

Sous-commission de la démographie
Sub-Committee on Demography
(Council of Europe)

Union internationale pour l'étude scientifique de la population
International Union for the Scientific Study of Population

Union pour l'étude de la population africaine
Union for African Population Studies

C. CONFERENCES, COLLOQUIES, SEMINARS, ...

1ère Conférence démographique européenne
1st European Population Conference
Strasbourg, 1966
Themes: Developments in fertililty, their causes and direct consequences; Developments in mortality - their causes and direct consequences; Population movements; Trends in population structure and their consequences; Teaching and Demographic Research

1ère Conférence des Ministres européens chargés des Affaires familiales
1st Conference of European Ministers responsible for Family Affairs
Vienna, 1959
Theme: Informative exchange of views on some subjects of family policy falling under the Ministers' competence

2e Conférence démographique européenne
2nd European Population Conference
Strasbourg, 1971
Themes: The demographic aspects of the ageing of the population in Europe and its social and economic implications; The demographic aspects of differential mortality and morbidity according to age and sex in Europe, their social and economic consequences, especially in the field of excess male mortality; Inter-relationship between fertility and the social and economic status of families in Europe, its effects on social policies; The demographic and social pattern of migrants in Europe, especially with regard to international migrations; Population data needs and the use of such data in demographic and social analysis; Developments in demographic teaching and research in Europe

2e Conférence des Ministres européens chargés des Affaires familiales
2nd Conference of European Ministers responsible for Family Affairs
Paris, 1960
Theme: Defence of the youth and the family against prejudicial influences of the community (films, reading-material, etc.)

3e Conférence des Ministres européens chargés des Affaires familiales
3rd Conference of European Ministers responsible for Family Affairs
The Hague, 1961
Theme: The social adaptation of the family to the conditions resulting from considerable structural changes in rural areas as well as in urban areas

4e Conférence des Ministres européens chargés des Affaires familiales
4th Conference of European Ministers responsible for Family Affairs
Bonn;Bad Godesberg, 1962
Theme: Economic benefits in favour of the family in nine European countries

5e Conférence des Ministres européens chargés des Affaires familiales
5th Conference of European Ministers responsible for Family Affairs
Brussels, 1963
Theme: The ageing of the population and problems of elderly people

6e Conférence des Ministres européens chargés des Affaires familiales
6th Conference of European Ministers responsible for Family Affairs
Palermo, 1964
Theme: Social adaptation and integration of the migrant worker and his family

7e Conférence des Ministres européens chargés des Affaires familiales
7th Conference of European Ministers responsible for Family Affairs
London, 1965
Theme: The function of public and voluntary social action for the family and their co-ordination

8e Conférence des Ministres européens chargés des Affaires familiales
8th Conference of European Ministers responsible for Family Affairs
Luxembourg, 1966
Theme: The young family

9e Conférence des Ministres européens chargés des Affaires familiales
9th Conference of European Ministers responsible for Family Affairs
Geneva, 1967
Theme: Systems of family allowances

10e Conférence des Ministres européens chargés des Affaires familiales
10th Conference of European Ministers responsible for Family Affairs
Vienna, 1968
Theme: The woman between profession and family

11e Conférence des Ministres européens chargés des Affaires familiales
11th Conference of European Ministers responsible for Family Affairs
Hoogeveen, 1969
Theme: Socio-cultural measures in the immediate environment of the family (the equipment of the socio-cultural environment of the family)

12e Conférence des Ministres européens chargés des Affaires familiales
12th Conference of European Ministers responsible for Family Affairs
Stockholm, 1971
Theme: Single parents with dependent children

13e Conférence des Ministres européens chargés des Affaires familiales
13th Conference of European Ministers responsible for Family Affairs
Nice, 1973
Theme: Children and young persons at risk

14e Conférence des Ministres européens chargés des Affaires familiales
14th Conference of European Ministers responsible for Family Affairs
Oslo, 1975
Theme: The equality of man and woman: its implications for family life and governmental action

15e Conférence des Ministres européens chargés des Affaires familiales
15th Conference of European Ministers responsible for Family Affairs
Bonn;Bad Godesberg, 1977
Theme: Promoting the educational role of the family

16e Conférence des Ministres européens chargés des Affaires familiales
16th Conference of European Ministers responsible for Family Affairs
Athens, 1979
Theme: Family policy as an instrument for providing equal opportunities for children

17e Conférence des Ministres européens chargés des Affaires familiales
17th Conference of European Ministers responsible for Family Affairs
Rome, 1981
Theme: Time for work, time for the family

18e Conférence des Ministres européens chargés des Affaires familiales
18th Conference of European Ministers responsible for Family Affairs
Copenhague, 1983
Theme: The role of the elderly in the family in the context of the society of the 80s

19e Conférence des Ministres européens chargés des Affaires familiales
19th Conference of European Ministers responsible for Family Affairs
Valetta, 1985
Theme: The effects on the family of the economic crisis and particularly of unemployment

20e Conférence des Ministres européens chargés des Affaires familiales
20th Conference of European Ministers responsible for Family Affairs
Brussels, 1987
Theme: Recent developments in family structures and future perspectives

21e Conférence des Ministres européens chargés des Affaires familiales
21th Conference of European Ministers responsible for Family Affairs
Nicosia, 1989
Theme: Methods of child-upbringing in Europe today and the role of family services

22e Conférence des Ministres européens chargés des Affaires familiales
22th Conference of European Ministers responsible for Family Affairs
Lucerne, 1991
Theme: Family Policy and decentralisation

XXIIIe Session de la Conférence des Ministres européens chargés des Affaires Familiales
XXIIIrd Session of the Conference of European Ministers responsible for Family Affairs
France, 1993
Theme: Family policies, children's rights, parental responsabilities

Année démographique européenne
European Population Year
(1966)

Année internationale de la famille
International Year of the Family
(1994)

Année mondiale de la population
World Population Year
(1974)

Assemblée mondiale du troisième age
World Asembly on the Elderly

Assemblée mondiale sur le vieillissement
World Assembly on Aging
Vienna, 1982

Atelier sur "Vieillissement de la population et participation sociale"
Workshop on "Ageing and Participation in Society"
Valkenburg, 1990

Colloque sur les tendances et perspectives démographiques en Europe et dans les pays en voie de développement
Colloquy on trends and prospects for population changes in Europe and less developed countries
Strasbourg, 1981

Conférence de parlementaires de l'hémisphère occidental sur la population et le développement
Western Hemisphere Conference of Parliamentarians on Population and Development

Conférence démographique européenne
European Population Conference
(1982)

Conférence démographique internationale 1992: La Renaissance des sociétés vieillissantes
International Population Conference 1992: Revival of Ageing Societies
Helsinki, 1992

Conférence européenne sur l'avortement et la contraception
European Conference on Abortion and Contraception
Geneva, 1992

Conférence européenne sur la population
European Population Conference
Geneva, 1993
Main themes: international migration; fertility and the family; health and mortality; population growth and age structure; international co-operation in the field of population

Conférence européenne sur la population
European Conference on population
Jyväskylä, 1987

Conférence internationale sur la population
International Conference on Population
Mexico City, 1984

Conférence internationale sur les politiques concernant le vieillissement de la population en Europe
International Conference on the Policies on the Ageing of the Population in Europe
Sienna, 1993

Conférence mondiale de la population
World Population Conference
Rome, 1954

Conférence mondiale de la population
World Population Conference
Belgrade, 1965

Conférence mondiale de la population
World Population Conference
Bucarest, 1974

Conférence Parlementaire Mondiale des Nations Unies sur la démographie
United Nations World Parliamentary Conference on Demography
Colombo, 1979

Conférence sur la maternité sans danger
Safe Motherhood Conference

Conférence sur les citoyens européens âgés des années 90
Conference on the older European citizen in the 1990s
Brussels, 1991

Congrès sur les mutations économiques et démographiques: perspectives pour 1980
Congress on economic and demographic change: issues for the 1980s
Helsinki, 1978

Débat sur "L'égalité entre les femmes et les hommes: le droit au libre choix de la maternité"
Debate on "Equality between women and men: the right to free choice of maternity"
Strasbourg, 1993

Forum international sur la population au vingt et unième siècle
International Forum on population in the twenty-first century
Amsterdam, 1989

Forum sur la survie des enfants, des femmes et de la population (stratégie intégrée)
Forum on the survival of infants, women and the population (integrated strategy)
The Hague, 1986

Journée du troisième âge
Day for the Aging

Prix des Nations Unies en matière de population
United Nations Population Award

Réunion du Groupe d'experts interrégional sur la répartition de la population et les stratégies de développement
Interregional Expert Group Meeting on Population Distribution and Development Strategy

Séminaire démographique "Tendances démographiques actuelles et modes de vie en Europe"
Demographic Seminar "Present demographic trends and lifestyles in Europe"
Strasbourg, 1990

Séminaire sur les conséquences de l'évolution des tendances démographiques, en particulier des migrations internes, aux niveaux local et régional
Seminar on the consequences of changing population trends, especially internal migration, at the local and regional level
Strasbourg, 1979

Séminaire sur les conséquences et incidences démographiques et économiques de l'évolution de la structure par âge de la population
Seminar on Demographic and Economic Consequences and Implications of Changing Population Age Structures
Ottawa, 1990

Séminaire sur les effets des tendances démographiques actuelles sur les villes et les régions d'Europe
Seminar on the impact of current population trends on Europe's cities and regions
Strasbourg, 1979

Séminaire sur les incidences d'une population stationnaire ou décroissante en Europe
Seminar on the implications of a stationary or declining population in Europe
Strasbourg, 1976

Séminaire sur les régions à problèmes démographiques en Europe
Seminar on demographic problem areas in Europe
Strasbourg, 1986

Séminaire sur les tendances démographiques actuelles et modes de vie en Europe
Seminar on present demographic trends and life-styles in Europe
Strasbourg, 1990

Symposium international sur la politique familiale en Europe
International Symposium on family policy in Europe
Milan, 1980

A. PRINCIPAUX TEXTES ADOPTES EN MATIÈRE DE DEMOGRAPHIE

A.1.Conseil de l'Europe

Cohort Fertility in Member States of the Council of Europe
La fécondité des cohortes dans les Etats membres du Conseil de l'Europe

Final Report on "Political and demographic aspects of migration flows to Europe"
Rapport final "Aspects politiques et démographiques des flux migratoires vers l'Europe"

Opinion 47 (1967) on the European Population Conference
Avis 47 (1967) relatif à la Conférence démographique européenne
(Assemblée parlementaire)

Opinion 59 (1972) on the work of the Second European Population Conference
Avis 59 (1972) sur les travaux de la deuxième Conférence démographique européenne
(Assemblée parlementaire)

Order 166 (1960): Refugee and over-population problems
Directive 166 (1960): Problèmes des réfugiés et des excédents de population
(Assemblée parlementaire)

Order 167 (1960): Population trends in Europe
Directive 167 (1960): Evolution démographique en Europe
(Assemblée parlementaire)

Order 324 (1972): Recommendations of the 2nd European Population Conference
Directive 324 (1972): Recommandations de la 2e Conférence démographique européenne
(Assemblée parlementaire)

Policies on the Ageing of the Population
Politiques concernant le vieillissement de la population

Population Studies
Etudes démographiques

Recent Demographic Developments in Europe and North America, 1992
Evolution démographique récente en Europe et en Amérique du Nord, 1992

Recommendation 13 (1951) on the problem of refugees and over-population
Recommandation 13 (1951) sur le problème des réfugiés et des excédents de population
(Assemblée parlementaire)

Recommendation 381 (1964) on the problems raised by population trends in Europe
Recommandation 381 (1964) relative aux problèmes posés par l'évolution démographique en Europe
(Assemblée parlementaire)

Recommendation 675 (1972) on birth control and family planning in Council of Europe member States
Recommandation 675 (1972) relative au contrôle des naissances et au planning familial dans les Etats membres du Conseil de l'Europe
(Assemblée parlementaire)

Recommendation 865 (1979) on the implications of demographic change for social and migration policy
Recommandation 865 (1979) relative aux incidences de l'évolution démographique sur la politique sociale et migratoire
(Assemblée parlementaire)

Recommendation 1035 (1986) on ageing of populations in Europe: economic and social consequences
Recommandation 1035 (1986) relative au vieillissement des populations en Europe: conséquences économiques et sociales
(Assemblée parlementaire)

Recommendation 1074 (1988) on family policy
Recommandation 1074 (1988) relative à la politique de la famille
(Assemblée parlementaire)

Recommendation 1164 (1991) on demographic imbalances between the countries of the Mediterranen basin
Recommandation 1164 (1991) relative aux déséquilibres démographiques entre les pays du bassin méditérranéen
(Assemblée parlementaire)

Recommendation No R (80) 12 of the Committee of Ministers to the Member States concerning marriage guidance and family counselling services
Recommandation nø R (80) 12 du Comité des Ministres aux Etats membres concernant les organismes de conseils conjugaux et familiaux
(Comité des Ministres)

Recommendation No R (87) 6 of the Committee of Ministers to the Member States on foster families
Recommandation nø R (87) 6 du Comité des Ministres aux Etats membres sur les familles nourricières
(Comité des Ministres)

Recommendation No. R (91) 9 of the Committee of Ministers to Member States on emergency measures in family matters
Recommandation N° R (91) 9 du Comité des Ministres aux Etats membres sur les mesures d'urgence concernant la famille
(Comité des Ministres)

Resolution (51) 34 - The Problem of Refugees
Résolution (51) 34 - Problème des réfugiés et des excédents de population
(Comité des Ministres)

Resolution (51) 57 - The problem of Refugees
Résolution (51) 57 - Problème des réfugiés et des excédents de population
(Comité des Ministres)

Resolution (52) 11 - Refugees and Over-population
Résolution (52) 11 - Réfugiés et excédents de population
(Comité des Ministres)

Resolution (52) 75 - Financing of the rehabilitation of refugees and surplus elements of population
Résolution (52) 75 - Financement de l'intégration des réfugiés et excédents de population (Comité des Ministres)

Resolution (54) 10 - Problems of national refugees and over-population - Action in the political and financial fields
Résolution (54) 10 - Problème des réfugiés nationaux et des excédents de population - Action à mener dans les domaines politique et financier
(Comité des Ministres)

Resolution (55) 34 - Refugees and Over-population
Résolution (55) 34 - Réfugiés et excédents de population
(Comité des Ministres)

Resolution (72) 14 on the current over-population situation in certain Council of Europe member States
Résolution (72) 14 sur la situation actuelle des excédents de population dans certains Etats membres du Conseil de l'Europe
(Comité des Ministres)

Resolution (74) 14 on the situation of migrant workers and their families in Europe
Résolution (74) 14 concernant la situation des travailleurs migrants et de leurs familles en Europe
(Comité des Ministres)

Resolution (75) 29 on legislation relating to fertility and family planning
Résolution (75) 29 sur la législation relative à la fécondité et à la planification familiale
(Comité des Ministres)

Resolution (77) 37 on home help services
Résolution (77) 37 sur les services d'aide familiale
(Comité des Ministres)

Resolution (78) 10 on family planning programmes
Résolution (78) 10 sur les programmes de la planification familiale
(Comité des Ministres)

Resolution (78) 33 on the reunion of families of migrant workers in Council of Europe member states
Résolution (78) 33 relative au regroupement familial dans le cadre des migrations de travailleurs dans les Etats membres du Conseil de l'Europe
(Comité des Ministres)

Resolution 585 (1975) on the economic and social consequences of the ageing of the population in Europe
Résolution 585 (1975) relative aux conséquences économiques et sociales du vieillissement de la population en Europe
(Assemblée parlementaire)

Resolution 586 (1975) on the organisation of a colloquy on the economic and social consequences of the ageing of the population in Europe
Résolution 586 (1975) relative à l'organisation d'un colloque sur les conséquences économiques et sociales du vieillissement de la population en Europe
(Assemblée parlementaire)

Resolution 771 (1982) on trends and prospects for population changes in Europe and less developed countries
Résolution 771 (1982) relative aux tendances et perspectives démographiques en Europe et dans les pays en voie de développement
(Assemblée parlementaire)

Resolution 971 (1991) on Europe and the state of world population
Résolution 971 (1991) relative à l'Europe et à l'état de la population mondiale
(Assemblée parlementaire)

World Demographic Trends and their Consequences for Europe
L'évolution démographique mondiale et ses conséquences pour l'Europe

A.2. Autres organisations

Agenda for Action to Improve the Implementation of Population Programs in Sub-Saharan Africa in the 1990s
Programme indicatif d'action visant à améliorer l'exécution des programmes de population en Afrique subsaharienne durant les années 90

Amsterdam Declaration
Déclaration d'Amsterdam

Better Health through Family Planning
Amélioration de la santé par la planification familiale
(PNUD)

Charter of the rights of the family
Charte des droits de la famille
(Nations Unies), 1983

Colombo Declaration on Population and Development
Déclaration de Colombo sur la population et le développement

Current Population Survey
Enquête permanente sur la population active
(Etats-Unis)

Demographic Yearbook
Annuaire démographique
(Nations Unies)

International Contraception, Abortion and Sterilisation Campaign
Campagne internationale pour la contraception, l'avortement et la stérilisation

International Fertility Research Program
Programme international de recherches sur la fécondité

International Plan of Action on Ageing
Plan international d'action sur le vieillissement
(Nations Unies)

International Plan of Action on Ageing
Plan d'action international sur le vieillissement

Kilimanjaro Programme of Action on African Population and Self-Reliant Development
Programme d'action de Kilimandjaro concernant la population africaine et le développement autonome

Latin American Population Documentation System
Système de documentation sur la population en Amérique latine
(CELADE)

Maternity Protection Convention (N° 3)
Convention sur la protection de la maternité (N° 3)
(OIT), 1919

Maternity Protection Convention (Revised) (N° 103)
Convention sur la protection de la maternité (révisée) (N° 103)
(OIT), 1952

Maternity Protection Recommendation (N° 95)
Recommandation sur la protection de la maternité (N° 95)
(OIT), 1952

N'Djamena Plan of Action for Population and Development
Programme d'action de N'Djaména concernant la population et le développement au Sahel
(CILSS)

Population and Development Series
Série Population et développement
(Banque mondiale)

Population Bulletin of the United Nations
Bulletin démographique des Nations Unies
(Nations Unies)

Program of Social Research on Population in Latin America
Programme de recherches sociales sur la population en Amérique latine

Project on urban impacts of technological and socio-demographic change
Projet sur les conséquences pour les villes de l'évolution technologique et démographique
(OCDE), 1988

Safe Motherhood Initiative
Programme de maternité sans danger
(Banque mondiale)

Teheran Proclamation on Human Rights and the World Population Plan of Action
Proclamation de Téhéran sur les droits de l'homme et le Plan d'action de la population
mondiale

World declaration on the survival, protection and development of children
Déclaration mondiale en faveur de la survie, de la protection et du développement de
l'enfant

World Fertility Survey
Enquête mondiale sur la fécondité

World Population Plan of Action
Plan d'action mondial sur la population
(Nations Unies), 1974

B. ORGANISATIONS ET ORGANES S'OCCUPANT DE DEMOGRAPHIE

Ad Hoc Committee of Experts on Programmes in Fertility
Comité spécial d'experts chargé des programmes dans le domaine de la fécondité
(Nations Unies)

Ad Hoc Committee of Experts on Programmes in the Demographic Aspects of
Economic Development
Comité spécial d'experts chargé des programmes relatifs aux aspects démographiques
du développement économique
(Nations Unies)

Ad Hoc Committee of Experts on Programmes in the Demographic Aspects of Social
Development
Comité spécial d'experts chargé des programmes relatifs aux aspects démographiques
du développement social
(Nations Unies)

Ad Hoc Committee of Experts on Programmes in the Demographic Aspects of
Urbanization
Comité spécial d'experts chargé des programmes relatifs aux aspects démographiques
de l'urbanisation
(Nations Unies)

Ad Hoc Committee of Experts on Public Administration Aspects of Family Planning
Comité spécial d'experts sur les aspects des programmes de planification de la famille
concernant l'administration publique
(Nations Unies)

Ad Hoc Consultative Group of Experts on Population Policy
Groupe consultatif spécial d'experts en matière de politique démographique
(Nations Unies)

Ad Hoc Group of Experts on Demographic Models
Groupe spécial d'experts des modèles démographiques
(Nations Unies)

Ad Hoc Inter-Agency Working Group on Demographic Projections
Groupe de travail spécial interorganisations des projections démographiques
(Nations Unies)

African Population Advisory Committee
Comité consultatif africain de la population

Afro-Arab Centre for Information Studies in Population Development and Reconstruction
Centre afro-arabe pour les études d'information en matière de développement démographique et reconstruction

Andean Institute for Population Studies and Development
Institut andin d'études en matière de population et de développement

Arab Centre for Information Studies on Population, Development and Construction
Centre arabe des études d'information sur la population, le développement et la construction

Asian Conference of Parliamentarians on Population Development
Conférence asiatique de parlementaires sur la population et le développement

Asian Forum of Parliamentarians on Population and Development
Forum asiatique de parlementaires sur la population et le développement

Association for Population/Family Planning Libraries and Information Centers-International
Association internationale des bibliothèques et des centres d'information concernant la population et la planification familiale

Association for Voluntary Sterilization
Association pour la stérilisation volontaire

Bureau of the European Population Committee
Bureau du Comité européen sur la population
(Conseil de l'Europe)

Cairo Demographic Centre
Centre démographique du Caire

Center for Development and Population Activities
Centre pour le développement et les activités en matière de population

Central-American Demographic Research Centre
Centre de recherches démographiques de l'Amérique centrale

Centre for African Family Studies
Centre d'études de la famille africaine

Centre for Demographic Research and Population Programmes
Centre de recherche démographique et des programmes en matière de population

Centre for Population Options
Centre des options démographiques

Committee for International Cooperation in National Research in Demography
Comité international de coopération dans les recherches nationales en démographie

Committee of Experts on Training on Interdisciplinary Aspects of Population Policies
and Programmes
Comité d'experts de la formation sur les aspects interdisciplinaires des politiques et des
programmes de population
(Nations Unies)

Committee on Interdisciplinary Training in Population Policies and Family Planning
Comité de la formation interdisciplinaire en matière de politiques de population et de
planification de la famille

Committee on Migration, Refugees and Demography
Commission des migrations, des réfugiés et de la démographie
(Conseil de l'Europe)

Conference of African Demographers
Conférence des démographes africains

Conference of European Statisticians
Conférence des statisticiens européens
(Nations Unies)

Demographic and Social Statistics Branch
Service des statistiques démographiques et sociales
(Nations Unies)

Demographic Statistics Section
Section des statistiques démographiques
(Nations Unies)

European Family Policy Observatory
Observatoire européen des politiques familiales
(CEE)

European Population Committee
Comité européen sur la population
(Conseil de l'Europe)

Expert Committee on Maternal and Child Health
Comité d'experts de l'hygiène de la maternité et de l'enfance
(OMS)

Expert Committee on Maternity Care
Comité d'experts de la maternité
(OMS)

Expert Group on National Population Policies and Programmes in Africa
Groupe de travail d'experts sur les programmes et politiques de population en Afrique

Family Planning International Assistance
Assistance internationale en planning familial

Fertility and Family Planning Studies Section
Section des études sur la fécondité et la planification de la famille

Global Committee of Parliamentarians on Population and Development
Comité mondial de parlementaires sur la population et le développement

Infant Mortality Reduction Reserve Fund
Fonds de réserve pour la réduction de la mortalité infantile
(UNICEF)

Inter-American Parliamentary Group on Population and Development
Groupe parlementaire interaméricain sur la population et le développement

Inter-American Training Center in Communication for Population
Centre interaméricain de formation pour la communication en matière de population

Intergovernmental Committee for European Migration
Comité intergouvernemental pour les migrations européennes

Intergovernmental Committee for Migration
Comité intergouvernemental pour les migrations

International Advisory Committee on Population and Law
Comité consultatif international sur la population et la loi

International Association of French-language Demographers
Association internationale des démographes de langue française

International Committee for Applied Research in Population
Comité international des recherches appliquées en matière de population

International Committee on Applied Research in Population
Comité international des recherches appliquées en matière de population

International Committee on Contraceptive Research
Comité international des recherches contraceptives

International Committee on the Management of Population Programmes
Comité international de gestion des programmes de population

International Federation of Ageing
Fédération internationale de la vieillesse

International Institute for Population Sciences
Institut international des sciences de la population

International Institute for Population Studies
Institut international d'études démographiques

International Institute for Population Studies
Institut international d'études sur la population

International Planned Parenthood Federation
Fédération internationale pour le planning familial

International Population Institute, Inc.
Institut démographique international

International Union for the Scientific Study of Population
Union internationale pour l'étude scientifique de la population

Japanese Organization for International Cooperation in Family Planning, Inc.
Organisation japonaise de coopération internationale pour la planification familiale

Joint Specialists Group on Migration, Demography and Employment
Groupe mixte de spécialistes sur les migrations, la démographie et l'emploi
(Conseil de l'Europe)

Labour and Population Team for Asia and the Pacific
Equipe du travail et de la population en Asie et dans le Pacifique
(OIT)

Latin American Association of Communicators of Demography
Association latinoaméricaine de communicateurs démographiques

Latin American Center on Population and the Family
Centre latinoaméricain de population et de la famille

Latin American Conference on Population and Development Planning
Conférence latinoaméricaine sur la population et la planification du développement

Latin American Congress on Population and Development
Congrès latinoaméricain sur la population et le développement

Latin American Demographic Center
Centre latinoaméricain de démographie

Library and Population Information Services Unit
Groupe de la bibliothèque et des services d'information sur la population
(Fonds des Nations Unies pour la Population)

Maternal and Child Health/Family Planning Branch
Service de la santé maternelle et infantile et de la planification de la famille
(Fonds des Nations Unies pour la Population)

Multidisciplinary Project Group "Ageing and Social Protection"
Groupe multidisciplinaire de projet "Vieillissement et protection sociale"
(Conseil de l'Europe)

Network for Youth and the Family of Latin America and the Caribbean
Réseau pour l'enfance et la famille d'Amérique Latine et des Caraïbes

Population Advisory Committee
Comité consultatif de la population

Population and Human Resources Department
Département de la population et des ressources humaines
(Banque mondiale)

Population Association of Africa
Association démographique d'Afrique

Population Center Foundation, Inc.
Fondation du Centre démographique

Population Commission
Commission de la population
(Nations Unies)

Population Council
Conseil de la population

Population Crisis Committee
Comité de la crise démographique

Population Data, Policy and Research Branch
Service des données, des politiques et des recherches relatives à la population
(Fonds des Nations Unies pour la Population)

Population Division
Division de la population
(Nations Unies)

Population Documentation Centre
Centre de documentation sur la population
(FAO)

Population, Employment and Migration Division
Division de la Population, de l'Emploi et des Migrations
(Conseil de l'Europe)

Population, Health and Nutrition
Population, santé et nutrition
(Banque mondiale)

Population Information Network
Réseau d'information en matière de population
(Nations Unies)

Population Institute
Institut de population

Population Policy Section
Section des politiques en matière de population
(Nations Unies)

Population Reference Bureau
Bureau de référence sur la population

Population Services International
Services internationaux de population

Population Trends and Structure Section
Section des tendances démographiques et de la structure de la population
(Nations Unies)

Regional Arab Centre for Information Studies in Population, Development and Reconstruction
Centre régional arabe pour les études d'information sur la population, le développement et la reconstruction

Regional Arab Federation of Associations for Voluntary Family Control
Fédération arabe régionale des associations pour le contrôle volontaire des naissances

Regional Centre for Demographic Research and Training in Africa
Centre régional de recherche et de formation démographiques en Afrique

Regional Centre for Population Studies
Centre régional d'études démographiques

Regional Institute for Population Studies
Institut régional d'études démographiques

Regional Population Centre
Centre régional de population

Safe Motherhood Fund
Fonds pour la maternité sans danger
(Banque mondiale)

Social, Health and Family Affairs Committee
Commission des questions sociales, de la santé et de la famille
(Conseil de l'Europe)

Special Unit for Women, Population and Development
Groupe spécial pour les femmes, la population et le développement
(Fonds des Nations Unies pour la Population)

Specialist Group on Ageing and the Socio-Medical System
Groupe de spécialistes sur le vieillissement et le système socio-médical
(Conseil de l'Europe)

Specialist Group on the Socio-Demographic and Economic Context of Childbearing
Groupe de spécialistes sur le contexte socio-démographique et économique de la naissance
(Conseil de l'Europe)

Sub-Committee on Demography
Sous-commission de la démographie
(Conseil de l'Europe)

Task Force on Child Survival
Groupe d'étude sur la survie juvénile
(Banque mondiale)

Union for African Population Studies
Union pour l'étude de la population africaine

United Nations Population Fund
Fonds des Nations Unies pour la population

United Nations Trust Fund for Population Information Systems
Fonds d'affectation spéciale des Nations Unies pour les systèmes d'information
démographique
(Nations Unies)

Working Group on Social Demography
Groupe de travail de démographie sociale
(Nations Unies)

Working Party responsible for the Preparation of a Draft Recommendation on Coherent
and Integrated Family Policies
Groupe de travail concernant la préparation d'un projet de recommandation sur des
politiques familiales cohérentes et intégrées
(Conseil de l'Europe)

World Federation for Voluntary Surgical Contraception
Fédération mondiale pour la contraception chirurgicale volontaire

World Federation of Health Agencies for the Advancement of Voluntary Surgical
Contraception
Fédération mondiale des agences de santé pour la promotion de la contraception
chirurgicale volontaire

World Population Society
Société mondiale de la population

C. <u>CONFERENCES, COLLOQUES, SEMINAIRES, ...</u>

1st Conference of European Ministers responsible for Family Affairs
1ère Conférence des Ministres européens chargés des Affaires familiales
Vienne, 1959
Thème: Echange de vues sur des sujets de politique familiale de la compétence des
Ministres

1st European Population Conference
1ère Conférence démographique européenne
Strasbourg, 1966
Thèmes: Evolution de la fécondité, ses causes et ses conséquences directes; Evolution
de la mortalité, ses causes et ses conséquences directes; Les mouvements migratoires;
Evolution des structures de la population et ses conséquences; L'enseignement et la
recherche démographiques

2nd Conference of European Ministers responsible for Family Affairs
2e Conférence des Ministres européens chargés des Affaires familiales
Paris, 1960
Thème: Protection de la jeunesse et de la famille contre les influences nocives de la
communauté (films, lectures, etc.)

2nd European Population Conference
2e Conférence démographique européenne
Strasbourg, 1979
Thèmes: Les aspects démographiques du vieillissement de la population en Europe et
ses conséquences sociales et économiques; Les aspects démographiques de la mortalité
et de la morbidité différentielles suivant l'âge et le sexe en Europe, leurs conséquences
sociales et économiques, en particulier dans le domaine de la surmortalité masculine;
Les relations entre la fécondité et la condition sociale et économique de la famille en
Europe, leurs répercussions sur la politique sociale; La structure démographique et
sociale des migrants en Europe, en particulier en ce qui concerne les migrations
internationales; Les besoins en données statistiques de population et leur utilisation dans
l'analyse démographique et sociale; Avancement de l'enseignement et de la recherche
démographiques en Europe

3rd Conference of European Ministers responsible for Family Affairs
3e Conférence des Ministres européens chargés des Affaires familiales
La Haye, 1961
Thème: L'adaptation sociale de la famille aux conditions découlant des considérables
changements structurels des zones rurales comme des zones urbaines

4th Conference of European Ministers responsible for Family Affairs
4e Conférence des Ministres européens chargés des Affaires familiales
Bonn;Bad Godesberg, 1962
Thème: Les prestations matérielles en faveur de la famille dans neuf Etats européens

5th Conference of European Ministers responsible for Family Affairs
5e Conférence des Ministres européens chargés des Affaires familiales
Bruxelles, 1963
Thème: Vieillissement de la population et les problèmes des personnes âgées

6th Conference of European Ministers responsible for Family Affairs
6e Conférence des Ministres européens chargés des Affaires familiales
Palerme, 1964
Thème: L'adaptation et l'intégration sociales du travailleur migrant et de sa famille

7th Conference of European Ministers responsible for Family Affairs
7e Conférence des Ministres européens chargés des Affaires familiales
Londres, 1965
Thème: Les tâches de l'action sociale publique et bénévole en faveur de la famille et
la coordination de ces tâches

8th Conference of European Ministers responsible for Family Affairs
8e Conférence des Ministres européens chargés des Affaires familiales
Luxembourg, 1966
Thème: La jeune famille

9th Conference of European Ministers responsible for Family Affairs
9e Conférence des Ministres européens chargés des Affaires familiales
Genève, 1967
Thème: Les régimes d'allocations familiales

10th Conference of European Ministers responsible for Family Affairs
10e Conférence des Ministres européens chargés des Affaires familiales
Vienne, 1968
Thème: La femme entre profession et famille

11th Conference of European Ministers responsible for Family Affairs
11e Conférence des Ministres européens chargés des Affaires familiales
Hoogeveen, 1969
Thème: Mesures et institutions socio-culturelles dans l'environnement immédiat de la
famille (l'équipement socio-culturel dans l'environnement immédiat de la famille)

12th Conference of European Ministers responsible for Family Affairs
12e Conférence des Ministres européens chargés des Affaires familiales
Stockholm, 1971
Thème: Parents seuls avec enfants à charge

13th Conference of European Ministers responsible for Family Affairs
13e Conférence des Ministres européens chargés des Affaires familiales
Nice, 1973
Thème: L'enfance et l'adolescence en danger

14th Conference of European Ministers responsible for Family Affairs
14e Conférence des Ministres européens chargés des Affaires familiales
Oslo, 1975
Thème: L'égalité de l'homme et de la femme: ses incidences sur la vie familiale et l'action gouvernementale

15th Conference of European Ministers responsible for Family Affairs
15e Conférence des Ministres européens chargés des Affaires familiales
Bonn;Bad Godesberg, 1977
Thème: Promotion du rôle éducatif de la famille

16th Conference of European Ministers responsible for Family Affairs
16e Conférence des Ministres européens chargés des Affaires familiales
Athènes, 1979
Thème: La politique familiale en tant qu'instrument permettant de réaliser l'égalité des chances des enfants

17th Conference of European Ministers responsible for Family Affairs
17e Conférence des Ministres européens chargés des Affaires familiales
Rome, 1981
Thème: Temps pour le travail, temps pour la famille

18th Conference of European Ministers responsible for Family Affairs
18e Conférence des Ministres européens chargés des Affaires familiales
Copenhague, 1983
Thème: Le rôle des personnes âgées dans la famille, dans la perspective de la société des années 80

19th Conference of European Ministers responsible for Family Affairs
19e Conférence des Ministres européens chargés des Affaires familiales
La Valette, 1985
Thème: La crise économique et les familles

20th Conference of European Ministers responsible for Family Affairs
20e Conférence des Ministres européens chargés des Affaires familiales
Bruxelles, 1987
Thème: Evolutions récentes des structures familiales et perspectives d'avenir

21th Conference of European Ministers responsible for Family Affairs
21e Conférence des Ministres européens chargés des Affaires familiales
Nicosie, 1989
Thème: Elever les enfants en Europe aujourd'hui et le rôle des services familiaux

22th Conference of European Ministers responsible for Family Affairs
22e Conférence des Ministres européens chargés des Affaires familiales
Lucerne, 1991
Thème: Politique familiale et décentralisation

XXIIIrd Session of the Conference of European Ministers responsible for Family Affairs
XXIIIe Session de la Conférence des Ministres européens chargés des Affaires Familiales
France, 1993
Thème: politiques familiales, droits des enfants et responsabilités parentales

Colloquy on trends and prospects for population changes in Europe and less developed countries
Colloque sur les tendances et perspectives démographiques en Europe et dans les pays en voie de développement
Strasbourg, 1981

Conference on the older European citizen in the 1990s
Conférence sur les citoyens européens âgés des années 90
Bruxelles, 1991

Congress on economic and demographic change: issues for the 1980s
Congrès sur les mutations économiques et démographiques: perspectives pour 1980
Helsinki, 1978

Day for the Aging
Journée du troisième âge

Debate on "Equality between women and men: the right to free choice of maternity"
Débat sur "L'égalité entre les femmes et les hommes: le droit au libre choix de la maternité"
Strasbourg, 1993

Demographic Seminar "Present demographic trends and lifestyles in Europe"
Séminaire démographique "Tendances démographiques actuelles et modes de vie en Europe"
Strasbourg, 1990

European Conference on Abortion and Contraception
Conférence européenne sur l'avortement et la contraception
Genève, 1992

European Conference on population
Conférence européenne sur la population
Jyväskylä, 1987

European Population Conference
Conférence démographique européenne
(1982)

European Population Conference
Conférence européenne sur la population
Genève, 1993
Thèmes principaux: la migration internationale; la fécondité et la famille; la santé et la mortalité; les conséquences de l'évolution démographique et du vieillissement; la coopération internationale dans le domaine démographique

European Population Year
Année démographique européenne
(1966)

Forum on the survival of infants, women and the population (integrated strategy)
Forum sur la survie des enfants, des femmes et de la population (stratégie intégrée)
La Haye, 1986

International Conference on Population
Conférence internationale sur la population
Mexico, 1984

International Conference on the Policies on the Ageing of the Population in Europe
Conférence internationale sur les politiques concernant le vieillissement de la population en Europe
Sienne, 1993

International Forum on population in the twenty-first century
Forum international sur la population au vingt et unième siècle
Amsterdam, 1989

International Population Conference 1992: Revival of Ageing Societies
Conférence démographique internationale 1992: La Renaissance des sociétés vieillissantes
Helsinki, 1992

International Symposium on family policy in Europe
Symposium international sur la politique familiale en Europe
Milan, 1980

International Year of the Family
Année internationale de la famille
(1994)

Interregional Expert Group Meeting on Population Distribution and Development Strategy
Réunion du Groupe d'experts interrégional sur la répartition de la population et les stratégies de développement

Safe Motherhood Conference
Conférence sur la maternité sans danger

Seminar on demographic problem areas in Europe
Séminaire sur les régions à problèmes démographiques en Europe
Strasbourg, 1986

Seminar on Demographic and Economic Consequences and Implications of Changing Population Age Structures
Séminaire sur les conséquences et incidences démographiques et économiques de l'évolution de la structure par âge de la population
Ottawa, 1990

Seminar on present demographic trends and life-styles in Europe
Séminaire sur les tendances démographiques actuelles et modes de vie en Europe
Strasbourg, 1990

Seminar on the consequences of changing population trends, especially internal migration, at the local and regional level
Séminaire sur les conséquences de l'évolution des tendances démographiques, en particulier des migrations internes, aux niveaux local et régional
Strasbourg, 1979

Seminar on the impact of current population trends on Europe's cities and regions
Séminaire sur les effets des tendances démographiques actuelles sur les villes et les régions d'Europe
Strasbourg, 1979

Seminar on the implications of a stationary or declining population in Europe
Séminaire sur les incidences d'une population stationnaire ou décroissante en Europe
Strasbourg, 1976

United Nations Population Award
Prix des Nations Unies en matière de population

United Nations World Parliamentary Conference on Demography
Conférence Parlementaire Mondiale des Nations Unies sur la démographie
Colombo, 1979

Western Hemisphere Conference of Parliamentarians on Population and Development
Conférence de parlementaires de l'hémisphère occidental sur la population et le développement

Workshop on "Ageing and Participation in Society"
Atelier sur "Vieillissement de la population et participation sociale"
Valkenburg, 1990

World Asembly on the Elderly
Assemblée mondiale du troisième age

World Assembly on Aging
Assemblée mondiale sur le vieillissement
Vienne, 1982

World Population Conference
Conférence mondiale de la population
Rome, 1954

World Population Conference
Conférence mondiale de la population
Belgrade, 1965

World Population Conference
Conférence mondiale de la population
Bucarest, 1974

World Population Year
Année mondiale de la population
(1974)